天下文化
BELIEVE IN READING

從人性深處理解商業、政治、經濟、社會現象,還有你自己

模仿欲望

Wanting

The Power of Mimetic Desire in Everyday Life

柏柳康 Luke Burgis ── 著　　楊姝鈺 ── 譯

CONTENTS

第二部　欲望的轉化

給讀者的話

這是一本關於人為什麼想要他們所想要事物的書。為什麼你想要你想要的。

　　每一個人從出生的那一刻開始，一直到離開人世，在生命裡的每個時刻都會想要一些東西。就連在睡夢中，我們仍然有所渴望。然而，很少有人會花時間去了解自己最初怎麼會想要那些事物。

　　就如同清晰思考，想要（wanting）並不是我們與生俱來的能力。這是我們必須爭取才能得到的自由。由於人類欲望有一個強大但鮮為人知的特點，所以這種自由得之不易。

我二十多歲時創業，追逐矽谷賦予我的創業夢想。我想，我尋

找的是財務自由，以及隨之而來的認可和尊重。

　　然後，奇怪的事情發生了：當我離開我創立的一間公司，我感到如釋重負。

　　就在那時，我意識到我的追尋根本是一場空。我先前的成功感覺像失敗，現在失敗卻感覺像成功。在我頑強且永不滿足的奮鬥背後有著怎樣的力量？

　　這種意義感危機讓我在圖書館和酒吧度過很多時間。有時候我會把圖書館帶到酒吧。（我不是在開玩笑。世界大賽期間，我有一次帶著裝滿書的背包到一家運動酒吧，嘗試在歡慶的費城人隊球迷包圍下閱讀。）我去泰國和大溪地旅行。我瘋狂健身。

　　但是，這一切似乎都只是緩和醫療，不是為了治本而對症下藥。雖然這段時間幫助我更認真思考我的選擇，但這並沒有幫助我理解最初使我做出這些選擇的欲望，也就是我雄心壯志背後的導航系統。

　　有一天，一位導師建議我研究一套思想。他告訴我，這些思想可以解釋我為什麼會想要這些我想要的東西，以及我的欲望如何讓我陷入熱情與幻滅更迭的循環中。

　　這些思想來自一位相當沒沒無聞但是深具影響力的學者——勒內・吉拉爾（René Girard）。他在二〇一五年十一月四日辭世，享年九十一歲，生前被封為法蘭西學院的不朽人物，並被稱為「社會科學界的新達爾文」。一九八〇年代至

一九九〇年代中期，他在史丹佛大學任職教授期間，啟發一小群追隨者。他們當中有些人認為，吉拉爾的思想將是理解二十一世紀的關鍵，而當我們在二一〇〇年左右書寫二十世紀歷史時，他會被視為他這一代最重要的思想家。[1]

你可能從來沒聽說過他。

吉拉爾的思想吸引來自四面八方的人。首先，他有一種不可思議的能力，他能注意到人類令人費解的行為背後可能的解釋。他是歷史界和文學界的福爾摩斯，當其他人都忙於追緝想當然爾的嫌犯時，他能確切地指出被忽略的線索。

與其他學者相比，他玩的是一場不同的遊戲。他就像撲克桌上唯一一個可以辨識主導玩家的人。其他玩家都在計算拿到一手穩贏好牌的數學機率時，他盯著面孔瞧。他觀察他的對手，看他眨多少次眼，看他是否在摳左手食指。

吉拉爾指出一個關於欲望的基本真理，將看似無關的事物連結起來，像是聖經故事與股市波動；古代文明的瓦解與工作場所的失能；職涯路徑與飲食趨勢。早在臉書（Facebook）、Instagram（IG）以及後續流行的各種社群媒體出現之前，他就已經提出解釋，解析它們銷售商品與夢想為什麼可以如此大受歡迎而有效。

吉拉爾發現，我們的渴望大部分是出於模仿（mimetic），也就是有樣學樣，而不是源自內在。人類是通過模仿才學會想

要其他人想要的那些東西，就像學會如何說相同的語言並按照相同的文化規則行事一樣。模仿在我們的社會所發揮的作用，比任何人公開承認的還要廣泛。

我們的模仿能力，任何其他動物都相形見絀。我們靠著模仿，建構複雜的文化和技術。同時，模仿也有它黑暗的一面。模仿會讓人們追求起初看起來令人嚮往、但最終卻無法為他們帶來滿足感的事物。它將人們鎖在欲望和敵對競爭的循環中，而我們很難逃脫這些循環——可以說是不可能。

但是，吉拉爾給了他的學生希望。我們有可能超越令人挫敗的欲望循環。我們也有可能擁有更多的力量，形塑我們想要的生活。

認識吉拉爾的著述，讓我從「噢，真糟糕！」轉變為「啊，真奇妙！」模仿理論幫助我辨識人們行為與當前事件的模式。那是容易的部分。後來，在我觸目所及都看到模仿欲望、但就是在自己的生活裡看不到之後，我也開始在自己身上看到它——這是我的奇妙時刻。模仿理論最終幫助我發現、整理自己凌亂的欲望世界。這是一個困難的過程。

我現在確信，要從人性深層了解理解商業、政治、經濟、體育、藝術，甚至愛情，理解模仿欲望就是關鍵。如果金錢是你主要的驅力，理解模仿欲望能幫助你賺錢。或者，它可以幫助你避免等到中年或更晚才知道，金錢、聲望或舒適的生活並

不是你想要的東西。

　　模仿理論揭露經濟、政治和個人緊張局勢背後的刺激因素是什麼，並指出擺脫它們的方法。對於那些具有創新精神的人來說，它可以引導他們的創造力，用於能創造真正的人類和經濟價值的計畫，而不只是財富轉移。

　　我並不是說我們有可能、甚或應該要克服模仿欲望。本書的主要目的是讓讀者更認識模仿欲望，以能夠更好地駕馭它。模仿欲望就像重力——它恰恰就是一種引力。重力始終都在運作。有些人的核心肌群和脊椎周圍的肌肉發展得不夠強壯，無法抵抗向下的重力，他們因而無法抬頭挺胸、打直腰桿來面對世界，身體痛個不停。同樣活在重力世界裡，有些人卻有辦法登陸月球。

　　模仿欲望就像這樣。倘若我們沒有意識到它，它將會把我們帶到我們不想去的地方。但是，如果我們鍛鍊正確的社會與情感肌群來因應它，模仿欲望就會成為正向改變的實現之道。

你的改變由你決定——至少等你讀完本書時將會是如此。

　　對模仿理論感興趣的人愈來愈多，這個理論跨越政治的左翼和右翼，跨越占據各個山頭的學科，也跨越許多國家——它們各自面對不同的歧異，但是都可以用這個理論來解釋。觀點的多樣性顯示，人類的核心或許有一個深刻的真理。

　　對吉拉爾的論述感興趣的學者提出重要貢獻，他們研究的

主題包羅萬象，從莎士比亞對模仿的詮釋學、戰區對婦女的性暴力，到盧安達種族滅絕事件中發生的替罪羊程序等，不一而足。可以說，那些只將模仿理論與吉拉爾之前的學生彼得·提爾（Peter Thiel）連結起來，並將它與自由主義或提爾的政治立場連結起來的人，並沒有完全理解這個理論。在有些人的心目中，提爾儼然是吉拉爾思想唯一的詮釋者，而我寫這本書的部分原因就是為了打破這種壟斷。他會第一個告訴你這是好事。意識形態的壟斷是最嚴重的壟斷。

　　模仿欲望超越政治。在某種意義上，它先於政治，有點像是喜劇。一件有趣的事，就是有趣。但是即使是幽默，也可能被染色並與謀算、對抗綁在一起。如果有讀者讀完這本書，運用他在書中可能挖掘到的見解攻擊敵人，那麼他們會錯失一個關鍵點。

　　此刻（至少在我寫作的此時是如此），在美國以及世界上許多地方，緊張情勢日益升高，而我想提出一種想法，它或許可以鼓勵更多的反思和克制，讓我們認識我們的敵對狀態，也賦予我們一個希望——即使鄰居想要的東西和我們不一樣，我們還是可以和他們一起生活。

我最近指導一些胸懷壯志的創業家。他們想建立一個更美好的世界並過著充實而有意義的生活；他們的抱負讓我鼓舞。但是我擔心，如果他們不了解欲望的運作，他們最終會失望。

　　如今，成為創業家這個構想具有很高的模仿價值。我所認識的每一位嶄露頭角的創業家，創業動機幾乎都是實現某種形式的自由。但是，創業本身不會自動伴隨著更多自由，有時候結果適得其反。我們認為創業家是叛逆的極致，他們不受朝九晚五的辦公桌工作綑綁，也不像中階主管那樣充當僵化的機器裡的一顆齒輪。然而，你以為你沒有傳統的頂頭上司，這種想法或許只是意味著，你已經臣服於模仿欲望這個暴君的腳下。我敦促我的學生深入探究。

　　我不能保證他們事業成功，但是我可以保證，當他們離開我的班級時不會只是天真地「想要」。他們會繼續選擇主修、創業、找合作夥伴，而且在閱讀新聞時，秉持更高的覺知力，理解自己內在的變化。這種覺知是改變的先決要件。

　　有一些洞見，一旦你理解它們，它們就會開始滲透到你的日常生活體驗中。對模仿欲望的理解就是其中之一。一旦你知道它是如何運作，你就會開始明白如何用它解釋你周遭的世界：不只是那個過著你永遠不會選擇的怪異生活方式的家人，不只是你遇到的職場政治，不只是太過關注社群媒體的朋友，也不只是吹噓自己小孩進哈佛的同事。還有你自己。你會在自己身上看到模仿欲望。

序幕
————

意外的解脫

二〇〇八年夏天，我經歷了許多新創公司創辦人為此而活的時刻：我知道我可以從自己公司的成功中獲利。幾個月的緊張追求期後，我正準備與Zappos的執行長謝家華（Tony Hsieh）一起喝一杯慶祝酒。Zappos打算收購我的健康產品電子商務公司FitFuel.com。

大約一個小時前，謝家華在推特上給我發了一則訊息（那是他當時偏好的溝通方式），要求我去創辦室（Foundation Room）與他會面，那是一家位於拉斯維加斯曼德勒灣飯店（Mandalay Bay）六十三樓的酒吧。我知道他那天稍早之前參加董事會會議，其中一個議程就是這件收購案。如果不是好消息，他不會邀請我去拉斯維加斯大道。

　　我整天都在家附近走來走去。我需要這筆交易成功。Fit Fuel 正在燒錢，儘管我們在過去兩年中快速成長，但是未來幾個月看起來感覺不妙。美國聯準會已經進入紓困模式，並召開緊急會議，以防止大型投資銀行貝爾斯登（Bear Stearns）破產。房地產市場正在崩潰。我需要進行一輪募資，但是投資者已經畏怯。他們都告訴我一年後再回來找他們──但是我沒有一年的時間。

　　謝家華和我當時都不知道二〇〇八年會變得多麼動盪。年初，Zappos 獲利已經超出它的營業利益目標，決定發放豐厚的獎金給所有員工。到年底──就在獎金發放後僅僅八個月，Zappos 不得不裁掉百分之八的員工。早在那個夏天，紅杉資本（Sequoia Capital）主導的 Zappos 董事會成員以及經驗豐富的投資者都已開始勒緊褲帶。[1]

　　當我收到謝家華的邀請，我從在內華達州亨德森（Henderson）的住家往拉斯維加斯大道飛奔，車內播放著老式的嘻哈音樂，而我不時對著天窗發出放鬆和興奮的叫喊聲，這樣當我抵達那裡，我或許可以看起來很平靜。

　　那時，Zappos 是一家成立九年的公司，銷售額才在最近超過十億美元。謝家華進行非正統的社會實驗，例如新進員工在參加入職培訓之後，如果決定離開公司，可以拿到高達兩千美元的獎金（這個想法的用意是把那些對於在 Zappos 工作不夠熱情的員工與充滿熱情的員工區隔開來）。這家公司以其獨

特的文化聞名。

文化似乎就是謝家華最喜歡 Fit Fuel 的地方。當他和 Zappos 的其他高階主管參觀我們的辦公室和倉庫時，他們告訴我，他們非常喜歡他們看到的景象：我們很混亂（因為人手不足）、有趣（因為公司裡的每個人都有自己的特色），而且怪得剛剛好（因為我們有新創公司該有的配備，比如水煙管和懶骨頭沙發）。

謝家華告訴我，他希望我以 Zappos 內部的一個新部門來營運。我要為公司創造下一個十億美元的事業。鞋類事業是第一個。健康事業將是第二個。

除了扭轉人生的資金和 Zappos 的股份，我還可以成為受人尊敬的領導團隊的一員，領取豐厚的薪水。（我從未從我的公司領過固定的工資，我渴望這種穩定性。）

我身上沒有典型的 Zappos「文化契合度」。但是打從我們談到聯手經營之後，我開始讓自己更符合 Zappos 文化的模子，好讓事情順利進行。

我急於出售公司，因此我告訴謝家華所有我覺得他想聽到的一切。我對 Zappos 文化有著非正統的見解，不同於媒體的描述，但是我隱藏自己的想法。要當一個唱反調的空談者很容易。然而，要採取與大多數人都不同的行為卻很難：像是質疑主流敘事；對自己誠實；即使說真話會立刻吃到苦頭（如失去出售公司的機會，然後被龐大的債務壓垮），也要直言不諱。

　　我想要表現得像個有切膚之痛的局內人。但是這一次我的表現得過了頭。[2]

　　過去的幾個月裡，我一直在了解謝家華。在我素昧平生地給他寄了一封電子郵件之後，我們見了面。他邀請我到拉斯維加斯郊區、Zappos總部附近的占領者餐廳（Claim Jumper）共進午餐。我原本以為這只是一場見面認識一下的非正式午餐約會，但是等我到了餐廳，發現那裡至少有六位高階經理人圍坐在桌子旁等我。那根本是一場面試。我完全沒有時間碰我的蛤蜊濃湯。

　　午飯後，我和謝家華一起走回他的辦公室。他在路上停下來，雙手插在口袋裡，彷彿在摸找零錢。他說，「如果我沒有問你是否願意加入我們的經營團隊，那我就是失職。」我點頭答應，而接下來的幾個月就像是一段瘋狂的訂婚期。我受邀參加Zappos的同樂會、在謝家華家裡舉辦的派對，還有在黑山（Black Mountain）的清晨健行。

　　謝家華看起來不像個百萬富翁。一九九八年，二十四歲的他，以兩億六千五百萬美元的價格，將他與其他人共同創立的第一家公司LinkExchange賣給微軟。但是，他自己身上穿的是樸素的牛仔褲和一件印有Zappos字樣的T恤，開的是一輛髒兮兮的Mazda 6。在和他往來幾週後，我丟掉我的True Religions（我知道你要說什麼），並開始買Gap服飾。我甚至開始思考是否應該開一輛更舊更髒的車。

　　二〇〇五年，大約是遇到謝家華之前的三年，我和夥伴共同創立 Fit Fuel。我們有一個宏偉的使命宣言，那就是要讓世界上每個人更容易取得更健康的食品。我日復一日地努力工作，穩步前進並學習如何領導一家成長中的公司。但是，即便我們的業績增加並獲得讚譽，我卻每天愈來愈不想去辦公室。

　　就在我拚命想要理解這是怎麼一回事時，提姆・費里斯（Tim Ferriss）的書《一週工作4小時》（*The 4-Hour Workweek*）出版上市。我想著，如果我每週工作超過四個小時，那我一定做錯了什麼。我開始瘋狂地四處找尋更好的創業模式，但是我不確定誰說的才是真的。

　　遇見謝家華只是放大我的絕望。我的銷售額是一千萬美元。Zappos 是十億美元。在我看來，謝家華活在另一個世界──那是獨角獸創辦人生活的世界。我似乎無法闖入。

　　我經歷一種存在的迷眩，彷彿我從摩天大樓的頂樓跳下，一張巨大的彈簧床上接住我，把我彈回頂樓，然後我又再一次落下。我想要的似乎每天都在改變：更多尊敬和地位；更少責任；更多資金；更少投資人；更多公開演說；更多隱私；對金錢的強烈欲望，隨後又極度渴望尋求公益。我甚至在想要增肥和試圖瘦身之間搖擺不定。

　　對我來說最困擾的是，引發我創立公司的欲望已經消失。它去了哪？而它最初又是從何而來？我的欲望就像浪漫喜劇片的愛情──那是我跌進去、而非我選擇的事。〔順道一提，

你知道嗎？在這個世界上幾乎每一種語言裡，人都是「墜入」愛情（fall in love）。沒有人是「昇入」愛情（rise up into love）。³］

在此同時，我和我的共同創辦人之間的內部衝突變得更嚴重，最後我們同意各走各的路。就在我失去帶領公司的欲望之時，我接管了公司，成為它唯一的領導者。

顯然，在我之外有股神祕的力量影響著我想要什麼以及我想要它的強烈程度。在我更了解這些力量之前，我無法做任何重要決定。我無法創辦另一家公司。我甚至對於步入婚姻的想法猶豫不前，因為我知道，我對某事（或某人）的渴望可能會在隔天消失。找出這股力量是什麼似乎成為一種責任。

在拉斯維加斯大道上與謝家華一起喝酒慶祝後的第二天，我帶著一位朋友參觀Zappos總部，興奮地向他介紹我未來的家。當我們經過「猴子列」（Monkey Row，Zappos的用語，指的是高階主管坐的地方），我注意到那些高階主管的表情看起來像是看到鬼。我們尷尬地講了些話。

這是分手前的糟糕感覺。

那天晚上較晚時，我和我的朋友出去吃飯。在我們義大利麵吃到一半的時候，我接到林君睿（Alfred Lin）的電話，林君睿在二〇〇五年到二〇一〇年間擔任Zappos的財務長、執行長和董事長。

林君睿的聲音聽起來很嚴肅。然後他告訴我為什麼。

在正式董事會會議之後，Zappos董事會在返回舊金山的飛機上又開了第二次會，並決定擱置任何近期計畫。也就是說，收購案喊停。「他們改變了心意，」他說。

「他們改變了心意？」我問道。

「是的。我不知道還能說些什麼，」林君睿說道。「我很遺憾。」

「他們改變了心意？」我一直問著相同的問題，而林君睿也一直重複著一樣的話。掛了電話，我口中還在反覆喃喃這些話語，不過這次是陳述，而不是問問題。「他們改變了……心意。」我走回餐桌時，又重複了一遍。我坐下，盯著我碗裡的義大利麵，不停地用叉子對著麵條又戳又轉，捲出完美的一口麵，只為解開它們，然後再重新來過。

在西西里島不會有改變人生的出口，不會有意外收穫，也不會有第二個家。更糟糕的是，我的公司岌岌可危。沒有Zappos的收購交易，我會在六個月內破產。原以為生活即將發生轉變，現在一切化為泡影。我喝光我的紅酒，而就在這時，有些事情改變了。

我鬆了一口氣。

社會重力

遠處的牆上掛著一張照片：一顆黑白眼球向外看去，影像裁得很貼邊，照片本身沒比一張杯墊大，放在一個二十二吋的相框裡。

我正坐在彼得・提爾（Peter Thiel）日落大道上的家裡。提爾是PayPal的億萬富翁共同創辦人；是臉書的第一個外部投資人；他對商業抱持反主流觀點；他整垮高克網（Gawker），並公開挑戰Google——這些事蹟讓他聲名大噪，不過我來這裡並不是要和他談論這些事情。

幾分鐘過去了，帶我進去的助理回來告訴我。「彼得很快可以跟你見面。先生，還需要我幫您準備什麼嗎？再來點咖啡？」

「哦，不用了，謝謝，」我說。感覺有點尷尬，因為我把整杯咖啡都喝光了。他微笑著離開。

這間兩層樓的客廳很適合登上任何一本二十世紀中期的《建築設計》（*Architectural Digest*）雜誌。從地板向上延伸至天花板的落地窗，對望著無邊際的泳池，俯瞰著日落大道。感覺溫馨舒適，但仍是宏偉壯觀。

寬敞房間的焦點是一個調酒吧台，內崁在鑲橡木牆面的畫廊內，牆上展示冷色調的藝術品：黑白照片、深靛藍印花、灰色蝕刻版畫。其中有一幅墨跡形狀像螃蟹，可能是羅夏（Rorschach）的作品；另一幅是有著抽象圓圈和桿棍形狀的大型印刷品，可能是分子幾何學；還有一組三聯畫，畫裡是立在看起來像是冰冷山湖裡的一個男人，水深及腰。

房間的其他地方以柔軟的天鵝絨沙發和扶手椅襯托更鮮明的元素。在我面前有一張六吋厚的實木茶几，中間擺著銀色的淚珠狀金屬雕塑，大膽地以尖端處平衡。二十英尺高的對開雙門（我只在大教堂裡見過這樣的門）通往另一個房間。門附近有一張棋桌，等待著一位有價值的挑戰者。（那不會是我。）望遠鏡指向希臘半身像旁的一扇窗戶。所有的東西都完美搭配在一起。如果電影《線索》（*Clue*）由藝術家雷·伊姆斯（Ray Eames）來執導，它看起來應該就像提爾的房子。

一個男人出現在房間另一側二樓無遮蔽的走道上。「再等我一下，」提爾說。他揮手微笑，然後消失在一扇門裡。我聽

到流水聲。十分鐘後，他穿著棒球 T 恤、短褲和慢跑鞋重新出現。他從螺旋樓梯走下來。

「嗨，我是彼得，」他一面說，一面伸出手。

「所以你來這裡是為了聊一下吉拉爾的思想。」

危險心靈

「吉拉爾是法國人，在美國擔任文學和歷史教授。一九五〇年代後期，他對欲望的本質有了第一次頓悟。」這改變了他的人生。三十年後，當提爾還是史丹佛大學哲學系的大學生時，這位教授也改變了他的人生。

那個在一九五〇年代改變吉拉爾的人生、在一九八〇年代改變提爾的人生（以及在二〇〇〇年代改變我的人生）的發現正是模仿欲望（mimetic desire）。這也是把我帶到提爾家的原因。我之所以會被模仿理論所吸引，很簡單，因為我是模仿者。我們都是。

模仿理論不像學習一些可以從遠處研究的客觀物理定律。這意味著你要了解一些關於你自己過去的新知識，解釋你的身分認同是如何形成，以及為什麼某些人事物對你有更大的影響力。這意味著你會掌握一種滲透到人際關係中的力量，而你此時此刻正涉入其中。你永遠不會是模仿欲望的中立觀察者。

　　當我們發現這種力量在我們的生活中發揮作用時,提爾和我都曾經歷令人不安的時刻。正因它非常私密,因此我猶豫過是否要寫一本關於它的書。書寫模仿欲望,等於揭露一部分的自己。

　　我問他,在他那本熱門商業書籍《從0到1》(*Zero to One*)裡,他為什麼沒有明確地提到吉拉爾,即便書裡充滿著他導師的見解。[1]「吉拉爾的思想有些危險,」提爾說。「我想,人們對於部分這些東西有自我防衛機制。」他希望人們看到吉拉爾的思想承載著重要真理,並可以用來解釋周圍世界正在發生的事情,但是他不想帶著讀者用這副鏡片看一切。

　　一個對普遍的假設構成挑戰的思想可能會讓人產生威脅感,但這就是它值得仔細鑽研的理由:了解原因。

　　不被採信的真相往往比謊言更危險。這裡的謊言就是:我想要什麼,完全操之在己,不受他人影響,我自己就是決定我想要什麼、不想要什麼的至尊君王。而真相就是,我的欲望是以他人為傳遞媒介的衍生物,我只是欲望生態系裡的一部分,而這個生態系比我所能理解的還要廣大。

　　獨立的欲望是一個謊言,相信這個謊言只是自欺。但是拒絕真相等於否認我的欲望對其他人的影響,以及他們的欲望對我造成的影響。

　　事實證明,我們想要什麼,其重要性遠遠超過我們所知。

就像福特（Henry Ford）在屠宰場看到生產線，或者像心理學家康納曼（Daniel Kahneman）形塑行為經濟學這個新領域一樣，當吉拉爾走出他的主要專業領域——歷史，他的思想也出現突破性的發展。這件事發生在他被迫將自己的思想應用於古典小說時。

在美國的學術生涯初期，吉拉爾被要求教授文學課程，而這門課程涵蓋許多他還沒閱讀的書籍。由於不願意拒絕工作，他同意開授這門課。他通常是趕著在上課前把課綱上的小說讀完，然後授課。他閱讀並教授塞萬提斯（Miguel de Cervantes Saavedra）、斯湯達爾（Stendhal）、福婁拜（Gustave Flaubert）、杜思妥也夫斯基（Fyodor Dostoyevsky）、普魯斯特（Marcel Proust）等作家的作品。

由於缺乏正規訓練，又需要快速閱讀，他開始尋找文本中的模式。他發現一些令人費解的東西，似乎都出現在幾乎所有史上最引人入勝的小說裡：這些小說中的人物都倚賴其他人物告訴他們，什麼是值得想要的東西。他們不會自發地渴望任何東西。相反地，他們的欲望是透過與其他角色互動而形成——這些角色改變他們的目標及行為，而最重要的是，改變他們的欲望。

吉拉爾的發現就像牛頓為物理學帶來的重大突破。牛頓發現，主宰物體運動的力量必須從關係脈絡去理解；而欲望就像重力一樣，不會自發地存在於任何單一事物或單一個人身上，

而是存在於人與人之間。[2]

　　吉拉爾講授的小說不是以情節導向或人物導向為主，而是欲望導向。角色的行為反映他們的欲望，而這些欲望是在與他人的欲望關係中形塑而成。故事情節則是根據處於模仿關係的各方以及各方欲望的交互作用和發展而開展。

　　這兩個角色甚至不必見面就可以形成這種關係。唐吉訶德（Don Quixote）獨自一人在他的房間裡，閱讀著名騎士阿瑪迪斯（Amadís de Gaula）的冒險經歷。他渴望效法他，成為一名流浪騎士，在鄉間遊蕩，尋找證明騎士美德的機會。

　　在吉拉爾所講授所有的作品裡，欲望總是包括一個模仿者與一個榜樣（model）。其他讀者沒有注意到這點，或者是忽略這點，因為他們忽略了這種普遍主題的可能性。

　　吉拉爾之所以能夠看出這種模式，是因為他的本科與這個主題有距離，再加上他敏銳的才智。偉大小說中的人物是如此寫實，因為他們想要事物的方式和我們一樣——不是出於自發，不是出於真實欲望的內室，不是隨機，而是透過模仿別人：模仿他們的祕密榜樣。

顛覆馬斯洛

吉拉爾發現，我們對許多事物的渴望，並非出於生物的本能，也不是純粹的理性，更不是我們虛幻的自主權的驅使，而是透

馬斯洛的需求層次

真相

馬斯洛的需求層次過於簡潔。一個人滿足基本需求之後，就進入一個沒有穩定層級的欲望宇宙。

過模仿。

　　第一次聽到這個想法時，我覺得很不舒服。我們都只是模仿機器嗎？不。模仿欲望只是人類生態完整視野裡的一角，與自由、對人格的相關理解等其他事物共存。欲望的模仿與我們對他人內心生活的深刻開放度有關──這是我們身為人類的與眾不同之處。

　　吉拉爾所說的欲望（desire），並不是對食物、性、住所或安全的驅動力。這些事物一個比較好的說法是「需求」或「需要」（need），是我們與生俱來的生理層面。生物需求不倚

賴模仿。如果我在沙漠中快渴死了，我不用任何人告訴我說我
要喝水。

　　但是，在滿足我們做為生物的基本需求之後，我們就進入
人類的欲望世界。知道自己想要什麼比知道自己需要什麼要難
得多。

　　吉拉爾感興趣的是，在沒有明確的本能基礎下，我們怎麼
會想要某些事物。[3]全世界有數十億個讓人渴望的潛在事物，
從朋友、事業到生活方式，人怎麼會比別人還要渴望某些東
西？為什麼我們渴望的事物和強度似乎不斷變動，缺乏任何真
正的穩定性？

　　在欲望的宇宙中，沒有明確的科層。人們不會像選擇冬天
的外套那樣選擇欲望的對象（object）。我們有另一種類型的
外部訊號，取代內部的生物訊號，以誘發這些選擇，那就是榜
樣。榜樣告訴我們什麼是值得想要的人或事物。形塑欲望的是
榜樣，而非我們「客觀」的分析或中樞神經系統。人透過這些
榜樣進行一種祕密而複雜的模仿，吉拉爾稱之為「mimesis」，
這個字來自希臘「mimeshai」（意思就是「模仿」）。

　　榜樣是重力的中心，我們的社會生活圍繞著這些重力中心
運轉。現在理解這一點比歷史上任何時候都更為重要。

　　隨著人類的進化，我們為生存擔心的時間愈來愈少，努力追求
事物的時間愈來愈多，也就是說，我們愈來愈少待在需求的世

界，卻愈來愈常待在欲望的世界。

　　就連水也從需求世界轉到欲望世界。想像一下，你從一個還沒有瓶裝水的星球來到地球（瓶裝水的出現是重要演化階段），我問你比較喜歡純水樂（Aguafina）、芙絲（Voss），還是聖沛黎洛（San Pellegrino）？你會選哪一個？當然，我會告訴你每個品牌瓶裝水的礦物質成分和pH值，但是如果我們認為你會根據這些資訊做選擇，那只是自欺欺人。我告訴你我喝的是聖沛黎洛。而如果你像我一樣是模仿型生物，或者你只是覺得我是比你發展更高的生物（畢竟你來自一個還沒有聖沛黎洛的世界），你會選擇聖沛黎洛。

　　如果你仔細觀察，你會發現幾乎所有事物都有一個（或一組）榜樣，無論是你的個人風格、你說話的方式、你家的外觀和感覺。但是，欲望的榜樣是我們大多數人都會忽視的榜樣。我們很難弄清楚自己為什麼買某些東西；很難理解自己為什麼要努力取得某些成就。這些問題太難了，因此很少有人敢問。

　　人受到模仿欲望的吸引而接近某些事物。[4]「這種吸引力，」研究吉拉爾的學者詹姆士・艾利森（James Alison）寫道，「這種動向……〔是〕模仿。它之於心理學，就如同重力之於物理學。」[5]

　　因為重力，人會掉落懸崖。因為模仿欲望，一個人會陷入或失去愛情、債務、友誼或公司，或者淪為環境的產物，成為有失尊嚴的奴隸。

欲望的演化

我們把場景拉回提爾的家。提爾告訴我，他比大多數人更容易有模仿行為。儘管他被許多人稱為反主流思想家，但他並不是一直如此。

像許多高中生一樣，他努力進入一所著名大學（以他來說，就是史丹佛），而沒有質疑自己為什麼一開始就想去那裡。這正是跟他有相同背景的人所做的事情。

進了史丹佛，他仍舊繼續努力——努力爭取成績、實習機會以及其他成功圖騰。他注意到，初來乍到的大學新鮮人所懷抱的職涯志向相當多樣。但是，在接下來的幾年裡，目標似乎有集中的趨勢：金融、法律、醫學或顧問。提爾感覺心煩，他覺得有事不對勁。

當他從一小群著迷於吉拉爾思想的學生那裡得知吉拉爾教授的事，他對這個問題有些頓悟。大三那年，他開始參加他知道吉拉爾教授也會出席的午餐和聚會。

吉拉爾要求學生了解當前事件背後的成因和道理。他可以有系統地穿梭於人類歷史之中，層層揭示意義，有時還會背出整段的莎士比亞來闡述他的觀點。

他以如此透徹的洞察力講述古代文本和古典文學作品，學生們都感到腎上腺素激增，彷彿踏入一個新宇宙。現為普渡大學（Purdue University）教授的桑朵·古德哈特（Sandor

Goodhart）是吉拉爾早期的學生之一，他還記得吉拉爾在「文學、神話和預言」這門課第一堂課的開場白：「人類的鬥爭並非因為他們不同，而是因為他們相同，而且在想要顯示自己與別人不同而把自己變成敵人的雙胞胎的過程裡，人類以加倍的暴力相待。」[6]這樣的開場自是不同凡響，迥異於典型的那句：「好，歡迎來修這門課，我們先來看一下教學大綱」。

　　二戰期間，吉拉爾生活在德國占領的法國，之後於一九四七年九月來到美國教法語，並在印第安納大學（Indiana University）攻讀歷史博士學位。他在布盧明頓（Bloomington）校園裡非常顯眼：他頭很大，理念也很宏大，他可能會嚇到初學者。

　　吉拉爾在這裡遇到他的妻子瑪莎・麥卡洛（Martha McCulloug）——她是美國人，就讀印第安納大學。吉拉爾點名時念不出她的姓氏。大約一年後，當瑪莎不再是他的學生，他們再次見面，最終結為連理。[7]

　　吉拉爾發表的著作不夠多，因而未能在印第安納大學獲得終身教職。他被印大解雇，但是繼續在杜克大學（Duke University,）、布林莫爾學院（Bryn Mawr College）、約翰霍普金斯大學（Johns Hopkins University）和紐約州立大學水牛城分校（SUNY Buffalo）任教。最後，在一九八一年，他成為史丹佛大學的教授，教授法語、文學和文明，並在此度過往後的教職生涯，直到一九九五年正式退休。[8]

對許多史丹佛大學的學生和教職員而言，吉拉爾散發著舊世界的魅力。辛西雅・哈文（Cynthia Haven）是與史丹佛淵源長遠的作家和學者，在她還不知道這個人是誰時，對他的印象就是一個外貌出眾的男人，頂著一顆招牌大頭，在校園裡走來走去。他們後來成為朋友，她為他寫下傳記《欲望的演化：勒內・吉拉爾的一生》（*Evolution of Desire: A Life of René Girard*）。她寫道：「電影導演在為演出歷史上最偉大的思想家選角時，像是柏拉圖（Plato）或哥白尼（Copernicus），吉拉爾就是他們會選擇的那種臉孔。」[9]

吉拉爾在各種領域自學有成。他研究人類學、哲學、神學和文學，並將它們融合成一種原創又複雜的世界觀。他發現模仿欲望與暴力密切相關，尤其是殺牲獻祭的觀念。該隱和亞伯的聖經故事是在說，該隱因為兄弟亞伯的獻祭比自己的更得神的悅納，於是殺死亞伯。他們都想要贏得上帝的青睞，因而造成他們彼此之間的直接衝突。從吉拉爾的觀點看來，大多數暴力的根源都是模仿欲望。

在一九七〇年代的一檔法國電視節目中，吉拉爾一邊向一組採訪者解釋模仿理論，一邊漫不經心地按熄香菸。「長期以來，深深吸引我的主題是獻牲祭，」他告訴組員們，「事實上，幾乎在所有的人類社會中，人都會出於宗教因素，而殺害動物、甚至是其他人類來獻祭。」[10]他迫切地想要了解暴力問題以及關於獻牲祭的宗教魅力，這些幾乎延伸到人類文化的每

一個部分。

　（事實上，他更具爭議性的主張之一是貓、狗的馴化不可能是刻意為之。人類最初並沒有打算像我們今日這般與貓、狗一同生活，還把牠們融入我們的家庭，和平共處，直到牠們生命結束。這個過程是歷經幾世代人的協調努力。他認為，我們馴養動物的原因其實要實際得多：社群將動物融入他們的生活，是為了要殺牠們用來獻祭。當牲品來自社群內部，也就是牲品與獻牲者有共同點時，獻牲祭會更有效。我們會在第四章討論原因。[11]）

　模仿欲望的影響以奇特的方式在許多不同場域上演。大部分的劇情都發生在幕後。

　提爾接觸到吉拉爾的思想之後，並沒有立刻轉移方向。他找到一份金融工作，然後上法學院。但是他感到迷惘。「我追求這些超高速競爭跑道的事物，都是出於這些不好的社會原因，當我意識到這點，我遇到人生核心危機，」他告訴我。

　在史丹佛大學遇見吉拉爾讓提爾了解模仿的概念，但是知識上的理解並沒有立即轉化為行為上的改變。「你會發現自己受困於所有這些不好的模仿循環，」他說。「而且遭遇到許多阻力，那是一種教條式自由主義的阻力，而且來自我自己。模仿理論與人人都是如原子般的獨立個體這種觀點背道而馳。」人可以自給自足這種讓人自我感覺良好的說法非常有力。「我花了一段時間才克服，」提爾說。

1971年7月,吉拉爾在紐約州立大學水牛城分校的藝術系所會議。（全部照片提供人：Bruce Jackson）

吉拉爾在1971年春季研討課的開場,這門課程將構成《暴力與神聖》（*Violence and the Sacred*）一書的基礎。

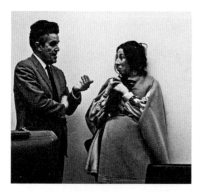

吉拉爾與黛安娜·克里斯欽（Diane Christian）交談。克里斯欽是水牛城大學長期的傑出英語教授。

1971年春,吉拉爾與法國文學理論家傑哈爾·布卻（Gérard Bucher）。

他描述到一種知識面與存在面兼有的轉變。當他理解到什麼是模仿欲望之後，他一眼就能認出它來，只不過他看得清別人，卻看不到自己。

「知識面的轉變很快，因為這是我一直在尋找的東西，」他說。但是，畢業之後他仍然繼續掙扎，因為他沒有看到自己陷入吉拉爾所談論事情的程度有多深。「在存在面，我花了一段時間才領悟。」

提爾在一九九八年離開企業界，與麥克斯‧列夫琴（Max Levchin）共同創立Confinity。他開始運用他的模仿理論知識管理事業和生活。當公司內部出現激烈的敵對競爭時，他賦予各個員工明確而獨立的任務，這樣他們就不會為了相同的職責而相互競爭。在角色經常處於流動狀態的新創公司，這一點相當重要。一家公司根據明確的績效目標評量員工（而不是員工之間的相對績效），可以把模仿的敵對競爭降到最低。

當與競爭對手、伊隆‧馬斯克（Elon Musk）的X.com出現全面戰爭的風險時，提爾與他洽談合併，成立PayPal。他從吉拉爾那裡學到，當兩個人（或兩家公司）視彼此為榜樣時，就會進入一場沒有盡頭的對抗，除非他們能夠以某種方式超越敵對競爭，不然就只有毀滅。[12]

提爾在評估投資決策時也會把模仿列入考量。LinkedIn的創辦人雷德‧霍夫曼（Reid Hoffman）介紹他認識馬克‧祖克柏（Mark Zuckerberg）。提爾很清楚，臉書不會只是另一個

MySpace或SocialNet（霍夫曼的第一家新創公司）。臉書是圍繞著身分認同（也就是欲望）而建構。臉書幫助人們看到其他人擁有什麼、想要什麼。它是一個尋找和追蹤其他榜樣、與其他榜樣做差異化區隔的平台。

　　欲望的榜樣讓臉書具備強大的成癮潛力。在臉書出現之前，人們依循的榜樣來自一小部分人，例如朋友、家人、工作、雜誌，或許還有電視。在臉書出現之後，世界上每個人都是潛在的榜樣。

　　臉書不僅有形形色色的榜樣——大多數我們追蹤的人都不是電影明星、職業運動員或名人。臉書充滿我們個人社交圈裡的榜樣。他們與我們的距離，近到我們可以拿自己和他們比較。他們是最具有影響力的榜樣，而且數量高達數十億個。

　　提爾很快就洞悉到臉書的潛力，並成為它的頭號外部投資人。「我賭的是模仿，」他告訴我。他的五十萬美元投資最終為他帶來超過十億美元的收益。

模仿欲望的時代意義

因為模仿欲望具社會性，所以會透過文化在人與人之間傳播。它導致欲望的兩種脈動——兩種循環。第一種循環導致緊張、衝突和多變性，當相互競爭的欲望以不穩定的方式相互作用時，就會造成關係破裂，製造不穩定和混亂。這是人類歷史

上最普遍的默認循環。今天，它正在加速。

　　不過，我們有可能超越這個默認循環，並啟動另一種循環，把能量導向於追求富創造力和生產力的目標，為共同利益服務。

　　本書將探討這兩種循環。它們是人類行為的基礎。由於它們離我們很近（就在我們內部運作），我們往往會忽略它們。然而，這些循環不停在運作。

　　欲望的脈動定義了我們的世界。經濟學家測量它們，政治家調查它們，企業則助長它們。歷史是人類欲望的故事。然而欲望的起源和演變是神祕的。吉拉爾將他一九七八年的代表作命名為《自世界創立以來隱藏的事物》（*Things Hidden Since the Foundation of the World*）。該書點出人類如何竭盡全力隱藏欲望的真實本質及其影響。本書則在探討那些隱藏的事物以及它們如何在當今世界發揮作用。我們承擔不起忽略它們的後果，原因如下：

1. 模仿會綁架我們最崇高的抱負。我們生活在一個超級模仿時代。對流行趨勢和病毒式傳播的迷戀是我們所處窘境的症狀。政治的兩極化也是如此。它部分源於模仿行為，這種行為破壞細微差別，甚至毒害我們最崇高的目標，例如發展友誼、為重要理念而戰、建立健康的社區等。當模仿占據主導地位，我們會沉迷於戰勝特定的他者，並根據他們來衡量自己。

當一個人的自我認同完全和一個模仿榜樣連結在一起，他就永遠無法真正擺脫那個榜樣，因為這樣做意味著摧毀自己存在的理由。[13]

2. 同質化的力量正在製造欲望危機。平等是好事。同化通常不是——除非我們談論的是生產線的汽車，或是你最喜歡的咖啡品牌的一致性。人們愈是被迫保持一樣（愈有壓力要去思考、感受和想要相同的事物），就愈會激烈地爭取差異化。這是危險的。許多文化都有雙胞胎相互施暴的神話。單單在《聖經》的〈創世記〉，就至少有五個手足鬩牆的故事：該隱和亞伯、以實瑪利和以撒、以掃和雅各、利亞和拉結、約瑟和他的兄弟們。手足競爭的故事隨處可見，因為這些確有其事——人與人之間的相似處愈多，就愈有可能感受到威脅。科技雖然讓世界的聯繫更緊密（臉書的宗旨），但是也讓我們的欲望靠得更近，並放大衝突。我們有抵抗的自由，但是模仿力量加速得太快，我們幾乎像是上了鐐銬枷鎖。

3. 永續性取決於吸引力。幾十年的消費文化已經形成不符永續的欲望。例如，在智識層面，很多人都知道自己可以為保護地球盡更多心力。但是，除非選擇綠色飲食或駕駛更省油的汽車比其它選擇更具吸引力，一般消費者不會普遍採用這些符合永續的選項。光是知道什麼是好的、什麼是事實還不夠，良善和真理必須有吸引力——換句話說，它們必須能夠引發欲望。

4. 如果人們沒有為自己的欲望找到正向的出口，他們就會走向破壞的出口。二〇〇一年九一一恐怖攻擊事件發生前幾天，劫機者穆罕默德・阿塔（Mohammed Atta）和他的同伴在佛羅里達州南部的酒吧裡狂歡，他們瘋狂地玩著電玩遊戲。「又有誰問過這些人的靈魂呢？」吉拉爾在最後一本書《戰鬥到最後》（*Battling to the End*）中問了這個問題。[14]摩尼教把世界上的人分為「邪惡」和「不邪惡」兩種，他對於這種二分法一直都不滿意。他在恐怖主義和階級衝突的興起中看到模仿的敵對競爭（mimetic rivalry）動態。人們不會因為想要不同的東西而打鬥；他們打架是因為模仿的欲望使他們想要同樣的東西。這些恐怖份子若不是在某個深層想要一些相同的東西，不然不會受到驅使，去摧毀西方財富和文化的象徵。這就是為什麼佛羅里達的酒吧和電玩遊戲是拼湊這個謎團的一塊重要拼圖。邪惡之謎依舊神祕莫測，但是模仿理論揭露它的一些重要訊息。人們交戰的次數愈多，就變得愈相似。我們應該明智選擇我們的敵人，因為我們會變得像他們一樣。

還有更多的利害關係。我們每個人都對形塑他人的欲望負有責任，就像他們塑造我們的欲望一樣。我們每次與他人相遇，都會讓他們和我們想要的更多、更少，或是不同。

追根究柢有兩個關鍵問題。你想要什麼？你曾幫助別人想要什麼？這兩個問題，回答任何一個都有助於回答另一個。

如果你對於今天找到的答案不滿意，沒關係。最重要的問題關乎我們明天想要什麼。

你明天想要什麼？

讀完本書，你對於欲望會有新的理解——你想要什麼，別人想要什麼，以及如何讓欲望成為一種愛的表達模式，並在其中生活和領導。為了幫助你走到那一步，這本書安排兩部分的旅程。

第一部分是「模仿欲望的力量」，我們要探討影響人們想要某些東西的隱藏力量。這一部是模仿理論入門。在第1章，我會先解釋嬰兒時期模仿欲望的起源，並說明它如何演變為成人模仿的複雜形式。在第2章，我們將看到模仿欲望如何根據一個人與榜樣的關係而產生不同的作用。從第3章開始，我將解釋模仿欲望如何在群體中發揮作用，這是理解我們一些層出不窮、最令人困惑的社會衝突的關鍵。第4章會談到模仿衝突的高潮：替罪羊機制。本書的前半部分著重於欲望的破壞性循環（也就是默認循環）：循環一（Cycle 1）。

第二部分是「欲望的轉化」，我們要概述為了以更健康的方式管理我們的欲望而擺脫循環一的過程。本書的後半揭露我們如何得到自由，啟動欲望的創造性循環：循環二（Cycle 2）。在第5章，我們會遇見一位米其林三星級主廚，了解他

如何走出他原本的欲望體系，重拾創作的自由。第6章說明擾動的同理心（disruptive empathy）如何打破束縛，讓我們可以發現並培養深厚欲望（thick desire），以建立美好生活。第7章是欲望法則在領導力的運用。最後，第8章是關於欲望的未來。

　　第一部分讓人有一種向下沉淪的感覺。但是，走一趟地獄有其必要，這樣我們就永遠不會成為那裡的永久居民。第二部分便是出口。

　　在全書中，我會逐一介紹我為了正面應對模仿欲望而研擬的15項策略。我分享它們是為了幫助你實際思考這些想法，最終發展出自己的策略，你的策略很可能迥異於我的。

模仿欲望是人類狀態的一部分。它可能潛伏在生活的表面之下，指揮著我們，但我們卻渾然不知。但是，有一些方法可以辨識它、面對它，並做出更多有意識的選擇，進而走向更令人滿意的生活——遠比我們完全被模仿欲望所影響卻不知情更能帶來滿足感。

　　本書最後提供一個簡單的框架，幫助你理解欲望如何在你的生活和我們的文化中運作。你將更清楚自己在模仿什麼，還有自己的模仿方式。了解自己在特定情況和特定關係中或多或少的模仿反應，是邁向自我駕馭的重要一步。

　　我們愈來愈能察覺這個世界的系統是多麼脆弱，又是多麼

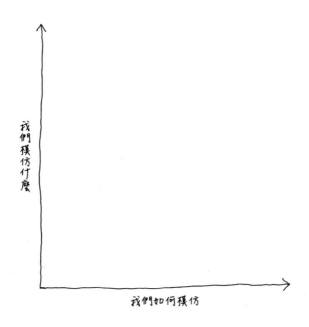

息息相關。曾經看似穩定的政治和經濟體系已經動搖。公共衛生一直面臨挑戰，因為即使是最好的政策也必須和想要不同事物的人群抗衡。與鉅富並存的貧困是一種恥辱。所有這些事情的基礎，都有我試圖描述的欲望的根本系統。欲望系統之於世界，就像循環系統之於身體。當心血管系統無法正常運作，身體的器官就會受損，最終停止工作。而欲望也是如此。

我們與其他人類、整個生態系統的破碎關係顯示，無論是個人或集體想要的東西，都有其影響。但是，如果我們了解欲望的模仿本質，就能發揮一己之力，建立一個更美好的世界。

歷史上最偉大的發展都是因為有人想要一些還不存在的東西，並且幫助其他人渴望那些超越自己認為可以想要的事物。

　　你對模仿欲望新增或加深認知，都會讓你以不同的角度看世界。如果你跟我一樣，它會一直縈繞著你，直到你到處都看到它——甚至連在自己的生活裡也是。至於你要拿它怎麼辦，選擇操之在你。

第一部

模仿欲望的力量

第 1 章

隱藏的榜樣
浪漫的謊言，嬰兒的真相

我們永遠不知道自己想要什麼，因為我們只活在此生，無法拿今生與前世比較，也無法打造完美的來世。

—— 米蘭・昆德拉（Milan Kundera）

當人們說自己想要什麼，他們告訴你的其實是一個浪漫謊言（Romantic Lie），大概就像這樣：

「我突然發現我想要跑個馬拉松。」（就像我那些剛滿三十五歲的朋友們會說的話。）

「因為我看到一隻老虎，於是我懂了⋯⋯」（取自《我看到一隻老虎》，文森・約翰遜（Vincent Johnson）為虎王怪人喬（Joe Exotic）創作的歌曲，對他來說，看到老虎似乎是一種神祕體驗，讓他想開一座老虎園。）

「我想要格雷，非常非常想要。事實就是這麼單純。（取自《格雷的五十道陰影》，全書到處都是這種「單純」。）

　　凱撒（Julius Caesar）是出色的浪漫謊言家，在澤拉（Zela）之戰贏得勝利後，他大聲宣告：「我來，我看到，我征服。」這句話被引用無數次，並用來如此解讀凱撒：他看到這個地方，於是決定征服它。魔術師詹姆士・華倫（James Warren）建議，如果我們用欲望的語言翻譯凱撒的這句話，就可以明白他其實是在宣告：**我來，我看到，我想要**。於是，他征服。[1]

　　凱撒想讓我們知道，他只需要瞄一眼，就可以知道那是不是他想要的東西。不過，那其實是凱撒的自褒。

　　實情更為複雜。首先，凱撒推翻了亞歷山大大帝——這位馬其頓軍事天才，在西元前三世紀已經幾乎征服全世界（當時人們所知的全世界）。其次，在澤拉之戰中，凱撒的對手法納西斯二世（Pharnaces II）已經先攻擊凱撒，所以凱撒不只是來和看到。他早就想模仿他的榜樣（亞歷山大）去征服別人，而他也是在回敬他的對手法納西斯。

　　浪漫謊言是自欺，是人們講述他們為何做出某個決定的故事：因為它符合個人偏好，又或者因為他們看到它的客觀特質，也可能因為他們單純看到就想要。

　　他們相信，自己想要的事物與自己之間有一條直線，但是這其實是謊言！事實上，這一定是一條彎彎曲曲的線。

　　最初觸動我們想要某樣東西的，是某個埋藏在我們內心深處的人或事物。欲望需要榜樣，而榜樣就是那些只因為他們自

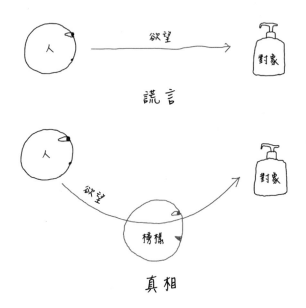

己想要這些東西、就讓這些東西在我們看來有價值的人。

　　榜樣能轉化我們眼前的物品。舉例來說，你和朋友一起走進寄售商店，看到貨架上擺滿數百件襯衫。一開始，這些衣服你一件都看不上眼。但是當你的朋友看上某件襯衫時，它就不再只是衣架上的衣服，而是你的朋友莫莉選中的襯衫──順道一提，莫莉是主流電影的服裝設計師助理。在莫莉盯著襯衫看的那一刻，這件襯衫就因為她而與其他衣服有別。它不再是五秒鐘前的那件襯衫，也就是說，那件襯衫在莫莉開始想要它的那一刻之前和之後，價值完全不同。

　　「哦！天啊！用別人的眼光選情人！」莎士比亞的《仲夏

夜之夢》裡的赫米亞這樣說。知道自己是透過別人的眼光來選擇，這種感覺實在太糟糕。但是我們一直都在做這樣的事：我們總是透過別人的眼光來挑選品牌、學校，甚至連在餐廳都是這樣點菜。

欲望榜樣一直都在。如果你不知道自己欲望的榜樣為何，它們八成已經大肆入侵你的生活並到處作怪。

你可能會感到納悶，倘若我們欲望的形成與塑造是來自於榜樣，那麼我們那些榜樣的欲望又是從何而來的呢？ 答案是：其他的榜樣。

如果你回溯自己欲望的進化過程夠遠，回溯到朋友、父母、祖父母和曾祖父母，一直回溯到以希臘人為榜樣的羅馬人，你會發現，其實你不停在尋找榜樣。

聖經有個人類誕生之初的浪漫謊言故事。夏娃在一開始並沒有吃下禁樹果實的欲望，一直到蛇為果實形塑身分。蛇在夏娃耳邊給了一個挑起欲望的建議。這就是榜樣會做的事。原本平凡無奇、無法引起任何特別欲望的果實，因為蛇的建議，突然成了宇宙之間最令人垂涎的水果。因為這個果實已經被形塑為禁果，而也只有在此之後，它才在頃刻間散發著無法抗拒的魅力。[2]

我們總是被榜樣撩起欲望，渴望擁有我們目前沒有的東西，尤其是看似遙不可及的東西。眼前的阻礙愈大，吸引力也

愈強。

　　這豈不古怪？我們不會想要那些太容易擁有或是唾手可得的東西。欲望帶領我們超越自己的現況。榜樣就像站在一百碼遠處的人，可以看到轉角我們看不到的東西。因此，榜樣描述或建議某事的方式，總是讓一切變得不同。我們從未直接看到我們想要的東西，總是間接看到，就像是折射的光線般。當事物被對的榜樣以一種吸引人的方式形塑，我們就會被吸引。而我們的欲望宇宙就跟我們的榜樣一樣大，又或者一樣小。

　　依賴榜樣不一定是壞事。少了榜樣，我們誰也無法說著相同的語言，也無法追求現況外的其他東西。倘若喬治·卡林（George Carlin）1962年沒有坐在觀眾席上看藍尼·布魯斯（Lenny Bruce）的演出，他可能會講五十年的天氣笑話。布魯斯塑造出一種表演喜劇的新模式，而卡林把它發揚光大。

　　危險的是無法認清榜樣的本質。如果我們沒有認清榜樣，很容易和榜樣陷入不健康的關係。他們會開始對我們造成過大的影響。我們常常對榜樣產生異常的依戀卻渾然不知。在許多情況下，榜樣就是個人的祕密偶像。

　　吉拉爾的朋友吉爾·貝利（Gil Bailie）告訴我：「勒內（吉拉爾）可以移除別人眼中的偶像，做得彷彿這是崇敬之舉。」模仿理論曝露我們的榜樣，並重新安排我們與他們之間的關係，而第一步便是讓榜樣曝光。

在本章裡，我們會看到二十世紀早期的駭客、人稱「公關之父」的艾德華・伯內斯（Edward Bernays）如何利用精心擺設與隱藏的榜樣來操縱一個世代的消費者。在一九五〇與一九六〇年代，他的徒子徒孫是麥迪遜大道的「廣告狂人」。在今日，他們可能藏身於大型科技公司、政府和新聞編輯室。

我們也會了解模仿行為如何影響金融市場，還有尋找榜樣、指名隱藏的榜樣為什麼有助於理解股價的走勢、泡沫裡的人性。

但是，我們首先要檢視榜樣大剌剌地發揮作用之處，也就是嬰兒的生活。

嬰兒的祕密

嬰兒是出色的模仿者。出生後僅僅幾秒鐘，他們就開始模仿其他人。新生兒的模仿能力甚至超越了發展程度頂尖的成年靈長類動物。[3]

研究者發現，嬰兒的模仿能力其實在出生前就已經開始發展。蘇菲・哈達赫（Sophie Hardach）在二〇一九年《紐約時報》的文章提到：「出生後，年幼的嬰兒會模仿許多不同的聲音。而在子宮內聽到的聲音對他們來說有著特別的影響。」哈達赫在文章裡詳細介紹德國科學家凱瑟琳・韋姆克（Kathleen Wermke）博士的新研究。到了第三孕期，胎兒可以聽見母親

聲音的音調。舉例來說，就在小嬰兒出生後不久，說標準中文的母親（標準中文是一種聲調豐富的語言）所生下的嬰兒，哭聲的聲調會比說德語或瑞典語的母親所生下的嬰兒來得複雜。[4]

　　這些與其他近期的發現，挑戰了非社會化嬰兒的理論——即佛洛伊德（Sigmund Freud）、斯金納（Burrhus Frederic Skinner）和皮亞傑（Jean Piaget）所主張的觀點：他們認為，新生兒就像未孵化的小雞，與外界現實隔絕，直到成年人將他們社會化。佛洛伊德甚至提出身體的誕生與心理或者人際關係的誕生的區別，暗指嬰兒在社會化之前並非一個完整的人。[5]但是，任何一個將新生兒抱在懷裡的母親都知道，這是錯的。嬰兒生來就已經社會化。

　　安德魯·梅爾佐夫（Andrew Meltzoff）博士反駁非社會化嬰兒神話所做的研究數量之多，很少有科學家能望其項背。梅爾佐夫博士過去幾十年在兒童發展、心理學、神經科學的研究，為吉拉爾的發現提供科學論證。梅爾佐夫博士也提出，我們不用學習如何模仿，因為我們是天生的模仿者。而做為模仿者也是成為人類的一部分。

　　一九七七年，梅爾佐夫博士進行他最著名的一項實驗。他與他的共同研究者摩爾（M. Keith Moore）到西雅圖的一間醫院，對著新生兒吐舌頭。雖說這項研究裡的嬰兒平均年齡是三十二小時，但是有一個才出生四十二分鐘的小嬰兒以驚人的精準度模仿他的臉部表情。這些嬰兒有生以來第一次看到有人

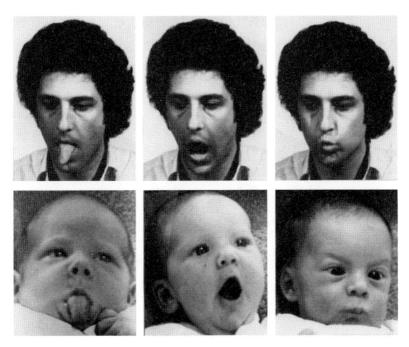

資料來源：A. N. Meltzoff and M. K. Moore (1977). Science 198: 75–78.
（照片提供：Andrew Meltzoff）

對他們吐舌頭或做鬼臉，但是他們似乎也意識到自己「像」眼
前這個生物──自己也有一張臉，可以用它做些什麼。[6]
　　我參觀了梅爾佐夫博士在華盛頓大學的學習與大腦科學研
究所（Institute for Learning and Brain Sciences）的辦公室，這
是他與妻子派翠西雅‧庫爾（Patricia K. Kuhl）共同主持的研
究機構。庫爾是語言與聽力科學專家。梅爾佐夫博士告訴我，
「嬰兒似乎打從子宮出來就有模仿能力。」

　　以嬰兒為師，我們可以了解我們的模仿天性。「嬰兒有一個隱藏數千年關於人類思想的祕密，」梅爾佐夫博士提到。「他們是我們的分身，他們有一股理解我們、同時促進他們自身發展的原始驅力；我們渴望知道是什麼推動了社會科學與哲學的發展。在檢視孩童的思想與心靈時，我們也照見了自己。」[7]

　　二〇〇七到二〇〇九年間，梅爾佐夫博士在史丹佛大學與吉拉爾見過幾次，其中一次是在吉拉爾位於帕羅奧圖（Palo Alto）的家中聚會。他們探討彼此對於人類生活與文化發展的見解。

　　「勒內對於科學非常著迷，也就是嬰兒透過追蹤視線而駛入成人的目標、意圖及欲望的軌道，」梅爾佐夫博士說。吉哈爾非常讚賞梅爾佐夫，像他這樣有名望的科學家，能在不同的領域證實和闡明他的理論。

　　「他還推薦一些我可能會想閱讀的小說。」

　　「小說？」我問。

　　「是的，比如說普魯斯特。」

　　「那你覺得普魯斯特如何？」

　　「他對我研究的一個概念很感興趣，叫做『共享式視覺注意力』（joint visual attention），也就是兩個人的視覺集中在同一個物體上。嬰兒會跟隨母親的目光。他為我指出普魯斯特書中一些精彩章節，描述人們如何注視他人眼睛，並且從他們眼

睛讀取關於他們意圖與欲望的事物。」

　　在普魯斯特的代表作《追憶似水年華》（*In Search of Lost Time*）中，角色透過細微的訊號，琢磨他人想要什麼。普魯斯特在第五卷中寫道：「我怎麼會一直沒發現，阿貝婷擁有那樣的眼睛？就算是再平凡不過的人也有這種有如萬花筒般有許多小碎片的眼睛，而那些碎片是他那天想去的地方、以及隱藏那份想望的欲望。」[8]普魯斯特筆下的角色能在線索中知道別人想要什麼，有時甚至從眼神就能知道。

　　我們也在做相同的事情。梅爾佐夫博士解釋：「母親的眼睛看著某個物品，嬰兒會將母親的注視解讀為母親想要這個物品的訊號，或至少是因為這個物品一定很重要，所以會關注它。嬰兒會先看著母親的臉，然後再看著這個物品。他會試圖去理解母親與這個物品之間的關係。」不久之後，嬰兒不只可以追蹤母親的目光，甚至可以理解母親行為背後的意圖。

　　為了測試這個想法，梅爾佐夫博士在一個十八個月大的嬰兒面前做一場表演。實驗中，有個成年人假裝要拆開一個啞鈴型的玩具。這個玩具是由中間一根長管、兩端各一顆木製立方體所組成。這個大人用力拉扯玩具，但是故意讓自己的手從一端滑落。然後他再試一次，這次也故意讓自己的手從另一端滑落。這個人的意圖很明確，他想要把玩具拉開。但是顯然地，他兩次都失敗了。

　　演出結束後，研究人員把玩具放在嬰兒面前，並觀察他們

的行為。嬰兒直接把玩具啞鈴拿起來，用力一拉，把它拆開。
這個實驗進行五十次，其中有四十次嬰兒會這麼做。他們並沒
有模仿大人做的事；他們模仿的是他們認為大人想做的事。他
們讀取的是表面行為背後的意圖。[9]

　　實驗裡的嬰兒處於前語言期。他們追蹤別人的欲望，甚至
在他們能夠理解或者用話語描述這些欲望之前就這麼做。他們
不知道、也不關心為什麼別人想要這些東西，他們只是單純地
注意到別人想要什麼。

　　欲望是人類的原始關注。早在人們能夠開口闡述為什麼
他們想要某樣東西之前，他們就已經想要它。勵志演說家賽
門・西奈克（Simon Sinek）建議組織機構與人們「先問，為什
麼？」〔start with why，這剛好也是他的書的書名（繁中版由
天下雜誌出版）〕，在做任何事情之前，先找出並傳達一個人
的目的。不過，這通常只是在事後去合理化我們想要的事。欲
望其實是較好的起點。

孩童似乎是出人意料地無私。二〇二〇年，梅爾佐夫博士與他
的同事觀察到，十九個月大的嬰兒會幫大人拿一塊自己拿不到
的水果。實驗裡超過一半的兒童會毫不猶豫、反復、迅速地幫
助他人實現願望。即使把食物給大人會讓自己挨餓，他們也會
這樣做。[10]

　　孩子對於別人想要什麼有種自然而健康的關心，但是這份

關心在成年後似乎變得不健康。它變成模仿。嬰兒做起來笨拙的事情，成人可以熟練地完成。畢竟每個大人都是高度發展的嬰兒。只是我們不再像孩童時期的我們，先知道他人想要什麼好幫助他們實現願望，而是暗地裡與他人爭搶他們的願望。

我問梅爾佐夫博士，模仿欲望大概有多深。他直接從椅子上跳起來，帶我到一個特別的房間，裡面有一台價值兩百萬美元的腦磁圖儀（簡稱MEG）。MEG是有非常靈敏的磁力計，能讓科學家定位大腦中磁場的來源。大腦活動時，內部和周圍會產生磁場。這部機器就是用於偵測人們在理解、需要、感覺或思考時自然引發的磁場波動。

雖然最早的MEG在一九七〇年代就已存在，但是梅爾佐夫博士的MEG有客製化軟體，包括一些專門用來分析嬰兒學習與腦部活動的軟體。他的機器看起來就像是給巨人用的吹風機。還貼滿了五顏六色的水生生物貼紙。

在二〇一八年的一項研究中，梅爾佐夫博士以及他的團隊發現，孩童的大腦會反射他們在周遭看到的動作。「我們發現，當孩童在MEG機器裡看到被物品碰觸的成人，MEG顯示孩童大腦的同一區塊也會有反應，彷彿他自己被碰觸到一樣。」[11]這道自己與他人之間的想像分水嶺（浪漫謊言的基礎）已經被揭穿。

一九九〇年代，由著名神經科學家吉亞科莫・里佐拉蒂

（Giacomo Rizzolatti）帶領的一群義大利科學家，在義大利帕爾馬（Parma）意外發現鏡像神經元。他們發現，獼猴在看到成年人撿起花生時，大腦的特定區域會有所反應，而且與猴子直接撿起花生時腦內亮起的區域相同。「這就是為何它被稱為鏡像神經元，」加州大學洛杉磯分校的神經科學家馬可·雅各博尼（Marco Iacoboni）解釋。「這幾乎就像是猴子看著鏡子映照出自己的動作一樣。」[12]

根據梅爾佐夫博士的說法，鏡像神經元可能是模仿的神經學基礎的一部分，但是無法解釋全部。「嬰兒所做的事情比鏡像神經元更為複雜，」他告訴我。吉拉爾所說的模仿欲望，鏡像神經元或許可以做為部分的神經學基礎，但是模仿欲望是一種神祕現象，不能完全歸因於鏡像神經元。

動物會模仿聲音、表情、姿勢、攻擊與其他行為，但是人類還會模仿其他更多事物，如退休計畫、浪漫的理想、性幻想、做菜、社會規範、崇拜、送禮、職場禮儀及迷因。

我們對於模仿非常敏感，即使這個模仿與我們所說的「可接受的模仿」（acceptable imitation）只有細微的差異，我們依舊可以察覺。如果我們接到一封語調不大對勁的電郵或簡訊，可能就會陷入小危機（我們內心的小劇場會開始上演這樣的對話：是不是她不喜歡我？他是不是覺得自己比我優秀？我做錯什麼事情了嗎？）而所謂的溝通交流，其實就是以模仿為基礎。《實驗社會心理學期刊》（*Experimental Social Psychology*）

二〇〇八年有一篇研究論文，描述六十二名學生與其他學生協商，而在協商中模仿對手的姿勢和講話方式的人，67％達成和解；至於沒有模仿對手的，只有12.5％達成和解。[13]

模仿表面事物是日常生活的一部分，而且通常沒有什麼好擔憂的，除非它變成一扇門，通往欲望宇宙的黑洞，讓我們被吸進去，無路可逃。

一杯馬丁尼的內心小劇場

梅爾佐夫博士觀察的那些會追蹤母親目光的嬰兒，長大後變成會全神貫注觀察鄰居、以尋找關於欲望最細微線索的大人。

在酒吧，我原本打算點一杯啤酒。但此時，我朋友點了一杯馬丁尼調酒，突然間我「發覺」我也想要一杯馬丁尼。

如果我誠實地面對自己，我會知道，其實在踏進酒吧時，我並不想喝馬丁尼。我本來是想要一杯冰啤酒。那麼，是什麼改變我的決定？我的朋友並不是提醒我，我在潛意識或內心裡渴望著一杯馬丁尼；他直接給我一個新欲望。我想點馬丁尼完全是因為我朋友先點了。

馬丁尼本身並無害（通常是這樣）。但是，假設我們在酒吧喝著酒時，朋友提到他即將升職，他會得到兩萬美元的加薪，還有新頭銜——董事總經理之類的，或是其他聽起來很重要的職稱。同時，他還有更多的休假。

　　當我微笑著告訴他，這一切有多麼令人興奮時，其實我心裡也感到些許焦慮。我內心想著：難道我不應該有兩萬美元的加薪？如果以後我朋友的有薪假是我的兩倍，之後我們還能一起規畫假期嗎？還有，搞什麼？我們同一所大學畢業，我在學校時和畢業後都比他加倍努力，我現在落在他後面嗎？我是否選對了人生道路？即使我之前說過，我絕不會做跟他同類的工作，但是現在我也開始患得患失。

　　我朋友成了我的欲望榜樣。我們從不談這個。但是在我心裡，一股內在力量已被啟動，如果放任不管，就會造成衝突。我開始根據他想要的事物做決定。如果他搬到某個社區，我也開始用那裡的環境估量我住的地方。如果他拿到達美航空哩程白金卡，那麼金卡也無法讓我感到滿足。

　　有時候，我的模仿方式是故意唱反調，做和他相反的事。如果他買特斯拉，那麼我絕對不想要買特斯拉。我不想要任何提醒我總是落後他一步的東西。我與眾不同。我會買經典的福特大黃蜂，然後開始睥睨路上那些開特斯拉的人（那群盲從的傢伙……），而我完全沒有意識到，我的行為其實是被我的榜樣所驅使。

　　等到他丟了工作，我竟有點幸災樂禍。當他找回工作，我卻感到嫉妒。就連我的情緒也跟著我與我的榜樣之間的關係而起伏。沒多久，我的馬丁尼酒杯已經見底，結果我發現他比我多一顆橄欖。

在孩童長大成人的過程中，嬰兒的公開模仿轉變為成人的暗中
模仿。我們暗中找尋模仿欲望的榜樣，但也同時否認我們需要
榜樣。

　　模仿欲望在黑暗中運作。那些在黑暗中仍然看得到的人，
掌握完全的優勢。

自由的火炬

一九一七年四月六日。美國對德國宣戰的同一天，二十五歲
的伯內斯也著手申請入伍，加入美國軍隊。根據賴瑞・泰伊
（Larry Tye）在書中對他的記載，伯內斯是猶太人，他是佛洛
伊德的侄子，出生在奧地利出生，身高五英尺四英寸；他渴望
表現自己的愛國心，保衛他歸化的國家，但是扁平足和視力缺
陷剝奪他報效國家的資格。[14]

　　被軍隊拒絕，反而讓伯內斯立志在其他領域追求更出色的
表現。他是狡點的人性觀察者，天生擅長於團結群眾。他開始
思索如何運用這項天賦。

　　在此四年前，二十一歲的他在一本小型醫學評論雜誌擔任
編輯，而他從別人眼中的阻礙裡看到機會。有鑑於這是一本
醫學雜誌，而且它需要吸引更多的關注與讀者，伯內斯決定
推廣劇作家尤金・布里奧（Eugène Brieux）一部頗具爭議性的
作品——《毀損的貨物》（*Damaged Goods*）。這部戲劇描述一

個染有梅毒的男人，將病傳染給自己的妻子，之後妻子帶著病毒懷孕。這部戲劇在很多地方都被禁演，因為談論性病在當時是禁忌。伯內斯獲得一些醫學專家以及公眾模範人物的支持，包括洛克斐勒（John D. Rockefeller）、安・范德比爾特（Anne Harriman Vanderbilt）以及羅斯福夫人（Eleanor Roosevelt），他們都願意聲援這部劇，並把它定調成對抗當時談性色變的社會。儘管評論褒貶不一，他的宣傳活動讓這部戲劇非常成功，也讓伯內斯這位謀略高手聲名大噪。

　　他繼續執掌一系列的公關操作，把深層的個人因素與產品、娛樂做連結，藉此磨練自己的技巧，直到一個更重要的機會出現。在被軍方拒絕入伍後，伯內斯著手運用自己的絕技，為美國加入第一次世界大戰爭取支持。

　　參戰的可能性讓整個國家陷入深深的分裂。一九一七年一月，威爾遜總統（Woodrow Wilson）告訴國會，美國必須保持中立——這是他打從戰爭開始就一直倡議的主張。一月下旬及二月時，德國潛水艇展開攻擊，甚至擊沉一些美國船隻。威爾遜回到國會，要求宣戰。即便如此，許多美國人對於參戰的態度仍然搖擺不定。

　　伯內斯靠著他的口才，在新成立的公共訊息委員會（Committee on Public Information）得到一個職位。這是美國政府為了影響輿論支持戰爭而設立的獨立機構。伯內斯上任後立即搬出他的舊戲法。他在卡內基音樂廳舉辦集會，讓來自波

蘭、捷克以及其他國家的自由鬥士齊聚一堂；他號召福特汽車以及其他美國企業支持戰爭，並讓這些企業在海外據點分發支持戰爭的小手冊；他也在國內外流行雜誌為美國做宣傳。

贏得戰爭時，威爾遜總統清楚感受到伯內斯所發揮的作用。一九一九年一月，他邀請這個二十六歲的年輕人與他一同參加巴黎和會。伯內斯抵達巴黎，目睹人群湧向威爾遜總統——這個被定位為民主自由偉大的解放者和捍衛者的人。「我們致力於『讓世界成為民主的安全堡壘』，」伯內斯之後表示，「那是個偉大的口號。」[15]

伯內斯帶著新的體悟回到美國。「如果宣傳可以用於戰爭，那麼一定也可以用於和平。」[16]在此之後的四十年，伯內斯發動了數十次成功的公關出擊。

一家賣豬肉的公司雇用他，他讓培根和蛋成為全美國人的早餐。他邀請自己的一位醫師朋友，寫一封信給五千位醫師，力勸他們為一項建議背書：豐盛的早餐（「培根和蛋」）對美國人更健康。

他在公立學校舉辦肥皂雕刻比賽，讓孩子喜歡洗澡。因為他的顧客寶僑家品（Procter & Gamble）製造出一款可以浮在水面的象牙皂（Ivory）。

一九四〇年代後期，他說服美國政府興建六十六號公路，這是他為麥克貨車（Mark Trucks）所做的工作之一。有更多

高速公路，就有更多卡車。

　　伯內斯似乎了解，榜樣可以影響欲望。醫生是推薦培根與蛋的「專家」榜樣，老師是肥皂雕刻的榜樣。當麥克貨車聘用伯內斯想辦法幫公司抵擋鐵路帶來的衝擊時，伯內斯號召熱情的駕駛人站出來，從男性與女性駕駛社團的成員、牛奶配送司機到輪胎工人，支持興建更多高速公路。

　　但是這些活動的規模都無法與伯內斯在幾十年前引發的一場成功的奇襲相提並論：那時，他創造出本世紀最有力的榜樣之一。

一九二九年，美國菸草公司總裁喬治・希爾（George Hill）向伯內斯勾勒一幅非常誘人的前景：倘若他可以打破女性在公共場合吸煙的禁忌，那麼每年可以增加數千萬美元營收。那時希爾已經付給伯內斯兩萬五千美元的簽約金——這在當時是一筆鉅款，相當於現在的三十七萬九千美元。如果讓更多女性抽煙的宣傳活動奏效，公司因此增加的獲利應該會有一部分進入伯內斯的口袋。

　　美國菸草的招牌產品「好彩」（Lucky Strike）銷售爆表。在戰爭期間，士兵的配糧包含香煙。而戰後的幾年，菸的消費量急遽增加，那些一開始只是點燃一根菸來舒緩面對戰爭的恐懼的年輕一代，現在已經上癮。

　　當時，女性不屬於吸菸潮流的一部分。女性在公眾場合抽

菸仍是社會的禁忌，甚至私下抽菸的女性也會被男性詆毀。在
《紐約時報》一九一九年的一篇文章裡，一名男性飯店經理提
到對於女性抽煙的觀感，可以代表當時典型的意見：

　　我討厭看到女人抽煙。除了道德原因，她們真的不知道怎
麼抽菸。一個女人在餐桌上抽一根菸比一桌男人抽雪茄產生的
煙霧還多。她們似乎不知道怎麼處理那些煙霧，她們也不知道
怎麼適當地拿煙。她們把抽菸這件事搞砸了。

　　希爾很清楚，這個禁忌正在傷害著他的利益。「如果我可
以打開這個市場，我會得到更多，」他這樣告訴伯內斯，「那
就像是在我們自家前院挖到新金礦。」[17]為此，伯內斯必須在
美國文化掀起一場巨變，力量強到足以打破性別禁忌。
　　伯內斯首先拜訪布里爾（A. A. Brill），布里爾是他舅父佛
洛伊德的門生，也是美國頂尖的心理分析師。布里爾告訴伯內
斯，香菸是陽具象徵，代表男性權力。為了把香菸轉化為足以
讓女性奮鬥爭取的重要物品，伯內斯必須把吸菸變成女性挑戰
男性權力的方式。用布里爾的話來說，香菸一定要變成「自由
的火炬」。
　　為了讓這件事情發生，伯內斯必須給女性一個榜樣。

一九二〇年代，女性解放運動正如火如荼般展開。一九二〇年

八月通過的第十九條修正案賦予女性的投票權；女性在戰時從事開放女性擔任的工作，她們賺取的工資比過去任何時候都要高；不受傳統拘束的年輕時髦女孩在棉花俱樂部（Cotton Club）喝著法式75雞尾酒，欣賞艾靈頓公爵（Duke Ellington）的音樂，慶祝她們新獲得的自由。追求自由的時機已成熟。[18]

伯內斯精心設計了一項計畫。一九二九年三月，他認為紐約市的復活節遊行是把香菸變成「自由火炬」的絕佳機會。遊行是高端時尚的場域，也是媒體狂熱追逐的事件，更是富裕的紐約客大搖大擺地走在第五大道上觀看與被觀看的機會。

沿著第五大道遊行的復活節活動可以追溯到一八七〇年代。那時候，復活節對於零售業的重要性不亞於今日的聖誕節。當活動成為一種儀式、轉變成遊行，女士們戴上她們最好的帽子，換上五顏六色的復活節禮服。當她們從第五大道各處的教堂走出來，就與其他上流社會名媛相偕而行，把這條大道當做她們的伸展台。她們一邊參觀遊行路線上擺滿鮮花的教堂，也享受列在街道兩旁觀看的下層階級百姓的讚嘆。

伯內斯的計畫是精挑細選出一群參加遊行的女士，說服她們在遊行期間（也就是這個全世界最大的舞台上），大膽地點燃好彩香菸。若是放到今日，這相當於一場史詩級的影響者活動：想像一下，若是碧昂絲（Beyoncé）在超級盃中場演出，演唱到一半停下來，拿出一根電子菸噴一口，這個時候，這根菸的品牌及口味會是攝影鏡頭全部的焦點。

根據泰伊的說法，伯內斯找到一個在《時尚》（*Vogue*）工作的朋友幫他蒐集到一份三十位紐約影響力人士新秀名單。之後，他透過他的朋友、重要的女權主義者露絲・海爾（Ruth Hale），在紐約市的報紙上對上流社會女性喊話。

一份從他辦公室流出的備忘錄記載這個事件的細節：「女性抽煙者及她們的陪伴者會在十一點半到一點之間，從第五大道四十八街步行到五十四街。」伯內斯打算雇用十位女性在參加遊行期間高調地吸菸來置入這個事件，而且他很清楚他想要怎樣的女性——「她們必須高顏值，又不能看起來太像模特兒，」他在備忘錄裡這樣寫著。

備忘錄的內容如下：

工作的執行必須像是有劇場導演在導戲一樣。舉例來說，一位女士看到其他抽菸的女士，打開她的包包，翻出菸，但是卻沒有火柴，於是她跟其他人借個火。而這些女士當中，有些至少要有其他男士作陪。

這些頭戴時尚的飛來波女孩帽、身穿毛皮飾邊大衣的模特兒，按照伯內斯的指示，在指定的時間，拿出她們的好彩香菸，抽著煙，悠閒地走在街道上。

伯內斯做了萬全的準備。他確認專業攝影師與記者都會在現場捕捉這一刻。他甚至指定他們在敘述時使用他已經選好

1929年紐約市，艾蒂絲·李（Edith Lee）在復活節遊行抽菸。（照片來源：國會圖書館）

的字眼，「自由的火炬」。他明白這個事件將會挑起爭論，但是，在這個戰後世界，誰會不和自由站在同一邊？

正如泰伊所言，那些抽著她們「自由的火炬」的女孩的照片，隔天躍上全美各大報的頭版：從《紐約時報》到新墨西哥州阿爾布奎克市（Albuquerque）的日報都有她們的身影。

合眾國際社（United Press International）提到一位名叫貝莎·杭特（Bertha Hunt）的女性，她「捍衛了女性的自由」。她在聖派翠克教堂（St. Patrick's Cathedral）前，擠過人群，帶頭做先鋒。

「我希望我們開創了某件事情，」杭特告訴記者，「而這

些自由的火炬，沒有特別偏愛哪個品牌，會粉碎歧視女性吸菸的禁忌，而女性也會繼續打破所有的歧視。」[19]不過，她在受訪時沒有提到的是，她其實是伯內斯的祕書，正在背誦一段精心潤飾過的聲明。

伯內斯精心策畫了整場復活節的宣傳表演，把它弄得像是這群女性出於自發而開始抽菸，而杭特則更是「自發」地想從群眾裡擠到大教堂前面。他對人們使用了浪漫謊言。

他給了一種自主的錯覺——因為人們認為欲望是這樣運作的。榜樣在隱藏時最為強大。如果你想讓某人對某事充滿熱情，你就必須讓他們相信那個欲望是他們自己的。

幾天內，美國各個城市的女性走上街頭，點燃她們自己的「自由的火炬」。而在下一個復活節來臨之前，好彩香菸的銷售已翻漲為三倍！

模仿遊戲

人們玩模仿遊戲是因為他們對於模仿欲望的運作有一種默契，即使他們對它無以名狀。孩童還沒進學校學習關於重力的知識，就已經在遵循重力法則。同理，成人經常玩著剝削他人弱點的欲望遊戲。

我們簡單地看看，愛情、商業及廣告怎麼玩這些遊戲。

愛情的反覆

吉拉爾在二十出頭、還在法國念大學時，就在驚訝中第一次看到模仿欲望：他對那個和他約會的女孩，欲望像雲霄飛車般起伏。二〇〇五年，他在羅伯特・哈里遜（Robert Harrison）的史丹佛廣播節目《暢所欲言》（*Entitled Opinions*）裡講述到這件事。[20] 這段關係的轉折點發生在女方建議他們結婚時。這時，他感受到欲望下降，很快就退卻。於是，他們分道揚鑣。

之後，他搬走，她也同意。很快地，她開始與另一個男人交往，沉浸在新戀情的快樂裡。這時，吉拉爾又開始被她吸引，再一次對她展開追求，卻遭到她的拒絕。她愈是拒絕他，他愈想要她。「她透過拒絕來影響我的欲望，」吉拉爾說。[21]

影響他對她的欲望強度的，正是她對他的興趣缺缺。更重要的是，其他男人對她表現的興趣也影響著他。他們正在塑造他對她的渴望程度。而她對他的拒絕，也同樣形塑著它。「我突然發現，她對我而言，既是欲望的對象，也是傳遞者（mediator）——就是某種榜樣，」吉拉爾回憶道。

人不僅可以為第三者或某物品塑造欲望，也可以為自己形塑欲望。高不可攀是一種讓人瘋狂的有效方法，但是很少有人問為什麼。模仿欲望提供了線索。我們對於榜樣著迷，是因為他們對我們展示一些值得我們想要、但我們無法企及的東西——包括他們的感情。

策略1

指名你的榜樣

不論是情感、問題或是才能，指名事物能讓我們擁有更多控制權。對於榜樣也是如此。

誰是你工作上的榜樣？誰是家裡的榜樣？是誰影響你的購物決定、職涯選擇，或是你的政治立場？

有些榜樣很容易指名。我們通常把他們視為「模範」，是我們視為楷模的人或團體，就是那些我們想要見賢思齊的對象，我們不會因為承認他們是榜樣而引以為恥。

但是，有些是我們不會視為榜樣的人。以健身來說，一個私人教練其實不只是教練，而是一個欲望的榜樣。他希望你做的事，你還沒有想要為這件事做該有的付出。重要的轉變在於看到對方在專業以外的角色還扮演著欲望影響者的角色。你孩子的老師、你的同事、你的朋友就屬於此類。

較難指名的榜樣是來自於我們內心世界、可能塑造敵對或不健康行為的人——他們是我們不自知地圍繞著他們轉的人，左右著我們想要的東西。我們將在第2章探討這類較少被承認的榜樣，因為他們已經主宰我們的

> 世界。找出他們的一個方法就是：認真想想你最不想要
> 看到他們成功的那些人。

杜斯妥也夫斯基的《永恆的丈夫》（*The Eternal Husband*）傳達出模仿欲望裡的浪漫喜劇與悲劇。一個喪妻的男人找到死去妻子的前任情人——那個她外遇的男人，因為他潛意識中將這男人視為在愛情與性愛上比他優越的人。這個鰥夫找到一個他想結婚的女人，但是在他確認對手（即亡妻的情人）也愛上這個女人之前，他無法與她結婚。他自虐地讓自己從這個男人（永恆的情人）身上受到更多屈辱，而自己仍然是永恆的丈夫。只要他一天沒有察覺到誰在操控他的感情生活，他就會繼續在情敵的腳下折磨自己。他無法停止拿自己和他比較。

　　《永恆的丈夫》是描述模仿如何綁架關係的極端例子。事情通常不會那麼明顯。假設今天有一個沒有安全感的人，他在前幾次約會感覺到一些火花，而雙方都決定要認真地走下去。於是，他做的第一件事就是將她介紹給他所有的朋友認識，因為他迫切需要他們的認同。他在找尋朋友中至少有一個人也想要跟她在一起的一點跡象。如果沒有人有興趣，他就會開始懷疑自己是否做對決定。他就像那個永恆的丈夫一樣，想從他的榜樣身上找到對他的選擇的認可。

　　又假設有一個高二女生在 IG 上傳一張自拍照，是她開心地和新男友在壽司餐廳的合照。突然間，那個幾週前才與她分手的前男友出現了。這個男生當時對自己的決定充滿信心，分手後音訊全無，而他現在開始傳訊息給她，甚至表白愛意。「你不知道自己想要什麼，」她告訴他。「拿定主意吧！」女孩是對的：這個男生不知道自己想要什麼，直到他看到她和另一個男生在一起──那是一個高年級生，年紀與她哥哥相仿，即將拿到籃球獎學金進入北卡羅來納大學。前男友之所以重新追求她，與她放在 IG 上的照片裡的模樣無關，那是有另一個男生想要她使然──這個男生不是隨便哪個男生，而是一個擁有前男友想要的所有特質的男生。

　　精神分析師尚－米歇爾·歐奧良（Jean-Michel Oughourlian）是吉拉爾的朋友，也是合作夥伴。歐奧良在臨床執業裡，對於那些抱怨另一半似乎不再對自己感興趣的病患，曾經向他們推薦一種令人震驚的策略：他建議他們直接找另一個人來與另一半爭奪相處的時間與關注。即便只有一絲懷疑某人可能是來爭奪與配偶相處的時間，也足以引起、甚至強化對方的欲望。（我不是建議任何人故意引起伴侶的嫉妒，儘管這似乎是許多人已經使用的策略，而且滿自然的。）

　　浪漫給人的感覺就像搭雲霄飛車，因為這正是模仿欲望的脈動。

創投的競爭

華頓商學院教授亞當‧格蘭特（Adam Grant）在他的《給予》
（*Give and Take*，繁中版由平安文化出版）一書中，陳述資深
創業家丹尼‧薛德（Danny Shader）的故事。他已經創辦兩間
非常成功的公司，也正在為他下一項事業募資，而且是他截至
當時為止最讓人興奮雀躍的一項。

薛德在女兒參加的一場矽谷足球賽裡，遇見著名的創投家
大衛‧霍尼克（David Hornik），與他聊起他現在正在忙的新
事業。他們約好之後再見面。幾天後，薛德開車到霍尼克的辦
公室提案。霍尼克當下就看出這間公司的潛力。一週內，他給
薛德一份投資條件書。

霍尼克不像多數的創投家，他並沒有給薛德一份限期報
價，也就是效力有期限的報價。創投這樣做是為了向創業者施
加最大的壓力，以接受交易。另一方面，創業者募集投資條件
書時，喜歡找愈多家創投愈好，讓他們相互競價，希望引發一
場競購戰。

不過，霍尼克是個非常特別的創投家。他的報價並沒有設
定期限，也鼓勵薛德再與其他創投業者聊聊。他提供薛德一份
多達四十個推薦人的名單，證明他身為投資者的信譽。他希望
薛德選擇他是因為他是最佳合作夥伴，而不只是個出資者。因
此，薛德四處募資，與其他創投業者交流。

　　幾週後，薛德打電話給霍尼克說他已經接受其他投資者的資金。薛德告訴他，他一直很討人喜歡，沒有威脅性，也很和藹可親，也因此薛德擔心他是否會在董事會裡挑戰他，督促他做到最好。「在情感面，我想要和你合作，」他告訴他，「但是在理智面，我想要和他們合作。」[22]

　　薛德陷入的是一場模仿心理的價值遊戲。這些表現得挑剔、苛刻而塑造自己炙手可熱形象的投資人，在薛德心中占居較高的價值，高於沒有塑造這種形象的投資人。菁英大學的錄取率低並不是因為他們必須這樣做；維持低錄取率是為了保護他們的品牌價值。

　　霍尼克沒有玩其他創投業者玩的遊戲。他希望與他合作的創業家能看出他真正的價值所在，而不是只著眼於裝模作樣的創投選美競賽所賦予他的價值。

　　薛德與霍尼克的故事是一記提防模仿心理影響評價的警鐘。這是重要性悖論（Paradox of Importance）：有時候，生命中最重要的東西就像是禮物一樣來得容易，而許多最不重要的事情，到頭來卻花我們最多力氣。

廣告的反諷

今天的欲望操縱者並不像伯內斯那樣粗糙。他們變聰明了，而我們或多或少也是。

　　廣告大師都知道，東西推銷得太凶，人們會皺起鼻子。他

們明白，只是簡單讓我們看到一個漂亮、開心的人喝某品牌的
汽水，已經不再能吸引我們的注意力。至少在過去三、四十
年，廣告業者不得不使用另一種不那麼直接的技巧：反諷。他
們的自嘲讓我們降低防衛心。

　　一九八五年的一支百事可樂廣告，描述一個男人開著小貨
車往海灘去，車頂喇吧播放著他響亮地大口喝著冰鎮百事可樂
的聲音，吸引海灘上所有人一個跟著一個朝向這台小貨車走
近，然後這個男人開始把車上的可樂賣給大家。這個廣告的結
尾打出：「百事可樂：新世代的選擇。」「選擇」一詞其實有
嘲諷意味，因為在廣告裡，海灘上汗流浹背的所有人幾乎沒得
選擇。

　　這個廣告的目的是讓觀眾想到，「喔！廣告裡那一群像旅
鼠般的傻瓜！」當一個人的內心從周遭所見事物中解放出來的
那一刻，其實是他最脆弱的時刻。正如大衛・福斯特・華萊士
（David Foster Wallace）所指出的，一個市井小民單獨坐在沙
發上看百事可樂廣告，覺得自己的境界超越廣告所瞄準的普羅
大眾——然後他起身出門，基於那些他認為不同的原因，又
買了更多百事可樂。[23]

　　就算他沒有喝更多百事可樂，那麼他喝的可能是他覺得讓
自己與眾不同的其他飲料，或許就喝康普茶。這種消費也可
能是其他非飲料類事物，可能是相當不同的消費類別：例如
Netflix最新的原創紀錄片，或是一些讓他感覺自己比朋友聰明

的播客節目。當人們相信自己不受偏見、弱點、甚至是模仿的影響，或是相信自己對這些都免疫時所產生的那份自豪，會讓他們對於自己在這個遊戲裡扮演共謀者這件事視而不見。

如果新聞機構可以說服觀眾它的節目是中性的，就可以癱瘓觀眾的防禦機制。大科技公司做的就是類似的事情。他們讓自己的科技看起來沒有特定立場──不過是個「平台」。那是事實──如果我們就數位平台論數位平台的話，它本身就是位元與位元組。可是，以人的層面來說，社群媒體已經建立了欲望引擎。

每一次我們低頭滑手機，我們的榜樣都在伺機而動。兒時好友的家人上傳的照片，每天看起來都像聖誕卡，還有牙齒亮白的IG模特兒向我們展示她們如何享用營養十足的早餐。欲望的宇宙點綴著數十億顆星星，總是在我們最難看到它的時候格外閃耀。

隨著榜樣起舞的市場

二〇二〇年二月三日及四日，電動車特斯拉的股票拉升狂飆超過五〇％。在此之前的四個月期間，特斯拉的股價已經成長為兩倍。二月四日收盤之時，特斯拉的股價創下四個月成長為四倍的紀錄。

特斯拉上市已經將近十年。它不是首次公開發行（IPO）

的新公司（如果是IPO公司，這種價格走勢和波動性就不是那麼反常）。究竟是什麼新聞在推升股價？

其實沒有什麼不尋常的事。這家公司第三及第四季的盈餘超出預期。此外，它的中國廠也傳來好消息。不過，我們仍舊很難看出究竟是什麼在推動這波瘋狂的漲勢。

二〇一九年十月之前，特斯拉似乎在災難邊緣。執行長馬斯克因其反覆無常的行為擾亂市場，而投資人也想知道，公司在十二個月內燒掉三十五億美金之後，如何還能生存。特斯拉的報告顯示，二〇一九年上半年虧損十億美金。然後股價就出現這一波爆漲。

專業的分析師感到不解。汽車業前高階主管鮑伯・盧茨（Bob Lutz）在BBC播客節目《每日財經》（*Business Daily*）表示，「我與高盛的人聊過，他們都是解釋股價世界一流的專家，但是他們現在也在問我，我知不知道特斯拉的股價到底怎麼了。」沒有人相信特斯拉的股價走勢與「現實」相應。[24]

但是，它確實與現實相呼應──只不過那不是多數分析師所接受的現實。套句莎士比亞的話，天地之間的事物總是比他們的投資哲學所夢想的要多。

金融領域的浪漫謊言就是那個「效率市場」假說（與「理性預期」密切相關，這是另一個假說）。效率市場理論相信，資產價格反映了所有可得的資訊。公司新聞、投資人的預期、當前事件、政治新聞等所有可能影響公司價值的事物，全都假

定可以完美地反映在股價裡。隨著時間變化，價格也會因為新資訊出現而改變。

但是，除了資訊之外，還有更多事物可以用來理解市場與人。[25]

有一些數據應該可以提醒特斯拉的投資人，推動股價的不只是資訊。二月四日，也就是股價飆高的第二天，超過五百五十億美元的特斯拉股票換手——在當時比歷史上任何股票都要多。同一天，只要在Google打出「我應該」（Should I），自動完成問句的建議選項是：「我應該買特斯拉股票嗎？」

數百萬人在Google上搜尋，想知道其他人是否想買特斯拉股票，以確定自己是否應該買特斯拉股票。在我看來，這不只是資訊。這是模仿欲望。

欲望不是數據引發的作用，而是其他人的欲望所引發的作用。股市分析師所提出的「集體精神錯亂」也不是那麼地精神錯亂。那是吉拉爾在五十多年前所發現的模仿欲望的現象。

在泡沫與崩潰中，榜樣都快速增加。欲望散播的速度快到我們無法運用理智的大腦面對。我們可能得考慮採取另一種更人性的觀點來面對。

「從眾是一股強大的力量，它可以抵制重力，時間比任何懷疑者所預期的還要久，」《華爾街日報》財經專欄作家傑森・茲威格（Jason Zweig）如此寫道，「泡沫既不是理性，也

孩子們參加夏令營
之後進大學
在那裡，他們被放進盒子
他們出來時，一個個都一模一樣。
　　　　　——馬爾維娜·雷諾爾茲（Malvina Reynolds），創作歌手

不是非理性；他們是深度的人性，而且會永遠與我們同在」[26]

　　模仿欲望是深度的人性，而且會永遠與我們同在。這不是提高工作效能的外在設計，它高調地存在於我們的內在，與我們的距離比我們肉眼可見的還要近。

第2章

扭曲的現實
我們全都再次成為新鮮人

又一次，認知再次戰勝現實。

——迪克・福爾德（Dick Fuld），雷曼兄弟（Lehman Brothers）
前任執行長，看著公司即將倒閉的突發新聞時發出的感嘆[1]

一九七二至七三年度學年，第一台個人電腦正式引進的前三
年，俄勒岡州的里德學院（Reed College）有個大一新生想要
賺點錢。他學到一課，而這一課有一天會讓他成為他這一代最
優秀的表演者。

史蒂夫・賈伯斯（Steve Jobs）打算將他那台老舊的
IBM電動打字機賣給一個名叫羅伯特・佛里德蘭（Robert
Friedland）的同學。跟賈伯斯一樣，佛里德蘭也是大學生，
只不過他比賈伯斯大四歲。他被緬因州的鮑登學院（Bowdoin
College）開除，也因持有價值十二萬五千美元的迷幻藥被判
刑入獄兩年。假釋後，他進入里德學院，計畫競選學生會主
席，並到印度拜訪印度教大師。這時，他需要一台打字機。

　　賈伯斯對於他的買家一無所知。他到佛里德蘭的房間送貨並收款，但在他敲門後卻沒有人回應。他試了一下門把，門沒上鎖。為了省事，他打算把打字機留下，稍後再收款，於是他打開門。

　　一踏進門，他就被眼前的景象嚇到：佛里德蘭正在床上和女友做愛。賈伯斯打算離開時，這個陌生人卻邀請他先坐下等他完事。這也太前衛了，賈伯斯心裡想著。[2]

　　這個看似百無禁忌感、完全不覺得自己的行為會讓一般人畏縮的生物到底是誰？他似乎只按自己的心意做事，完全不打算道歉？

　　賈伯斯的同學、蘋果公司第一代員工丹尼爾・卡特基（Daniel Kottke）後來評述到佛里德蘭對賈伯斯的影響。根據華特・艾薩克森（Walter Isaacson）撰寫的賈伯斯傳記，他記得佛里德蘭「個性善變，很有自信，有點獨裁」，「賈伯斯非常欣賞這點，跟他相處久了，他變得跟他更像。」

　　在創辦蘋果電腦時，賈伯斯就已經以他自己極端的行為聞名。他赤腳在辦公室裡走來走去，鮮少洗澡，而且喜歡在馬桶裡泡腳。

　　「我第一次遇見史蒂夫時，他很害羞，個性謙遜，是個很重個人隱私的人，」卡特基說。「我覺得佛里德蘭教他很多關於銷售、走出自己的世界、敞開心扉以及掌控局面的事。」

　　賈伯斯當下並沒有意識到，但是在他走入大學裡的那個房

間時，佛里德蘭已經成了他的榜樣。賈伯斯之後可以看穿佛里德蘭，但佛里德蘭對於年輕的賈伯斯即時的影響已經形成。他教會賈伯斯，怪異或驚人的舉動可以吸引眾人目光。人們總是被那些遊戲規則不同的人所吸引。（實境秀便是利用這點。）[3]

當賈伯斯駕馭這樣的行為，同事們將他形容為一個擁有「現實扭曲場」的人。賈伯斯似乎可以讓每個在他軌道上的人屈服於他的意志——也就是他的欲望。這個現實扭曲場可以擴展到任何一個靠近他的人。我們可以將他對於人們的影響歸因為何？

他非常出色，但這並不是造就他如此迷人的原因。啟蒙時期的哲學家康德（Immanuel Kant）也是個出色的人，但他的生活非常平凡，市民甚至可以用他日常的散步時間來為手錶對時。賈伯斯之所以如此令人著迷，因為他所想要的與眾不同。

我們常常將一個人的魅力歸因於某些客觀的特質——說話的方式、智慧、韌性、機智或自信。這些的確會加分，但是其實還有其他更多原因。

我們通常會對那些與欲望的關係不同的人著迷，無論是真的不同或是我們認為不同。當人們似乎不再在乎別人想要什麼，又或者不想擁有同樣的東西時，他們似乎超脫塵俗。他們比較不會受模仿所影響——甚至會反模仿。那樣是非常吸引人，因為大部分人都並非如此。

兩種類型的榜樣

沒有人願意承認自己是模仿者。我們都重視原創性與創新性。我們都被叛逆的人所吸引。但每個人都有他自己隱藏的榜樣——即便是賈伯斯。

在這個章節中，我們將探討以不同方式影響我們的兩種榜樣，一種存在於我們周遭世界之外，另一種則是在我們周遭世界之內。模仿在兩種情況下各有不同的結果。你覺得佛里德蘭屬於哪個世界？本章進入尾聲之時，你會發現答案並不簡單。

我們與模仿的關係存在著一件奇怪的事。亞里士多德在兩千五百年前便了解，人類擁有先進的模仿能力，因而能夠創造新東西。以複雜方式模仿的能力，是我們有語言、食譜以及音樂的原因。[4]

那麼，人們普遍對於模仿感到反感是不是很奇怪？人類最偉大的優勢之一被視為尷尬的來源、軟弱的象徵，甚至會讓自己帶來麻煩。

沒有人想被當成模仿者——除非是在非常特殊的情況下。我們鼓勵孩童模仿楷模，多數的藝術家也通常認可臨摹大師作品的價值。但在其他的情況下，模仿則完全是禁忌。想像一下，倘若兩個朋友開始在每個社交活動聚會時都穿著相同的衣服；倘若有個人只要一收到禮物，一定會用同樣的東西做為回禮，回送給對方；倘若有些人總是不停地模仿同事說話的語

調或行為舉止──這些行為如果沒惹人生氣，也會被認為是奇怪、粗魯或是侮辱。

　　倘若有個朋友剪了跟我們很像的髮型，這也會讓人有點不舒服。

　　更讓人困惑的是，為什麼在大多數組織裡，模仿似乎既受到鼓勵、也被勸阻？你的穿著要像那個擔任你所想要職位的同事，但不要太像；你要模仿文化規範，但也要確保自己能脫穎而出；仿效組織內的重要領導者，但別做得像在拍馬屁。

　　現已倒閉的生技公司 Theranos 前任執行長伊莉莎白・荷姆斯（Elizabeth Holmes）公開模仿賈伯斯。她穿著黑色套頭上衣，並雇用每個她能找得到的蘋果設計師。但想像一下，如果一個 Theranos 的基層員工也開始模仿荷姆斯，穿著黑色套頭上衣走來走去，戴著藍色隱形眼鏡，模仿荷姆斯的強烈凝視的眼神，甚至用她那種聲音低沉且平淡單調的方式說話。你覺得會發生什麼事情？他們會直接被開除。

　　這就好像每個人都在說：「模仿我──但別學得太像」，因為被模仿會讓人受寵若驚，但被學得太像卻會感受到威脅。

　　本章會告訴你為什麼。

這是這本書中最理論的一章。我們會在本章為理解模仿理論最重要的意涵奠定基礎。

　　首先，我們會看到，不同的社交距離如何影響我們的欲

望；也就是說，那些跟我們社交距離遙遠的人（名人、小說中的虛構人物、歷史人物，甚至是我們的老闆）以及那些跟我們距離近的人（同事、朋友，透過社群媒體連結的網友、鄰居，或者我們在派對裡認識的人），對我們的欲望所造成的影響是不同的。

在第一種情況下，因為我們和榜樣的身分地位有著很大的差異，榜樣住的是我們稱之為「名人島」（Celebritan）的地方。從我站的地方看過去，名人島的居民包括了布萊德・彼特（Brad Pitt）、雷霸龍詹姆斯（LeBron James）、金・卡戴珊（Kim Kardashian）以及獨角獸企業（市值達十億美元的新創公司）的創辦人。這些人可能也是住在另一個的欲望宇宙；他們的欲望極少有機會跟我們的欲望有所接觸，因為我們之間存有社會性或存在性的屏障。

如此明顯與戲劇性的差異不一定存在。對分析師來說，一間投資銀行管理階層的主管也可能就住在名人島上；對普通的教徒來說，牧師可能就屬於名人島的一份子；又或者，對候補的歌手而言，搖滾巨星就是名人島的居民；而對勵志名作家東尼・羅賓斯（Tony Robbins）的研討會參加者來說，羅賓斯便身處於名人島。很多時候，對年幼的弟弟而言，年長的哥哥就是名人島居民。名人島就是榜樣居住的地點，他們在我們的社交圈之外，傳遞我們的欲望，或是改變我們的欲望，而我們不可能與他們站在相同基礎上做立即而直接的競爭。

　　那些想要的東西跟我們相同的人對於我們的威脅性，大於那些想要的東西和我們不一樣的人。誠實地問問自己：你比較忌妒誰？貝佐斯（Jeff Bezos）這個世界上最有錢的人？還是跟你同領域的某人，可能是辦公室裡跟你一樣能幹、工作時數和你相同，但是頭銜較高、年收入比你多一萬美元的那個人？應該是後者。

　　那是因為敵對競爭受到鄰近性的影響。當人們與我們之間在時間、空間、金錢或地位有一定的距離，我們自然沒有必要為了相同的機會與他們認真較勁。我們不會把處於名人島的榜樣視為威脅，因為他們大概也不會把我們看在眼裡，又或者將我們的欲望當成他們自己的欲望。

　　然而，還有另一個世界，我們多數人都在那裡度過大部分的人生。我們稱之為「新鮮人島」（Freshmanistan）。在那裡，人們密切接觸，不言而明的競爭司空見慣。微小的差異被放大。住在新鮮人島的榜樣與模仿者占據相同的社交空間。

　　我們很容易被新鮮人島上其他人所說的話、做的事或是他們的欲望所影響。就像高一學生為了爭一個地位，必須讓自己在一群與我們處境相同的人裡顯得與眾不同。競爭不但可能，而且是常態。而競爭因為競爭者之間的相似性而變得更奇特。

　　本章要探討為何模仿會因發生的地點不同而有類別與品質上的差異。我會給你一套工具，讓你了解人們如何受到特定榜樣的影響，而榜樣又是如何扭曲現實，以及為什麼新鮮人島上

的模仿欲望如此危險。

名人島

吉拉爾將住在名人島上的榜樣稱為「欲望的外部傳遞者」（external mediators of desire）。他們從一個人所處世界以外的地方影響著他的欲望。從模仿者的角度來看，這些榜樣具有一種特殊的存在感。

如果你從未與你的夢幻約會對象見過面，又或者你的夢幻約會對象身在一個你無法觸及的社交圈，那麼這個夢幻約會對象就是住在名人島。同意參加高中舞會的名人很討人喜歡，但是大家也都知道高中生不可能將他們從他們身旁一流的追求者手上追走。「高不可攀」這句話就暗示著這個奇特且遙不可及的世界。

名人島上總是有一道屏障，分隔榜樣與他們的模仿者。[5] 這道屏障可能是時間（因為身故）、空間（因為住在不同的國家，或者不在社群媒體上），或是社會地位（億萬富豪、搖滾巨星，或是特權階級）。

茱莉亞‧柴爾德（Julia Child）是數百萬渴望提升廚藝的人的榜樣，而林肯（Abraham Lincoln）則是很多政治家的榜樣。由於這兩位已往生，他們在名人島上就占據著永久的位置。他們沒有機會再進入我們的世界，成為我們的對手。

這就要講到名人島的榜樣的一個重要特徵：因為沒有衝突

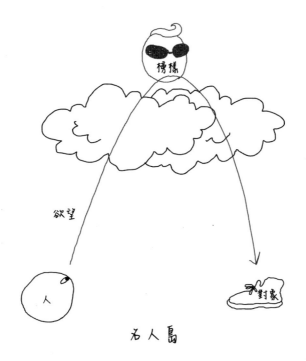

的威脅，人們通常自由且開放地模仿他們。

一二〇六年，出身富裕商人家庭的二十四歲年輕人方濟各（Francesco Bernardone），在義大利中部小鎮的中央廣場赤身裸體，將自己精美的衣物交給父親，放棄自己世襲的權利。在這接下來的八百年裡，方濟各有無數的追隨者。他們立下清貧的極端誓言，效法他的虔誠，穿著同樣款式的素色棕色長袍。撰寫本文的同時，全世界約有三萬名方濟會教徒。二〇一三年，布宜諾斯艾利斯的前紅衣主教貝爾戈利奧（Jorge Mario

Bergoglio）成為第兩百六十六任教皇，並宣布他的教皇名字為方濟各——以表明他企圖效仿方濟各對於窮人的關注。

聖徒只有在死後才能成為住在名人島的榜樣——被宣稱值得效法。沒有人在活著的時候能被正式封聖。職業體育的名人堂也有類似的規定——任何現役運動員都不能入選名人堂。人只有在退休或死後，才能真的成為傳奇，因為他們已進入不同的存在空間。

有些榜樣使用一項技巧來鞏固他們在名人島的公民身分：他們防衛自己的身分以強化我們的好奇感。班克斯（Banksy）、沙林傑（J. D. Salinger）、史丹利·庫柏力克（Stanley Kubrick）、艾琳娜·斐蘭德（Elena Ferrante）、泰倫斯·馬力克（Terrence Malick）以及傻瓜龐克（Daft Punk）等人都將自己隱藏起來，讓他們看起來存在於不同的境界。

被視為比特幣的發明者、化名為中本聰（Satoshi Nakamoto）的程式設計師，透過保密將自己的模仿價值提升至名人島的上層。他讓自己變成無從比較。「你無法成為更有魅力的中本聰，因為沒有人可以確定自己曾經見過他，」托比亞斯·胡貝爾（Tobias Huber）與拜恩·霍巴特（Byrne Hobart）這樣寫道。「你無法成為更偏執的中本聰，因為他的身分仍尚未被確認。你不可能成為中本聰，同時又比他更具前瞻性，除非你能在十年內發展出比比特幣更重大的東西，而且沒有被抓到。」[6]

　　公司裡的科層制度會為競爭帶來阻礙，造成某些人實際上無法與其他人競爭相同職務或榮譽。在一個有科層制度的公司，從客服中心人員的角度來看，公司的高階主管可能就住在不同的星球。大家很少看得到執行長。執行長遙不可及。在短期內不會有客服人員來和他搶工作，對他形成嚴重威脅。

　　在創辦人與員工、教師與學生、職業運動選手與業餘運動人士之間（職業選手與業餘愛好者的區別在於一種區分誰可以與誰競爭的重大儀式），也是一樣的道理。名人島的人不會與他的模仿者競爭。他們甚至不曉得這些模仿者的存在。名人島因此成為一個相對和平的地方。

　　然而，在新鮮人島上，任何兩個人之間隨時都可能出現激烈的競爭。

新鮮人島

在新鮮人島，榜樣直接在我們的世界內部傳遞欲望，這就是吉拉爾稱之為「欲望的內部傳遞者」（internal mediators of desire）的原因。在這裡沒有障礙可以阻止人們為了相同的東西直接與其他人競爭。

　　在社群媒體、全球化和舊制度倒塌下，我們大多數人幾乎終其一生都活在新鮮人島上。

　　朋友一起住在新鮮人島。莎士比亞的戲劇《維洛那二紳士》（*The Two Gentlemen of Verona*）告訴我們，這個世界上的

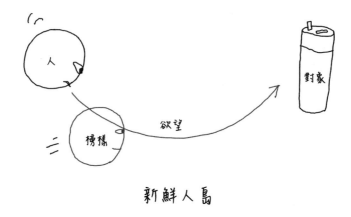

新鮮人島

欲望是多麼容易交織在一起。瓦倫坦（Valentine）和普洛帝阿斯（Proteus）從小就是朋友，他們發現他們的欲望都集中在同一個女人身上——這不是偶然，而是因為對方的欲望。普洛帝阿斯愛上一個名為茱莉亞（Julia）的女孩。當他到米蘭拜訪好友瓦倫坦時，瓦倫坦聊到他的新歡西爾維雅（Silvia）。聽著好友對西爾維雅的盛讚，普洛帝阿斯立刻愛上西爾維雅。就在一天前，普洛帝阿斯才對茱莉亞立下永恆的愛情誓言，現在他卻想要西爾維雅。莎士比亞通常在喜劇中描繪模仿欲望，因為這種方式比較能讓人認同——他們可以在安全距離外嘲笑他人的可笑行為，而不會想到自己也在模仿別人。

　　模仿欲望是許多友誼的紐帶，但也是禍根。一個常見的例子如下：一個人跟朋友介紹烘焙；於是，成為優秀的烘培師就變成這兩個朋友共同的欲望，他們因此花更多時間一起研究烘

焙。然而，一旦這段友情染上模仿的敵對競爭色彩，他們可能
會陷入一場永無止盡的拔河對抗賽，從烘焙延伸到人際關係、
事業成功、健身，甚至更多。那道將他們綁在一起的力量（也
就是模仿欲望），現在在他們想要與對方有所區別時，將他們
分開。

記得當高一新生是怎樣的感覺嗎？許多來自不同背景的人
擠進同一棟建築物、同一條走道、同一間教室。溜冰者跟演員
被分配在同一個專案裡；搖滾樂手跟運動員一起運動；運動員
坐在書呆子旁邊。

名人島 （外部傳遞的世界）	新鮮人島 （內部傳遞的世界）
榜樣身處遙遠的時間、空間，或社會地位	榜樣位於鄰近的時間、空間，或社會地位
差異性	相同性
榜樣容易辨識	榜樣難以辨識
公開模仿	祕密模仿
認可的榜樣	未被認可的榜樣
相對穩定、固定的榜樣	不穩定、經常變換的榜樣
榜樣與模仿者之間沒有衝突的可能性	榜樣與模仿者之間的衝突是正常的
正向模仿有可能	負面模仿是常態

＊正向模仿留待本書第二部分探討。

　　這些群體似乎非常不同。書呆子看著運動員時，難道不會覺得他們來自不同的世界？會。但他們的相似處遠多於相異點。他們的年紀大概都差不多；他們都在應付青春期的賀爾蒙。他們參加相同的課程，在同一個餐廳吃午餐。他們中的任何一個都可以在任何一天與任何其他人接觸。

　　每個人都在其他人身上獲得模仿的線索，但幾乎沒有人知道這一點。當每個人都試圖超越其他人並建立自己的身分時，一場無聲的差異化戰爭因而開打。

扭曲的現實

從字義而言，新鮮人就是迷失方向且充滿焦慮的同義詞。而新鮮人島上的生活也是如此。現實在很多方面都被扭曲。以下有幾個例子。

扭曲一：驚奇感

人們不斷地誇大榜樣的特質，無論是新鮮人島的榜樣，又或者是名人島的榜樣。當榜樣來自於名人島時，人們公開注視且讚賞他們。一個明顯的例子是人們為了拿到簽名而蜂擁包圍著一個名人。而一個比較不明顯的例子是，一位教授可能公開讚賞另一位在其他大學擔任系主任的教授。但是一旦第二位教授轉到第一位教授的系上時，動態立即發生變化。現在他們身處相

同的世界，而他們必須為了同樣的東西彼此競爭。

　　在新鮮人島上，人們與榜樣身處相同的空間，因此必須暗自讚嘆榜樣。他們永遠不能承認一個尷尬的事實，就是他們想要更像自己的鄰居、同事，又或者是哪一個朋友。新鮮人島有一個緘默法則。賈伯斯被佛里德蘭迷住，因為他想在某種程度上更像他一些。這位同學已經在他的欲望世界殖民。

　　吉拉爾說，這種努力不是為了任何特定事物，而是為了某種新的生活方式，或為了形而上的欲望（metaphysical desire）。[7]在希臘文中，「meta」意指「之後」。亞里士多德研究物質的世界並學習他所能學習的一切。然後，他問，「那現在呢？」他致力於研究後來稱為形而上學的理論，而形而上學字面上的意思便是「物質之後」。[8]

　　吉拉爾認為，所有真正的欲望（在本能之後的那些欲望）都是形而上的。人們總是尋找那些超越物質世界的東西。如果有人受到榜樣的影響而想要一個包包（榜樣傳遞了一個想要包包的欲望），他們追求的其實不是那個包包，而是他們認為包包帶來的那種想像的新鮮感。「欲望並不存在於這個世界，」吉拉爾說，「那是為了滲入人們所渴望的另一個世界，是為了進入一個完全陌生的存在。」[9]

　　欲望的形而上本質導致我們怪異地扭曲看待他人的方式。吉拉爾在神經性厭食症和貪食症的悲劇案例中看到了這種情況。想要與代表著完美體態的榜樣更為相像的欲望已經強過基

本生活需求。這些顯然是心理疾病，但吉拉爾認為我們沒有正確地解釋模仿欲望在病因中所扮演的角色。他認為這些就是形而上的欲望壓倒物質需求的病例。[10]

　　我們都以自己的方式遭受這個問題的困擾——某種程度上，我們都患有厭食症，我們都在尋找榜樣，以滿足一種非物質的飢餓，也就是形而上的欲望。

貓的崇拜

　　如果有人似乎不像我們這般因為欲望受苦，那我們極可能將他視為榜樣。就以貓為例：牠的魅力從何而來？埃及人為何膜拜貓？

　　原因還蠻複雜的。不過，模仿理論提供一個線索：貓的需求似乎遠比我們少很多。他們不像我們那麼充滿欲望。由於貓明顯地缺乏欲望，埃及人可能將貓的態度與各種神靈聯想在一起。誰的需求能比神還要少？

　　當然，有些貓會一直喵喵叫，彷彿是餓了，直到你餵食才會停，有些貓則是無法得到足夠的依偎。但貓是善變的。他們通常對你的意見不感興趣——很像是賈伯斯不在乎其他人對於他沒洗澡或他把腳放在馬桶裡的感

受一樣。

之前我的德國牧羊犬撕破我的沙發時，我總是對牠大吼，牠則是低垂著眼溜走。但是，如果今天是我的貓咪趁我不在時撕破沙發，而我對牠大吼大叫的話，牠會轉身，屁股對著我，大搖大擺地走出房間。當我使盡全力把牠引過來，牠反而坐下來舔爪子。這種效果類似於一個人假裝對任何人的關注和認可不感興趣。那自給自足的嬌態反讓他們有種迷人的魅力。

當我們努力滿足我們不斷變化的欲望時，貓則是舔著自己的皮毛。牠什麼都不需要，也什麼都不想要。

因此，當你在路上遇見一隻貓，別總是想撫摸牠，就像是著名心理學家喬丹·彼得森（Jordan Peterson）在《生存的十二條法則》（12 Rules for Life）一書中的建議。相反地，讓貓在遇見你的時候，想被你撫摸。如此一來，你才是真的做到一件很特別的事。

扭曲二：專家崇拜

一百年前，有博士學位與沒有博士學位的人之間，有著極大的知識鴻溝。但今日，全世界的資訊近乎伸手可及，接受大量正規教育的人與接受少量正規教育的人之間的知識差距已經縮

小。事實上，倘若你想進入某些將特定的學歷視為自滿象徵的公司，擁有像是博士或企管碩士等學歷可能對你不利。我們見證著價值的反轉。

提爾在二〇一一年設立提爾獎學金，資助具有前景的創業家創業，而非進入大學就讀。獎學金的價值主張之所以吸引人，部分原因在於它刻意破壞了模仿欲望：拿到這筆獎學金比進入哈佛還困難。（第一批得主的錄取率約為四％，而之後的幾年，錄取率降至約一％。）獎學金所資助的輟學者都是才華洋溢又企圖心旺盛的孩子，如乙太坊（去中心化開源區塊鏈平台）的共同創辦人維塔利克·布特林（Vitalik Buterin）；以及艾登·富爾（Eden Full），他發明了一項技術，可以調整太陽能面板的方向以追蹤太陽。這些創業家為年輕人形塑遠比哈佛學歷更為重要的事情，他們形塑出一條不同的路徑。

今日，價值大多已由模仿驅動，而非依附在固定、穩定的點（如大學學歷）。這為任何可從群眾中脫穎而出的人創造許多機會，但也帶來正面與負面的結果。

人們迫切地想在現今「流動的現代性」〔liquid modernity，借用社會學家和哲學家齊格蒙·鮑曼（Zygmunt Bauman）的一個術語〕中找到一些穩固的東西。流動的現代性是一個混亂的歷史時期，沒有任何文化認可的模式可以依循，也沒有固定的參考點。這些都像冰川一樣融化，讓我們陷入刮著暴風雨、能見

度有限的海洋裡。名人島正在瓦解。

同時,世界也變得愈來愈複雜。思考一下全球金融體系。任何一個人所擁有全部可用的知識,都是微不足道。所以我們比以往任何時候都更依賴榜樣來理解它,像是避險基金經理人雷‧達里歐(Ray Dalio)。激進的個人主義並沒有使人們擺脫對榜樣的需求。但是,榜樣從何而來?

「由於現代人無法了解除了自己以外發生了什麼事,而既然他無法理解所有的一切,倘若真的沒有人指引迷津,他便會迷失在像我們這樣廣闊與技術複雜的世界裡。」吉拉爾在他的書《從地底下復活》(*Resurrection from the Underground*)中提到。「當然,他不再依賴牧師與哲學家,但事實上,他絕對比以往任何時候都更依賴他人。」

而這些人又是誰?「他們是專家,」吉拉爾繼續說,「這些在需要辛勤投入的無數領域裡比我們更有能力的人。」

專家是幫忙傳遞欲望的人,他們告訴我們什麼值得想要、什麼不值得。費里斯在他的「五個要點星期五(5-Bullet Friday)」電子報(這我從未錯過)中告訴數百萬人該閱讀哪些書籍、應該看哪些電影,以及該下載使用哪些應用程式。他是專家。他甚至教別人如何破解專業。「如果你了解基本的可信度指標,就可以在不到四個星期的時間內為自己創造專家身分,」他寫道。

凱蒂‧帕拉(Katie Parla)是羅馬餐廳的專家。近藤麻理

惠是專業整理師。以網名「忍者」（Ninja）聞名的理查・布列
文斯（Richard Blevins）擅長電玩遊戲，同時線上收看人數超
過六十五萬人。[11]

　　就像芭黎絲・希爾頓（Paris Hilton）和卡戴珊家族（the
Kardashians）被稱為「因出名而出名」一樣，現在有一些專家
填補有線電視新聞節目的空檔，他們是成為專家的專家。身兼
演員與作家的戴克斯・夏普德（Dax Shepard）甚至利用他高人
氣的播客節目《扶手椅專家》（*Armchair Expert*）來取笑這個
概念。在節目中，他以非專業者的角度採訪各種來賓，而在每
一集結尾，他的共同主持人莫妮卡・帕德曼（Monica Padman）
都會針對夏普德在採訪中提出的說法進行「事實查核」。當
然，只有專家才有事實根據。

「現代世界是專家的世界」，吉拉爾寫道，「只有他們知道該
做什麼。一切取決於選擇對的專家。」[12]如果我的朋友比我更
懂全球事務、城市居民的日常、文化或設計，那是因為他訂
閱《*Monocle*》雜誌。如果有人對於科技在我們生活中所扮演
的角色有更好的見解，那是因為他們聽了對的播客節目〔順道
推薦，曼努許・佐莫蒂（Manoush Zomorodi）的《給自己的筆
記》（*Note to Self*）〕。你的廚藝如何？我推薦莎敏・諾斯拉特
（Samin Nosrat）。

　　對於新榜樣的需求大到我們需要在不屬於他們的地方，

插入欲望的傳遞者，如美國商務實境競賽節目《創智贏家》（*Shark Tank*）是由專家決定一間企業是否有價值，而不是市場。我們都是榜樣成癮者。而現在，我們傾向選擇專家做為自己的榜樣。

　　這可能是因為我們認為自己比以往任何時候都還要理性，而在許多方面，我們的確是如此。在過去的幾百年來，科技發展迅速。然而，我們卻低估模仿在我們選擇專家的方式裡所扮演的強大角色。

　　那我們將資訊來源視為權威的依據又是什麼？是因為我們檢閱了這個人所有的背景資歷？還是因為消息來源已經通過《紐約客》（*New Yorker*）的彼得‧坎比（Peter Canby）團隊的事實查核？還是因為這個人在社群媒體上擁有最多的粉絲，而且他的名字旁邊有一個「已驗證」的標籤？權威比我們想要相信的還要具有模仿性。成為專家最快的方式，便是說服幾個對的人稱你為專家。

　　對於聖人的崇拜現已成為對於專家的崇拜。這不表示我們不需要依賴榜樣來找出我們想要什麼。它意味著在後啟蒙時代，較受人歡迎的榜樣通常是那些看似最有知識的人，也就是專家。

　　榜樣向我們許諾一種祕密的、拯救型的智慧，讓人想起早期的諾斯底主義宗教教派。該教派相信，通過「光的使者」提供的意識進化，可以將一個人從無知的宰制下拯救出來。〔你

喝普通咖啡嗎？那麼你顯然沒有讀過戴維‧阿斯普里（Dave Asprey）的書，他知道你喝的豆子上長滿會產生黴菌毒素的黴菌，你應該買他的防彈咖啡，以免自己步入不了解這一點的平民咖啡飲用者的命運。〕每一個人都有自己的榜樣——某個可以把快樂所需的知識傳授給大家的人，讓人們覺得自己擺脫了群眾的命運。但任何自詡為此類專家的人，多半是騙子。

於是，偶爾解構一個人的權威背後的層層模仿，認真思考我們一開始是如何選擇知識的來源，這樣做是好事。我們或許會發現，通往我們最鍾愛的專家的路，其實是由模仿的影響力所舖成的。

策略 2

找尋經得起模仿的智慧來源

專家在我們的社會上扮演著愈來愈重要的角色。但是造就專家的是什麼？學位？線上播客節目？愈來愈多的專家以模仿加冕，就跟時尚一樣。

因為人們對於文化的價值，甚至是對於科學本身的價值（想像一下氣候變遷的爭辯），共識愈來愈少，人們尋求「專家」的協助，而他們的專業其實是模仿驗證

的產物。關鍵在於穿透模仿，找到較不受模仿影響的知識來源。找到可以經得起時間測試的來源。提防那些自稱及群眾口中的專家們。

在硬科學領域（如物理、數學，化學），透過模仿選擇專家的可能性比較小，因為人們必須展現他們的工作成果。但是，人們可以輕易在一夜之間成為「生產力」專家，只因為他們在對的地方發表。科學主義愚弄人們，因為它就是種偽裝成科學的模仿遊戲。

關鍵在於謹慎選擇我們的知識來源，如此我們才能直指真實，不管有多少人想相信它。這表示我們自己就要做足功課。

扭曲三：反身性

億萬富翁投資人和社運人士喬治・索羅斯（George Soros）聲稱，金融市場是根據反身性原則（principle of reflexivity）運作的。他在《金融煉金術》（*The Alchemy of Finance*，繁中版由寰宇出版）一書中寫道：「在有思考的參與者的情況下，參與者的思維和他們的操作環境之間存在著雙向互動。」市場的反身性是導致市場崩盤和泡沫化的部分原因。投資人認為可能會發生崩盤，因此他們所做出的行為會加速崩盤。

傳說索羅斯因為理解這個原則，一天就賺了超過十億美元。一九九二年，由於英國政府投下大量資金以支撐英鎊，索羅斯押注高達一百億美元，賭他們無法保持英鎊穩定。索羅斯的押注向其他投資者發出信號，表明這些資金是衝著英國政府而來的，而這又反過來對貨幣造成額外的貶值壓力。最終政府屈服，允許匯率自由浮動。一天內，英鎊對美元貶值百分之二十五，為索羅斯帶來巨額利潤。

雖說索羅斯的重點是金融市場的反身性原則，但其實這原則也適用於生活中許多其他領域。人們在說某事之前會擔心其他人的想法——這種擔心會影響他們所說的話。換句話說，我們對現實的看法會改變我們的行動，進而改變現實。如此造就了自我實現的循環。

這項原則影響公共和個人論述。德國政治學家伊莉莎白・諾艾爾—諾依曼（Elisabeth Noelle-Neumann）在一九七四年首度創造「沉默螺旋」（spiral of silence）一詞，意指我們今天經常看到的一種現象：人們自由發言的意願取決於他們在無意識中對於自己意見受歡迎程度的知覺。認為自己的觀點不被其他人認同的人更可能保持沉默；他們的沉默會強化一種印象，也就是沒有人和他們的想法一致；這會增加他們的孤立感，並人為地強化擁有多數意見者的信心。

根據作家維吉妮亞・伍爾芙（Virginia Woolf）的說法，即便是衣服也具有反身性：「雖然看起來是徒勞的小事，但他們

說，衣服不僅是讓我們保暖，它們更重要的作用是改變我們對世界的看法，以及世界對我們的看法。……是衣服穿我們，而不是我們穿衣服，有很多支持這樣的觀點；我們可以按照我們的手臂或胸部來剪裁衣服，但衣服會根據自己的喜好形塑我們的心靈、大腦和舌頭。」[13] 邱吉爾（Winston Churchill）談到建築的反身性時說：「我們塑造我們的建築；爾後，它們形塑我們。」[14]

反身性的原則在欲望的領域尚未被探索。我們可以將索羅斯對於反身性的定義重新闡釋為：在欲望參與者有可能與其他人互動時，參與者的欲望之間存在著雙向互動。

這種情況就像在旁邊還有其他人在跳的彈跳床上：任何人都無法在不影響其他人的情況下跳。在新鮮人島，欲望的反身性會扭曲現實，因為人們認為自己想要某些東西是出於自發和理性（浪漫謊言），即使他們正被周遭其他人影響。這讓事情看起來和實際情況不同。

從二〇〇三年到二〇一六年，荷姆斯（就是很愛模仿賈伯斯的那位）自投資人得到超過七億美元的資金。她的公司 Theranos 的市值預估在巔峰時曾超過一百億美金。投資人充沛的資金讓她能夠建立一個時尚的矽谷總部，聘請炙手可熱的蘋果前員工，並推動公關活動，讓她與連鎖藥局龍頭沃爾格林（Walgreens）簽訂一份利潤豐厚的合約，這所有的一切都讓新投資人垂涎地想要參與。這種募資過程是雙重模仿：新投資人

想要加入，因為其他聰明的投資人已經加入，投資人對公司股份的需求，讓公司能夠講述一個更好的故事，也因此點燃更多的投資者需求。

欲望的反身性在敵對競爭關係中最為明顯。當一個人專注在敵對榜樣所想要的事物時，雙方的欲望都具備反身性。任一方對於某物的欲望都無法不影響另一方。

在新鮮人島上，敵對的模仿就像是兩個人坐在同一台車裡賽車：沒有人領先，最後兩人一起撞毀。

饒舌樂擂台

關於敵對型模仿欲望的反身性，美國一九九〇年代東岸和西岸的嘻哈對抗就是一例。

一九九一年，布朗克斯（Bronx）一名幾乎聞所未聞的饒舌歌手Tim Dog發行了一張專輯，專輯走的是憤怒和好鬥的饒舌風格，直接攻擊幾位西岸的饒舌歌手，包括Eazy-E、德瑞博士（Dr. Dre）、DJ Quik和冰塊酷巴（Ice Cube）。Tim Dog覺得西岸唱片公司似乎無視於東岸，並且不尊重其嘻哈音樂的品質，為此感到憤怒。他用一首歌曲引起西岸饒舌歌手的注意，把他們捲入模仿的敵對競爭。

一九九二年年底，西岸的饒舌歌手德瑞博士發行了他的首張專輯《The Chronic》，該專輯後來成為有史以來最暢銷的饒舌專輯之一。在這張專輯裡，嶄露頭角的西岸饒舌歌手史努比

模仿的敵對競爭

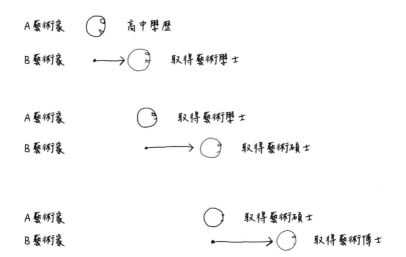

狗狗（Snoop Dogg）提到 Tim Dog 做為報復。在此不贅述史努比狗狗的事件，我們只需知道他讓雙方的衝突更嚴重。

東岸以同樣的方法回敬。一九九三年，吹牛老爹庫姆斯（Sean Combs）簽下聲名狼藉先生〔the Notorious B.I.G.，人們比較熟悉的稱呼是「大個小子」（Biggie Smalls）〕到他的新唱片公司壞小子唱片（Bad Boy Records）。大個小子的歌曲「誰射殺了你？」（Who Shot Ya?）在一張單曲專輯的 B 面發表，而西岸的年輕的饒舌歌手圖帕克‧夏庫爾（Tupac Shakur）把它解讀為是在嘲笑他。圖帕克在此不久前遭遇一場持槍搶劫，並遭到槍擊。不久之後，他與備受爭議的音樂公司死囚唱片

（Death Row Records）簽約。

　　一場不斷升級的衝突戰接踵而來。在一九九〇年代中期的幾年間，似乎這兩間唱片公司發行的每一首主打歌曲，都會回應另一間公司發行的歌曲。而圖帕克與大個小子之間的模仿敵對競爭在他們兩位身故後結束。

　　當模仿強度足夠時，敵對競爭者便會忘記他們最初努力的目標為何。目標已經變成可以完全互換——當事人可以為任何東西而戰，只要那是對手想要的。他們陷入雙重束縛（double bind）——每個人都反身性地被另一個人的欲望所束縛，無法逃脫。

鏡像模仿

為什麼所有的文青看起來都很像？而為什麼他們沒有人會認為他們是一體的？

　　答案是「鏡像模仿」（mirrored imitation）。鏡子扭曲現實，左右翻轉事物的外觀：右手出現在鏡子左側，而左手出現在右側。就某種意義上來說，鏡中影像是相反影像。鏡像模仿就是不管你的競爭對手做什麼，你都做跟他相反的事情。透過與敵對競爭型榜樣做不同的事，就是對敵對競爭對手的投射。

　　當模仿對手陷入雙重束縛、執迷於彼此時，雙方會不遺餘力地讓自己與眾不同。他們的對手成為自己不想跟隨的榜樣。文青的對手就是流行文化。根據吉拉爾的說法，「努力離開人

跡紛然杳至的道路，結果迫使每個人都掉進相同的溝渠。」[15]

　　對觀看者而言，反身性的鏡像模仿是有趣的。沒有一個電視節目可以比《歡樂單身派對》（Seinfeld）更能呈現模仿欲望。在〈大沙拉〉（The Big Salad）這一集中，傑瑞真的很喜歡他的新女友瑪格麗特——直到他發現他的死敵，也就是那個粗魯無禮又無聊的鄰居紐曼之前跟她出去約會過幾次。當傑瑞發現提出分手、結束這段感情的是紐曼時，格外震驚。他開始在瑪格麗特身上找一些之前沒注意到的缺點。他的這種行為已經到了令人討厭的地步，以至於瑪格麗特最後也與他分手。這對傑瑞而言是一個存在比例的危機。因為紐曼提出與瑪格麗特分手，而瑪格麗特又提出與傑瑞分手，因此在愛情上，紐曼似乎比傑瑞高一等。

　　如果你覺得這一集闡述模仿欲望還不夠清楚，那麼請試試〈靈魂伴侶〉（The Soul Mate）以及〈停車場〉（The Parking Space）這兩集。不過，在《歡樂單身派對》這部劇中，幾乎每一集都是以模仿理論為主題——這並非傑瑞有意為之，而是因為模仿欲望是人際關係的核心真相，也因此傑瑞・詹菲德（Jerry Seinfeld）與賴瑞・大衛（Larry David）必然是跟著直覺走，才能寫出這樣一部作品。一部藝術作品愈是能準確地呈現真實的人際關係，就與模仿牽涉愈深。[16]

除非涉入的雙方當中有一方放棄，不然模仿敵對不會有好結

局。為什麼？假設有一方在敵對競爭中脫穎而出，這種似是而非的勝利其實也伴隨著挫敗。這告訴我們，我們在一開始就選錯榜樣。用格魯喬‧馬爾克思（Groucho Marx）的話來說：「我不想屬於任何把我視為一員的團體。」[17]我們也不想。

敵對競爭的雙方當中有一方放棄這場競爭時，也會澆熄另一方的欲望。在模仿敵對競爭中，物品之所以有價值，是因為對手想要它們。如果對手突然不再想要某樣東西，我們也會一樣興緻缺缺。我們會再去找新的東西。

每個人和他的榜樣之間，都存在著一種有害的關係。本書的第二部便是關於欲望的轉化，那是一場長期治療。短期治療只是用來保護我們不受感染。

策略3

與不健康的榜樣劃清界線

你可能至少會追蹤幾個對你的模仿欲望來說是不健康的榜樣。那可能是相識的朋友，又或者是之前的同事，又或者只是某個你在社群網路上追蹤的人物，甚至可能是你之前的同學，多年來你一直關注著他的職涯發

展。你需要知道他們在做些什麼。你關心他們的想法，你也關心他們想要什麼。

　　與他們在你身上施加的力量保持距離是很重要的。取消追蹤這些人。不要再問到關於他們的一切。如果你每天都會確認他們的狀態，那麼試著把一天確認一次改為一星期一次。如果你本來就是一星期確認一次，那改為至少一個月才確認一次。

　　我有個朋友曾是舊金山一間新創公司的早期員工，當時他發現自己與一位才華洋溢的同事建立了一段高度模仿的關係。公司快速成長，因此他們有好幾個月不得不日以繼夜地一起工作才能趕上進度。如果他的對手傳訊息給團隊說他在辦公室忙到晚上十點才離開，那我這位朋友隔天晚上就會在公司留到十點半，而且也讓每個人都知道這件事。（這讓我想起我自己早期在投資銀行工作時，沒有任何一位分析師敢當第一個下班的人，因為那會讓大家覺得他們沒有認真工作。）

　　過沒多久，我的朋友與他的對手都通宵工作。並不是因為工作需要他們這樣做，而是因為他們的模仿競爭。他們兩人都想贏得這場戰爭。

　　最後，我朋友的對手離開，開了一間和自己同名的

公司。三個月後，我朋友也這麼做。（他看到一個「市場上的機會」，當然，和他的競爭對手恰好在同一個時間。）

　　長達幾個月的時間，他追蹤這位競爭對手的公司與社群媒體每天的貼文。他不會向任何人（包括他自己）承認，他的一舉一動都取決於對方做了什麼。

　　當他的對手買比特幣，他也一定要跟著買，以確認對手沒有擊出全壘打而將他拋在後面。我朋友就像個只購買指數基金的投資經理人，這麼做是要確保他絕對不會落後於市場，因為那很丟臉。人們總是和他們的榜樣做一樣的事情。

　　當比特幣的泡沫破滅，我朋友也不是很在意。只要他的對手是錯的，他也可能是錯的。

　　距離他們單飛創業已經過了八年。去年的某一天，我偶然發現一篇關於那個競爭對手的新聞報導，然後把那篇文章傳給我朋友，附上一段話說：「嘿，看一下湯尼（非當事人的真名）最近在做什麼。」出乎我意料之外的是，我朋友只是禮貌地回應：「感謝分享，但是我馬上刪掉了。約莫一年前，我完全擺脫湯尼的束縛，我甚至不再想知道他在做些什麼，我也希望可以繼續這

樣。我與他的競爭哪一天缺氧死去，我或許也不會介意。但是現在，我要把它餓死。請你幫個忙，別再傳這樣的東西給我，好嗎？」

不傳這樣的東西，我其實很開心。而今天，我朋友更開心。

社群傳遞

我們常說的「社群媒體」，其實已經不只是媒體，而是一種傳遞（mediation）：無數人告訴我們該想要什麼，為我們對那些事物的認知染色。

前Google倫理長、人本科技中心（Center for Humane Technology）領導者崔斯坦・哈里斯（Tristan Harris）談到科技中成癮設計的危險。他聲稱智慧型手機就像吃角子老虎機。兩者都透過間歇變動獎勵的力量發揮作用——拉著吃角子老虎的拉把帶來高度變動的獎勵，可以將神經性的成癮最大化；你的智慧型手機也在做相同的事情，在你每一次滑手機更新你的IG動態消息時，你永遠不知道何時會有什麼有趣的事情出現在螢幕上。

我尊敬哈里斯提倡以人為本的設計，但他忽略了一個根本

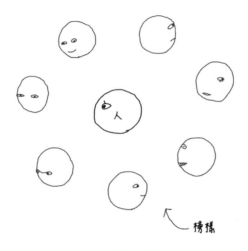

榜樣

社群媒體

問題。更好的設計有幫助，但是只能處理部分的問題。

　　危險不在於我們的口袋裡裝著吃角子老虎機。危險在於我們的口袋裡有一個夢想機器。智慧型手機透過社群媒體、Google搜尋引擎，以及餐廳與飯店的評論，傳遞全球數十億人的欲望給我們。我們的神經對於智慧型手機上癮是真的；智慧型手機是一個入口，讓我們可以無拘無束地自由進出他人的欲望世界，造成我們對於其他人的欲望上癮，而這是形而上的威脅。

　　模仿欲望是社群媒體真正的引擎。社群媒體其實是社群傳遞——而我們的榜樣現在幾乎總是在我們的個人世界裡。

　　我們住在新鮮人島上。每一個人都必須審視這在我們的生活中意味著什麼──模仿欲望如何在我們所處的環境中表現出來，以及我們應該如何生活。

　　這個新世界代表一種威脅，但也是一個機會。有哪些新的欲望路徑出現？我們又可以抓住哪些新機會？我們如何傳播以及感染那些最終帶來自我實現而不是自我毀滅的欲望？這些是我們身為個人和社會最終必須提出和回答的問題。

　　我們接著就來看一下模仿欲望如何在群體中發揮作用。

第 3 章

社群傳染
欲望的循環

如果一個人天生傾向於渴望鄰居擁有的東西，或者想要鄰居想要的東西，這意味著競爭存在於人類社會關係的核心。這種競爭若未被阻止，將永遠危及和諧，甚至危及所有人類社區的生存。

—— 吉拉爾

二〇一九年八月，兩個家庭前往加州一座水上樂園。他們在離開前陷入一場混戰，後來還導致一個人陷入昏迷。當地的新聞報導指出，「根據警方的說法，在沙加緬度（Sacramento）的狂潮水上樂園（Raging Waters）爆發激烈爭吵。這場混戰涉及大約四十人，起因竟然只是兩個家庭為了一條海灘浴巾起爭執。」[1] 沒錯！就是一條海灘浴巾。

很少有事情比侵略更具有模仿性。兩個人之間爆發爭吵，雙方都認為毛巾是自己的。幾分鐘內，就有四十個人爭奪同一條毛巾，他們的行為模式完全相同，以愚蠢和暴力的方式互相模仿。

這根本是莎士比亞的《羅密歐與茱麗葉》的故事情節。這

部戲劇不僅僅是兩個年輕戀人的悲劇故事。這是一個交戰城市演變成模仿混亂的悲劇。該劇的開場白是「兩個大家族，地位一樣地顯貴」。然而他們彼此憎恨。即便是最細微的挑釁都有可能煽動具傳染力的暴力，這使得這兩個家族更為相似，即使他們認為彼此是更加不同。

　　正如提爾在《從 0 到 1》中所指出的，馬克思（Karl Marx）和莎士比亞對人們為什麼爭鬥有兩種截然不同的看法。馬克思認為，衝突發生是因為人們不同。人們爭鬥是因為他們擁有的物品不同，而有不同的目標、欲望和想法。在這個框架中，我們預期擁有相同物品的人會較少起爭執。莎士比亞的觀點似乎恰恰相反：人們爭鬥是因為彼此相似，就像《羅密歐與茱麗葉》中的卡布雷（Capulets）和蒙塔古（Montagues）兩個家族一樣。

　　同一個群組裡的人愈是相像，就愈容易受到影響整體的單一衝突事件所左右。以下是兩種單一衝突事件的狀況，想像一下它們各自會有什麼結果。狀況一：你走在城市的街道上，看到兩個陌生人在爭吵。狀況二：你在大聯盟的球場看比賽，比賽中，打擊者衝向投手丘。在第一個狀況，可能會有一些好心人企圖勸架，但最可能的情況是，沒有人會涉入這場爭執。但在第二個狀況下，正如同每個棒球球迷都知道的，投手與打擊者要是真打了起來，可能連候補球員也會衝出來。

在本章中，我們會看到，模仿衝突是具有傳染力的。它可能會影響到整個社會環境，讓身處其中的每個人都會模仿其他人做出一樣的反應。這個動態讓人們陷入永無止盡的衝突循環，透過模仿彼此束縛，哪裡也去不了。

欲望的傳播方式和資訊不同，而是像能量。它在人與人之間傳遞，就像音樂會或政治集會中，能量在人與人之間傳遞。這種能量可以導致正向的欲望循環，健康的欲望獲得動力並帶動其他健康的欲望，以正向的方式團結人們；或者它會變成負向的欲望循環，模仿的敵對競爭導致衝突與不和。

在新鮮人島上，人們的接近度與相似度使得模仿欲望的得失代價變得更高。我們將會在本章與本書其餘部分繼續討論這個問題。

我們從義大利一個正向的欲望循環開始談起：這個正向的欲望循環，使得一個原本製造拖拉機的廠商製造出全世界第一台藍寶堅尼超級跑車。我們也將看到，正向的欲望循環如何讓人們健身、務農以及創業成功。接著，我們來到拉斯維加斯，在那裡有一位創業家想要像創業一樣打造一座城市，卻意外啟動一個負向的欲望循環，並導致模仿混亂。

這兩個故事有著不一樣的結局，因為欲望的管理（或者未為管理）方式各自不同。

當藍寶堅尼對上法拉利

費魯齊歐・藍寶堅尼（Ferruccio Lamborghini）最初是以製造拖拉機而聞名。他認為這對義大利大多數農民而言是一項重要而卓越的工作。但是，當他遇到恩佐・法拉利（Enzo Ferrari）之後，一切都改變了。藍寶堅尼成為一名成功的商人後，開始開漂亮的法拉利車。當藍寶堅尼坐在他的法拉利車裡，欣賞它的工藝和馬力時，他的內心產生了一些變化。

藍寶堅尼花了十多年時間，成為義大利一流的拖拉車製造商，但是他只花了兩年的時間，就成為在全世界備受推崇的汽車製造商。這就是故事中不為人知的部分——欲望的故事。

祕密賽車手

時間是一九五〇年代末期，地點是義大利北部。藍寶堅尼在米蘭（Milan）和波隆那（Bolgona）之間的太陽高速公路（the Autostrada del Sole highway）上開著他的紅色法拉利，在法拉利技術人員試車的高速公路上來回行駛，並混入車陣當中。[2] 由於附近的法拉利工廠沒有測試車道，因此在合宜的早晨，原本悠閒地在公路上開車的駕駛人，可能會在他們的後視鏡裡看到十輛紅色法拉利，之後從他們身邊轟鳴而去。駕駛這些法拉利的人是世界上頂尖的車手，他們將車推向車子技術的極限。

藍寶堅尼潛伏在車流中，等待法拉利的試車手。一看到他

們，他就從一般汽車的車陣中開出來。他的輪胎左右蛇行，之後抓住地面並向前發動，他的背因為加速而緊貼椅背。很快地，他的舊款法拉利開進新出廠的新車車隊裡。

法拉利車手以專業控制離合器，輕鬆地進出車流，測試他們新產品的扭力和操控性。藍寶堅尼混在其中。在和他們玩了一分鐘後，他從車隊中離開。其他的駕駛追逐他，但他的法拉利比他們可以多催個時速十英里。

藍寶堅尼這名機械高手，對他的法拉利做了一些升級。

法拉利與藍寶堅尼的基地都位於義大利的摩德納（Modena）附近，那裡的每個人都彼此認識。法拉利的試車手自然也知道他們的對手是誰。下一次，他們在鎮上看到他從他最喜歡的咖啡店裡端走一杯濃縮咖啡時，他們問他：「嘿，藍寶堅尼，你對你的車做了什麼？」

「喔！我不知道。」他回答。

藍寶堅尼繼續嘲弄著這些法拉利的試車手。在此同時，他也對他的法拉利一直有疑問，對於這樣昂貴的汽車來說，機械問題發生的頻率似乎太高。就連離合器在運作時，他也不太滿意換檔的感覺。它似乎一直在打滑。

當手動變速器的離合器沒有按照設計向引擎提供動力時，它便會打滑。這通常是在駕駛換檔不當且連結引擎的離合器片有所磨損時才會發生。但是藍寶堅尼知道他自己在做什麼。離

合器打滑並不是因為他，單純是離合器的製造問題，又或者它不適合用在馬力這麼大的車款。

最初幾次遇到離合器的問題時，他會直接把車開去法拉利車廠，但很快地發現問題又再一次出現。被激怒的藍寶堅尼直接把車開去找自己工廠的技師。他們發現，法拉利一台價值八萬七千美元的豪華跑車與他自家一台價值六百五十美元的拖拉機使用一樣的離合器。每次不得不更替離合器時，法拉利也會額外向他收取一筆高昂的費用。這台車需要更大更強的離合器。因此，藍寶堅尼直接幫自己的車子換上工廠裡最好的拖拉機離合器，一勞永逸地解決了問題。

在此期間，他也決定進一步改善車子的性能，包括配備雙凸輪軸的新氣缸蓋，以增加進入引擎的氣流。要對抗這輛改裝過的法拉利，新法拉利的車手想都別想。

藍寶堅尼開心地在那個地區開著他那輛防滑、升級版的法拉利車，以卓越的操控性和速度讓基本款法拉利的車主相形失色。但這還不夠。

他必須讓法拉利知道他的離合器。

交峰對決

一九六〇年代初，藍寶堅尼終於有機會與他的法拉利製造商正面對決。

「你知道，今天有一個人來找我，他在離這裡不遠的地方

有一家拖拉機工廠，」法拉利告訴他的朋友、義大利廣播電視台的汽車記者吉諾・蘭卡提（Gino Rancati）。「他告訴我，在他擁有的所有汽車當中，法拉利的離合器跟任何一輛車相比，都比較容易打滑。」[3]法拉利顯然很不高興。在他最終決定見他一面之前，他已多次拒絕藍寶堅尼，他認為不值得把時間花在與拖拉機製造商會面。當他們終於見面，藍寶堅尼大膽而耐心地、甚至可以說是謙遜地解釋他為了改良法拉利車輛性能所做的改變。沒有正式紀錄記載會議是如何結束，但是知道藍寶堅尼的說法的人表示，法拉利幾乎無法控制自己的憤怒。有一個說法是，法拉利說：「離合器不是問題所在。問題在於你不知道如何開法拉利，是你弄壞了離合器。」[4]他暗指藍寶堅尼應該繼續做他的拖拉機就好。

根據肯・克西（Ken Kesey）所言：「即便這沒發生，這也是事實。」因為，不管發生什麼事情，藍寶堅尼結束與法拉利的會面後，下定決心打造一台更為卓越的汽車。[5]他知道，法拉利把他平常用在拖拉機上的離合器用高價賣給他。而且他到底為什麼要去乞求與一個製造車的同行見面？法拉利在很多層面上根本就不尊重他。

在此之前，法拉利一直位於藍寶堅尼的世界之外，是一個遙遠或外部的榜樣。之前，藍寶堅尼在賽車跑道上見證法拉利的成功，也目睹法拉利成長到傳奇般的地位。他是汽車製造業的至尊，沒有人敢與他競爭。法拉利已經是名人島的居民。

　　但是現在，藍寶堅尼已經直接接觸到法拉利。實際上，無論是物質世界裡或者社交生活上，他們已經在彼此的後院。藍寶堅尼的工廠與法拉利的工廠距離只有十七英里。藍寶堅尼與法拉利一樣，事業非常成功。他是個百萬富翁，開法拉利的車，還改良車子。法拉利想要的，藍寶堅尼也開始想要。因為法拉利的影響，藍寶堅尼突然發現自己想要一些自己從來不曾想要的東西：他想打造全世界最美、性能最好的超級跑車。[6]

　　轉變發生了：現在，藍寶堅尼與法拉利都住在新鮮人島。切記，新鮮人島是以直接對立的可能性來定義。足球明星羅納多（Cristiano Ronaldo）與梅西（Lionel Messi）或許對我們多數人而言是名人，但他們對彼此來說並不是。法拉利與藍寶堅尼現在便是如此。透過藍寶堅尼的成功，他們已經拉近距離，也可以直接競爭。

藍寶堅尼大躍進

一九六三年，藍寶堅尼在摩德納郊區的聖亞加塔波隆尼亞（Sant'Agata Bolognese）成立新車廠——藍寶堅尼汽車（Automobili Lamborghini S.p.A.），距離他的拖拉機工廠只有幾英里。

　　該地區正在轉型。長久以來，艾米利亞—羅曼尼亞（Emilia-Romagna）為世界帶來美味的火腿、帕爾馬乾酪和香醋，並為此享有盛譽。一九六〇年代初期，義大利這個地區已

經是豪華車輛的製造中心。瑪莎拉蒂總部在摩德納，法拉利在馬拉內羅（Maranello），摩托車公司杜卡迪（Ducati）在波隆那（Bologna）附近。

藍寶堅尼現在開始從該地區的工業公司以及競爭對手那裡挖走頂尖的工程師。他提供他們更為優渥的工作條件與福利，並承諾他會利用他們的技術製造前所未有的汽車。他去美國與日本參觀，研究他們的製造流程，以便實施及改善，並開始打造第一台車以及新工廠的願景。「我沒有發明任何東西，」藍寶堅尼吹噓說，「我只是從別人的源頭起步！」[7]

一九六四年，藍寶堅尼在日內瓦車展公開他的第一輛汽車。藍寶堅尼350GT是史上第一款配備十二缸引擎與雙凸輪軸的公路車。一九六六年，藍寶堅尼推出Miura P400。它在所有性能類別中幾乎都擊敗法拉利，是表現最好的公路車。

在創辦他的車廠之後，藍寶堅尼推出一款汽車，讓即使是最見多識廣的愛車者也眼花撩亂。一九六八年，也就是在製造出他的第一輛汽車僅僅四年後，藍寶堅尼推出接替Miura P400的車款——Miura P400SS，之後也成為他們的代表性車款。傳奇歌手法蘭克・辛納屈（Frank Sinatra）和邁爾・戴維斯（Miles Davis）都買了一台。艾迪・范海倫（Eddie Van Halen）的歌曲〈巴拿馬〉（Panama）裡可以聽到他的Miura P400S的引擎加速聲。在一九六八年，這些汽車的原始定價大約是兩萬

一千美元（約為現在的十七萬美元）。如今，它們的售價已將近百萬美元。

　　藍寶堅尼的工程師（很多都是從法拉利挖角過來的）因Miura的成功而更有勇氣。他們懇求藍寶堅尼允許他們製造一台真正的賽車，可以與法拉利在賽車跑道上正面交鋒，而他們相信他們的工程實力能讓他們取得勝利。

　　可惜，藍寶堅尼並不同意。

策略4

以模仿驅動創新

　　模仿與創新之間存在著錯誤的二分法。

　　其實，模仿與創新屬於同一個發現過程的一部分。創新可能發生在任何一個階段。而有些歷史上最具創意的天才，其實也是從模仿對的榜樣開始。

　　我曾與五角星設計公司（Pentagram）的合夥人納雷許·拉姆查達尼（Naresh Ramchadani）對談，這家公司一直是全球排名頂尖的創新設計公司。他們是許多專案背後的創意力量，如哈雷博物館（Harley-Davidson Museum）、《每日秀》（*The Daily Show*）的布景與螢幕

上的圖樣，還有「一個孩子一台筆電計畫」等。

「你可以在任何階段做創新」，納雷許告訴我，「我們有時會先說：『外面有什麼？我們可以抄什麼？』」創新會在創意過程中較後面的階段才出現。

如果一個人主要的目標是為了創新而創新，那他們通常會與同領域的每一個人進行模仿的敵對競爭，主要在原創性的基礎上彼此競爭。他們透過貶低其他所有形式的模仿，玩一場差異化遊戲以博得注意。為了與眾不同而與眾不同是震撼藝術和學術背後的精神，其顯著特色便是提出不尋常的主張並且脫穎而出。

因為表現謙卑最快的方式並不是想著要多謙虛一點，而是少想著自己，所以最安全的創新途徑也是間接的。「那裡有很棒的東西，」拉姆查達尼說，「我們為何不從中學習？我們為何不直接以它為例，直接在它之上而不是在它旁邊構建一些東西呢？」

《點子都是偷來的》（*Steal Like an Artist*）的作者奧斯汀‧克里昂（Austin Kleon）說，「如果我們擺脫試圖完全原創的重擔，我們可以別再嘗試從無創有，我們可以直接擁抱影響力，而不是逃離它。」[8]

要知道何時可以仰賴模仿。

鬥牛的啟示

藍寶堅尼一生癡迷於鬥牛。他了解鬥牛背後的心理。

在一場鬥牛賽中，控制一頭牛讓牠屈服，並非靠力量，而是靠著敏捷的動作與心理戰。每場鬥牛賽可分為三幕。第一幕，鬥牛士必須先以斗篷透過一系列的動作了解牛的行為與癖好。第二幕，鬥牛士與他的助手將鋒利的倒鉤插入牛的肩膀，以拖垮牛隻。第三幕，又稱死亡之幕，此時鬥牛士將公牛帶到身心疲憊的狀態後，殺死牛隻。

處於模仿的敵對競爭，就像是成了鬥牛賽裡的公牛。在一場鬥牛賽裡，鬥牛士精心算計公牛的每一個動作。他揮舞著紅色斗篷，讓公牛朝著斗篷衝去，但在最後一秒將它拉開——就在牛隻以為自己要進行一場殺戮時。[9]

牛隻就像神話裡狡詐的西西弗斯（Sisyphus）。宙斯在他死後用計策懲罰他的欺騙：他必須推著一塊巨大的石頭至山頂上，但就在西西弗斯即將抵達山頂時，宙斯對著巨石施下魔法，讓石頭從西西弗斯的手中滑落，滾下山去。於是，西西弗斯必須重回山底，再一次將石頭推上山——而他必須不停地重複這項任務，直到永遠。

在模仿敵對競爭中，一個人的對手就像是宙斯，或是鬥牛士。對手決定一個人接下來想要什麼，他們所追求的目標為何，以及他們晚上入睡時在想什麼。倘若一個人還沒理解這是

怎麼一回事，那麼這場遊戲會讓他們筋疲力盡，甚至更糟。

法拉利讓藍寶堅尼有了製造超級跑車的欲望。而藍寶堅尼朝著這個欲望衝鋒向前。他成為所向無敵的對手。但是他拒絕戰鬥到最後。他知道這場敵對競爭沒有盡頭，因為它並非關乎汽車，而是關乎榮耀。

藍寶堅尼並沒有接受形而上欲望所造成的扭曲，在永無止境的各種障礙中尋求滿足。吉拉爾在他的第一本書《欺騙、欲望和小說》（*Deceit, Desire, and the Novel*）解釋這個悲劇：「有一個人認為寶藏就藏在石頭底下，於是下定決心開始尋找石頭下的寶藏。他將石頭一塊接著一塊翻開，卻什麼也沒找到。他厭倦這種徒勞的工作，但寶物太過珍貴，他無法放棄。於是他開始找尋一塊沉重到舉不起來的石頭——他將所有的希望寄託在那顆石頭上，也將所有僅存的力量都浪費在這石頭上。」[10]但藍寶堅尼選擇不這麼做。

「我拒絕打造它，」藍寶堅尼說著，他指的是那台賽車，「並不是因為我想避免與法拉利正面對決。而是因為那是一個攸關我身為父親的一個選擇。在我開始製造汽車時，我的兒子東尼諾才十六歲，我確信他會被競爭給吸引。」

藍寶堅尼似乎將競爭視為創業家的職業風險——有些東西在某個限度以內是好的，但如果不加以控制，一個不小心就會演變成敵對競爭。「這份恐懼讓我隨後在公司章程中加入一項禁止參與〔賽車〕戰爭的條款」，他補充道。[11]

　　藍寶堅尼採取具體措施來減輕敵對競爭的負面影響，而免於步上公牛的死亡命運。

在東尼諾關於父親的官方版故事中，他寫道，藍寶堅尼在他的葡萄園享受生命中最後二十年的平靜時光，帶著訪客參觀自己的莊園，並親自導覽。然後他分享了一個有趣的小故事：他的父親總是在導覽的最後帶著訪客走近主屋旁一棟外觀樸素的建築。這棟建築很容易被誤認為是廢棄的穀倉。大門附近掛著一個小木牌，上面用義大利文寫著：anni della mia vita（我生命中的四十年。）

　　穀倉內收藏著藍寶堅尼最令人印象深刻的作品：他最為罕見也是最好的藍寶堅尼汽車、拖拉機、引擎，以及一些零件。藍寶堅尼帶著訪客們走進穀倉，在每一個展示區停留，這趟旅程彷彿走進他生命中的歲月。但他總是在結束穀倉之旅前做一個示範演練：香菸測試。

　　演練的過程大概是像這樣。藍寶堅尼會先打開其中一台車的引擎蓋，並點燃一支菸。他從嘴裡拿下菸，直接放在引擎汽缸蓋上，並要訪客眼睛盯著它看。然後，他直接跳進汽車駕駛座，腳踩油門，讓引擎轉速一路提高到每分鐘六千轉，讓大量空氣進入氣閥——相當於有一千個人同時吸這支菸。汽車轟鳴，引擎猛烈旋轉。但是香煙幾乎分文未動，很快就消耗完畢。車輛完美的機械裝置使數千個零件達到平衡，沒有輕微的

隆隆聲或震動——動中有靜。

　　藍寶堅尼樂得保持這個動作，直到香菸變成一堆灰燼。然後他跳下車，揮揮手，揚走灰燼。

　　一九九三年，藍寶堅尼意外過世，享年七十六歲，但他的公司藍寶堅尼依舊繼續營運至今，並在二〇一九年度創下銷售紀錄。藍寶堅尼車廠最終仍舊踏進賽車事業——對於未來的領導者而言，這終究是無法抵抗的誘惑。但這沒有發生在老藍寶基尼經營公司的期間裡。他知道在對的時間踩煞車，並且將精力調度至新的機會上。

　　競爭在某個限度以內是好的。關鍵在於知道那個臨界點在哪裡，並且能夠以它為支點，借力使力。

　　我們接下來要檢視一項計畫，它陷入藍寶堅尼努力避免的後果。但是在那之前，我們先快速了解一下，欲望傳播與資訊傳播的不同之處，以及這個差異的重要性。

迷因理論與模仿理論

為什麼在美國給消費金額的二〇％當小費是常態，但是在歐洲卻不是？為什麼日本商業人士打招呼時總是以鞠躬代替握手？為什麼有些組織有完善的術語手冊，有些卻沒有？（為什麼商業世界有這麼多的術語？）在這些情況下，模仿似乎扮演著重要角色。

一九七六年，演化生物學家理查・道金斯（Richard Dawkins）在他的著作《自私的基因》（*The Selfish Gene*）裡創造「迷因」（meme）一詞。他想要解釋思想、行為以及語彙等非物質事物在時間和空間上的傳播。他將這些東西稱為「迷因」：這是一個文化單位，用以描述透過模仿過程在人與人之間散播的資訊。[12]

無論是道金斯的迷因理論，還是吉拉爾的欲望模仿理論，都將模仿視為人類行為的基礎。然而，這兩個理論幾乎在每一個方面都不一樣。

根據道金斯的說法，迷因運作的方式，跟生物的基因相似：它們的存活都取決於它們的傳遞，以及能否盡可能完美地複製。它們可能每隔一段時間就會變異。但整體來說，迷因各自獨立、靜態，而且固定。

根據迷因理論，迷因透過模仿的散播會帶來文化的發展與延續。根據吉拉爾的模仿理論，文化主要是透過欲望的模仿形成，並非事物。而欲望並非各自獨立、也不是靜態、更不是固定的；它們開放、動態而且易變。

我們都熟悉迷因。它們可以是音樂旋律（像是「生日快樂」歌的旋律）、流行語（比如「小鮮肉」）、時尚（領帶和高跟鞋），甚至是思想（「把在拉斯維加斯發生的事，留在拉斯維加斯」）。像推特這樣的社群媒體平台似乎是用來散播這些迷

因：每一次有人分享或轉發它們時，文字和思想都會透過完美的模仿而散播。

迷因不會透過人類的意圖或創造力散播。正如達爾文的演化論，它們會經歷一系列隨機變異與選擇。（此外，網路迷因並非道金斯所指的迷因——因為網路迷因是對某事的蓄意改變。）真正的迷因在散播時更像病毒。散播迷因的個人只是單純的載體——只是用來傳達訊息的宿主。你知道誰創造了第一隻笑臉貓嗎？沒關係，我也不知道。而且這並不重要。

然而，在吉拉爾的模仿理論中，情況正好相反。人不再是不重要的訊息載體；他們是非常重要的欲望榜樣。我們並不關心正在形塑的內容，而是關心是誰在形塑這個內容。我們不是為了模仿而模仿，而是為了形塑差異化的自我——我們試圖建立一個與他人相關的身分。

在鏡像模仿的案例（即某人做一件與另一個人所做相反的事情），我們看到自我差異化的動力。（《歡樂單身派對》影集裡的詹菲德與紐曼，文青與大眾文化。）為什麼有些人要戴川普陣營的「讓美國再次偉大」紅色鴨舌帽，但是有些人卻寧死不戴？人們對於戴「讓美國再次偉大」的帽子反感，（通常）不是因為帽子是紅色或是帽子的樣式，也不是讓國家偉大的政治思想。主要原因在於人，那個為這頂帽子形塑意義的人：川普。[13]

更重要的是，迷因理論忽略了負面模仿的所有形式，在迷

因理論中，模仿在最差的情況下，也只是中性。從迷因的立場來看，模仿本身是正面的。但是，在模仿理論中，模仿通常有著負面的後果，因為欲望模仿會讓人們為了相同的事情競爭，很容易導致衝突。

　　在本章後半，我們將探討模仿的飛輪效應（flywheel effect）。這是欲望的創意循環與毀滅循環的動態，是文化的興起與沒落的原因。迷因無法涵蓋這些事物。

飛輪效應

模仿欲望傾向在兩個循環裡的一個當中移動。循環一是負向循環，模仿欲望會導致對抗與衝突。這個循環在錯誤的認知中運行，也就是認為其他人擁有我們所沒有的東西，而且沒有空間可以同時滿足他們與我們的欲望。這是一種源自匱乏、恐懼與憤怒的心態。

　　循環二則是正向循環，模仿欲望將人們連結在某些共同利益的共同欲望中。它來自於一種豐富且相互給予的心態。這種循環改變了世界。人們想要一些他們過去無法想像的東西，而他們也會幫助別人走得更遠。

在他的書《從A到A+》（*Good to Great*，繁中版由遠流出版）中，吉姆・柯林斯（Jim Collins）以一個巨大飛輪為例，解釋

優秀的公司如何突破並變得偉大。

柯林斯要我們想像自己站在「一個直徑約三十英呎、厚二英呎、重約五千磅、水平安裝在軸上的巨大金屬圓盤」，我們的任務是「讓這個飛輪在軸上盡可能轉得快又轉得久」。[14]你推了幾個小時，但這個圓碟幾乎不怎麼動。重力成了你的阻礙。三個小時之後，你完成第一圈。你不氣餒，又繼續以相同的方向盡力推了幾個小時。突然間，不知道在哪個點，動量（momentum）開始對你有利。圓盤的重量成為你的助力，而不是阻力。輪盤自己向前推進。就這樣轉了五圈、五十圈，甚至是一百圈。

柯林斯說，當一間大公司啟動一個自我實現的正向循環，就會發生這樣的狀況。這不是一個持續改進的線性過程，而是一個關鍵的過渡點，在這個點上，動量接管並開始為過程本身提供動力。

模仿的運作也像飛輪。它以非線性的方式加速，而且正向和負向循環都是如此。

創意的循環

吉羅運動設計公司（Giro Sport Design）由競技自行車手米姆·根特斯（Jim Gentes）於一九八五年創立。在柯林斯接下來的著作《飛輪效應》（*Turning the Flywheel*，繁中版由遠流

出版）裡，它是用來描述飛輪效應的重要案例之一。

根特斯二十多歲時在一間運動裝備公司工作。他利用晚上的時間在自家車庫改良自行車安全帽的原型，而這頂車帽將改變競技自行車的格局。根特斯正在研究的那頂安全帽，重量只有一般安全帽的一半，而且有通風功能（那時的安全帽幾乎沒有通風口）。他的安全帽原型在技術上優於當時市面所有安全帽，而且是遠遠勝出。外型看起來也很棒，當時任何一頂安全帽都比不上。當時的現成款式是醜陋卻不得不接受的附屬品，是個用聚碳酸酯與泡沫做出來、令人難為情的半球形物品。

根特斯把他的安全帽原型帶到長灘自行車車展展出，拿到十萬美元的訂單。正規的自行車手一眼就可以看出他的安全帽與眾不同。自行車展的驗證給了他很大的鼓勵。但如果他要辭掉工作並全力投入，就需要穩定的訂單量。

透過研究耐吉（Nike），根特斯了解社會影響力對於運動設備的重要性。如果他能選中對的影響者，就可以接觸到更大的忠誠客戶網絡，並得到他所需要的可靠訂單量。[15]

打從他開始參加自行車比賽，根特斯就和美國自行車手葛瑞格・雷蒙德（Greg LeMond）關係很好，雷蒙德在一九八六年成為第四位贏得環法自行車賽冠軍的非歐洲人。雷蒙德擁有根特斯所尋找的特質：他是一位以冒險聞名的強大騎手，而且他長得很帥。

雷蒙德在一九八七年的一次狩獵事故中受了重傷，因此

錯過接下來兩個賽季。即使他在休養康復期間，《運動畫刊》（*Sports Illustrated*）還是撰文盛讚他的才華。自行車愛好者都支持他在一九八九年的環法自行車賽中捲土重來。此時，距離根特斯製造第一頂吉羅安全帽原型已經過了四年，他的事業正在上軌道。但他需要一些東西讓他能突破。

他聯絡雷蒙德，談到讓他戴上他的新款吉羅車帽，這是市面上第一頂塑膠殼的車帽。根特斯向雷蒙德保證，這頂安全帽可以讓他騎得更快。他也從公司資金挪出比例可觀的一筆費用，做為雷蒙德的贊助費。他知道，倘若雷蒙德在比賽的媒體報導中足夠醒目，他的賭注便有回報。如果他贏了呢？

結果再好不過。雷蒙德在二十三天的賽事中出賽二十一天，以總秒數八秒的成績贏得比賽，這是比賽史上差距最小的成績。數以百萬計的人看到雷蒙德在法國阿爾卑斯山的山坡上賽車，他戴的安全帽，大小看起來只有其他選手車帽的一半，與其他騎手戴的暗淡龜殼般的安全帽相比，雷蒙德的安全帽有著時尚的通風排氣口和醒目的色彩。吉羅品牌的飛輪獲得勢不可擋的動量。

根據柯林斯的說法，吉羅的商業飛輪是這樣運作的：「發明偉大的產品；讓精英運動員使用它們；鼓勵業餘人士模仿他們的英雄；吸引主流客戶；並隨著愈來愈多運動員使用這些產品而建立品牌影響力。但是，為了保持『酷』因素，它要設定高價

並將利潤用於再投資，創造精英運動員想要使用的下一代偉大產品。」[16]

柯林斯將他的飛輪理念應用於事業成長。他表示，有些商業模式和流程可以在偉大領導者的指導下產生動量。就像戈德堡機器（Rube Goldberg machine），一個正向的發展會觸發下一個。

我們也可以將飛輪概念應用於欲望的流動。我們可以透過欲望動量最大化的方式來安排我們的生活。以健身為例。比如說：（1）我想開始健身，因為我的朋友開始一個新的健身計畫，而且看起來很棒。（2）這讓我想吃得更好，這樣我在健身房的努力就不會變得無效。（3）所以我想拒絕任何有酒或辣雞翅的社交活動邀請。（4）結果是我早上想去健身房，而不是吞止痛藥，喝咖啡，或吃鬆餅。（5）這意味著我想花更多的時間做有成效的工作。最後，我讓健康變成一種美德——這意味著它變得容易。做出健康的選擇成為我想做的事情，而不是我害怕的事情。

健身飛輪一開始很難轉動，你會感覺自己像個廢物。去健身房這件事似乎很令人氣餒。此外，一開始健身時會很痛苦。變化難以察覺。但是，只要你努力不懈，輪子最終會開始轉動。有一天當你醒來，你會期待去健身房運動。此時，健身的動量已經扎根。

如果你在飛輪外緣選一個點，跟著它從一個階段到另一個

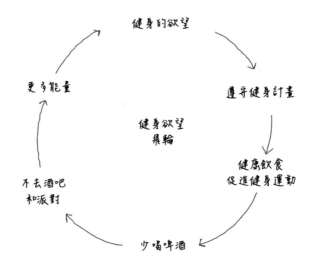

健身的欲望

遵守健身計畫

健康飲食
促進健身運動

少喝啤酒

不去酒吧
和派對

更多能量

健身欲望
飛輪

階段移動，你自然會被迴圈帶動。每一步都不只是下一步，而是前一步自然而然的結果。根據柯林斯的說法，飛輪的運動是因為一個「不由自主」的邏輯：你不由自主地踏出下一步。

吉羅遵循這個邏輯。如果你做出卓越的產品，菁英運動員會不由自主地想要穿戴這些產品。你一旦讓菁英運動員使用你的產品，你就會不由自主地吸引主流顧客的注意力。你一旦吸引主流顧客的注意力，你就不由自主地創造品牌的力量。你一旦擁有品牌的力量，你就不由自主地增加自己的利潤。

飛輪效應有好的一面也有壞的一面。再生農場採用正面的飛輪。農場是以土壤的健康為核心而建造。在此簡化描述飛輪運作的方式如下：植物在良好的土壤中生長得最好，因此可以

提高植物的生物多樣性；吃草和植物的反芻動物因此更健康；健康的動物排便，造就更健康的土壤；水和微生物的保留狀況更好；於是造就養分更豐富的土壤；整個生態系統的活力因此增加。

但是也有負向的飛輪，或「厄運循環」，即負面力量相互疊加並導致失敗。厄運循環運作的方式可能是這樣：一家電子商務公司減少客戶服務的資源，以投注於其他領域；信用卡退款和負面網站評論因此增加；訂單量和回頭客因此減少；銷售額和庫存周轉率因此下降；公司因此被迫延遲付款給供應商；供應商因此緊縮信貸條款並扣留庫存；公司因此更不注重客戶服務，因為他們只是想維持營業。請注意，這些階段中的最後一個階段會直接回到第一階段，從而放大問題。

這些正向與負向的循環每天都在我們的日常生活中上演。為了在飛輪的概念增加一層含義，並幫助我們開啟正向循環，讓我們回到大約兩千五百年前，亞里士多德對於在生命有機體與系統中發揮作用的特殊力量的見解。

亞里士多德發明「自我實現」（entelechy）一詞，意指一件事物有自己發展的原則，那是一種推動它前進直到完全實現的重要力量。

人類胚胎雖然要依賴他人（尤其是母親），但是它的內在已經具備可以發展為一個完整人類的藍圖以及自我組織，需要

的只是可以獲得幫助其生長所需的一切。一台標準的電腦並不具備「自我實現」：它必須經過組裝和編程。它無法自我組裝自己的組件，也無法像樹苗一樣完全發展成一棵紅杉。

　　了解某些事物具有重要的發展原則而其他事物沒有，這是理解正向欲望飛輪概念的一種方式：它內含幫助它實現其目的的原則。一旦你構建一個飛輪並讓它啟動，它就會擁有自己的生命，並開始圍繞著一個目標進行自我組織。[17]

　　每個人都必須建構自己的飛輪。舉例來說，沒有一個飛輪對每一個人都適用；你的可能跟我的看起來完全不一樣。最有效的個人飛輪來自了解自己的人。對於哪些事情會增加和減少你未來想做某事的可能性，你可能具備內隱知識。關鍵在於讓循環明確，然後啟動循環。

　　負向飛輪比正向飛輪更常見。在人們有更多的共同點、彼此距離很近的新鮮人島上，這樣的案例屢見不鮮。就像颱風在溫暖的海面形成，模仿的傳染性能夠在新鮮人島上更快地聚集蒸氣，因為每個人都處於反身性的環境，接收模仿線索。

　　當我在拉斯維加斯市中心研究網路鞋店Zappos.com的文化時，我陷入負向飛輪。我渴望Zappos執行長謝家華形塑的許多東西：簡單性、扁平的結構組織、以不同的方式做事的意願。他甚至塑造一種怪異，並將它做為公司奉行的價值。但是，那時的我並不知道模仿欲望運作的方式。顯然，Zappos裡也沒有任何人知道。

策略 5

開啟正向的欲望飛輪

欲望是一個依賴路徑的過程。我們今日所做的決定會影響我們明天想要的東西。這就是為何我們要盡可能描繪我們的行為對於未來欲望的影響。

首先，認真思考正向欲望循環對你來說是什麼樣子。可能是花更多的時間陪孩子，有更多的閒暇時間，或者寫一本書。然後規畫一個欲望系統，使核心欲望更容易實現。

把它寫出來。我建議飛輪中的每一步都是一個句子，每個句子都包含「想要」（或者「欲望」）一詞，並且使用像是「以便」、「導致」、「使得」之類的連結詞，與過程中的下一步連結。

以下就是一個例子。這是一家電子商務公司，它的客戶服務團隊變得自滿和缺乏動機，因此公司為它啟動一個正向飛輪：

1. 我們希望我們的客戶服務團隊有能力掌控決策；以便

2. 客戶覺得他們是在與有權限的人交談，因此想要與他們互動，而不是找經理；以便

> 3. 創造效率，讓經理花在與沮喪客戶交談的時間變少，而將更多時間花在管理他們想要從事的專案；以便
>
> 4. 我們可以建立一筆可以權衡運用的獎金，由想要獎勵主動做決策的客戶服務人員的經理來管理；以便
>
> 5. 客戶服務團隊成員希望擁有更多決策權。
>
> 你的循環不一定要有五個步驟。但是你要確保每一步都一定會走向下一步，而且過程中的最後一步又會回到第一步。

毀滅的循環

謝家華想讓每個人都開心。

「你幸福嗎？」在我們剛認識時，某天他問我。Zappos是當時商業媒體最熱門的故事。每個人都著迷於這間公司的文化。它被描繪成類似威利旺卡（Willy Wonka）的巧克力工廠，謝家華便是威利旺卡——這位特立獨行的巨富創辦人，向那些好奇他是如何建造幸福烏托邦的人介紹他的企業。

網球選手小威廉絲（Serena Williams）曾經參觀Zappos總部，並與謝家華聊過。我曾經懷疑，這間公司是否雇用了世界級的公關人員；事實證明，他們只是年復一年地提供出色的客戶服務，而這些努力最終得到回報。對的人注意到這間公司。

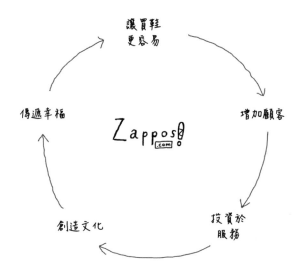

公司在起步時，它操作的飛輪看起來就如上圖所示。

尼克·史溫姆（Nick Swinmurn）於一九九九年創辦Zappos，當時只是單純想讓買鞋變得容易些，隨著電子商務的誕生，他看到一個讓痛苦過程變得容易的機會。[18]為了讓這個商業模式成功，公司需要增加銷售與顧客群，尤其顧客的回頭率（回頭購買、而且買更多的顧客比例），這便是獲利的關鍵。[19]謝家華一開始是這間公司的投資者，最終成為這間公司的執行長。在二〇〇三年初，他和公司創始員工佛瑞德·莫斯勒（Fred Mossler）了解到，顧客服務應該是關鍵焦點。[20]因此，在二〇〇四年，他們理解到，唯有將重心放在公司文化，公司才能實現顧客服務導向。最終，他們發現他們文化的組織原則是

「傳遞幸福」。

　　公司的文化圍繞在傳遞幸福給所有與公司相關的人身上，如員工、投資者、廠商等。快樂的人可以讓整個飛輪更容易轉動起來。二〇〇八年，該公司的銷售額比之前的預測提早兩年超過十億美元。

　　這個成功主要歸功於謝家華的領導。他在 Zappos 工作充滿熱情。他願意冒著巨大的風險讓公司起步，並將 Zappos 打造為人們真正想工作的地方。

　　但是，當我回頭看的時候，我不相信有任何人知道或者考慮過模仿的負面效應。事實上，這個負面效應綁架了讓 Zappos 獲利、成為有趣工作場所的正向欲望飛輪。變化就在不知不覺中發生。沒有人察覺有問題──就像是溫水煮青蛙。

回到我與謝家華的對話。

　　我告訴他，我很幸福。

　　「是嗎？」他問我。

　　「是的，我很好。」

　　謝家華只用眼睛微笑。他是個出色的撲克牌玩家。但我不清楚這次他手裡握著怎樣的牌。「你真的開心嗎？」他又再一次問我。

　　我想，那似乎是我應該倒在他的懷裡哭泣的時候。相反地，我攤了攤手，「我覺得是！」我說。此時，我已感覺有點

煩躁，而且開始對自己沒有把握。「你為什麼問這個？」

　　謝家華告訴我，他正在讀社會心理學家強納森‧海德（Jonathan Haidt）所寫的《象與騎象人》（*The Happiness Hypothesis*，繁中版由究竟出版）。謝家華在想，我是否知道全世界各地所有的人無時無刻都在尋求的一件事情就是幸福？

　　謝家華的邏輯大概是這樣：企業的存在必須讓顧客滿意；因此，我們對於幸福的科學了解的愈多，愈能有效地建造成功的事業。

　　至少當時的想法大概是這樣。

一年後，謝家華以大約十二億美元的價格將 Zappos 賣給亞馬遜（Amazon）。[21]

　　公司出售後不久，他寫了一本《想好了就豁出去》（*Delivering Happiness*，書名直譯為「傳遞幸福」）。他也宣布在拉斯維加斯舊城區啟動舊城區計畫（Downtown Project），這是一項大約三億五千萬美元的投資案。謝家華計畫以他用來打造 Zappos 的幸福文化，幫助一個城市。

　　這個舊城區計畫的目的便是活化佛蒙特街（Fremont Street）北部的區域，那是一個荒廢的街區，以類鴉片藥物成癮者與娼妓的聚集地而惡名昭彰，更勝於賭博。對賭徒而言，那裡是世界的盡頭，是拉斯維加斯市舊城區的一部分，但除非是喝了十五杯冰黛綺莉雞尾酒，沒有遊客敢冒險前往。

二〇一〇到二〇一三年間，謝家華與他的夥伴斥資九千三百萬美元，買下二十八英畝的土地與建築物，包括空置的飯店、高樓層公寓以及陷入困境的酒吧。他們的長期目標是投資該空間，並散播Zappos的文化給在地的居民、吸引矽谷才華洋溢的創業家，最終創造一個由創業家主導的生態系統。

這是一個社會實驗，謝家華稱之為「一座城市，一家新創公司」。一座幸福城市。

將Zappos出售給亞馬遜之後，謝家華仍然留在Zappos擔任領導者。亞馬遜容允Zappos在營運上擁有很大的自主空間。同時，謝家華也推動舊城區計畫。舊城區計畫的文化融進Zappos文化，反之亦然。Zappos與舊城區計畫成為同一個生態系統的一部分。

警訊從一開始就已經出現。Zappos的員工告訴我，當時士氣低落。變化太多，速度也太快──包括採用試驗性質的扁平化管理結構。這創造了混亂。

舊城區計畫也是同樣的處境。二〇一四年，奈莉·鮑爾斯（Nellie Bowles）在《VOX》批露，計畫實施不到一年，其中一位明星創業家喬迪·謝爾曼（Jody Sherman）在自己的車內舉槍自盡。[22]

謝爾曼死後一年，奧維克·巴奈及（Ovik Banerjee）也從他位於舊城區的高樓層公寓陽台跳樓自盡。巴奈及是舊城

區計畫的主要成員，也是拉斯維加斯第一個「為美國創業」
（Venture for America）組織成員（「為美國創業」是楊安澤創
建的非營利組織，旨在培訓年輕的創業工作者與創業家）。

　　巴奈及死後不到五個月，該計畫育成的 Bolt Barbers 的創
辦人麥特・伯曼（Matt Berman）被發現在自己房內上吊自盡。

回到新鮮人島

究竟拉斯維加斯的舊城區出了什麼問題？答案是 Zappos 新的
扁平式管理結構，以及延伸的舊城計畫，產生沒有人預見或考
量到的模仿後果。

　　根據鮑爾斯那篇《VOX》報導所引用的消息來源指出，
巴奈及「從來沒有明確的職務」。「**沒有人**有明確的職務，」
消息人士繼續說道（黑體是作者的強調標示），「謝家華領著
大家，說『出來做些事，走出來，玩得開心』，然後你就到了
這裡，沒有任何組織結構。」

　　當重心從鞋業與客戶服務轉移到幸福，模仿的榜樣的數量
便增多。誰開心或者誰不開心；誰該模仿，誰又不該模仿，誰
是榜樣，誰是又不是榜樣，都變得不明確。Zappos 及舊城區
計畫都變成新鮮人島。

　　祖賓・達曼尼亞醫師（Dr. Zubin Damania）在拉斯維加斯
舊城區經營一間健康診所，他也是舊城區計畫團隊的一員，他
針對這個情況對鮑爾斯論述道：「在創業社區中，很多很多的

界限都消失了。人們被帶離他們的社交圈。壓力特別大。」

　　他認為，自由的錯覺（認為每個創業家都是自己欲望的主人）是危險的。「創辦人的處境最糟糕，」他這樣說道，「他們覺得自己一定是約翰・高爾特〔John Galt，艾茵・蘭德（Ayn Rand）的小說《阿特拉斯聳聳肩》（*Atlas Shrugged*）裡的英雄人物〕。你可以愛怎麼自由就怎麼自由，但是你有一個連結網，而他們都忘記這點。」

欲望便是連結網的一部分。當人們否認他們受到周圍其他人想要的東西所影響時，最容易陷入一種不健康的欲望循環，而他們甚至不知道該抗拒。

　　模仿欲望造成敵對競爭，而敵對競爭又導致碰撞和衝突。

　　每個陷入模仿危機的社群（社群失去差異性，榜樣與模仿者之間沒有明確的區別）都有自己的循環二飛輪。舊城區計畫有個特意使人產生碰撞的焦點。在不知情的情況下，他們正在加劇模仿的敵對競爭。

　　謝家華喜歡用一個關鍵指標來測量成功，他稱之為「碰撞報酬」（與「投資報酬」相對應）。根據謝家華的說法，碰撞是兩人之間一種無法預期、偶然的會面，會帶來正面的結果。舉例來說，兩個創業家都在咖啡廳裡工作，又剛好並排而坐，最終建立合作伙伴關係，又或者投資人到酒吧喝一杯琴湯尼，然後在杯觥交錯間找到可以投資的新人。在謝家華的眼中，碰

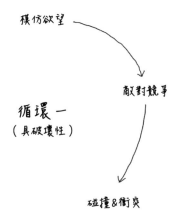

撞報酬是測量文化或社區如何引領價值創造的最佳方式。

在《企業》（*Inc.*）雜誌二〇一三年的一篇文章裡，謝家華說，「我對於偶然的迷戀始於大學時期。我認為對於大多數人來說，大學時期是可以經常與人巧遇的最後機會。隨著年齡增長，你開車上班，每天見到同樣的人，然後回家。但最好的事情發生在人們相遇並且分享想法的時候。」[23]

他想把拉斯維加斯的舊城區變得像大學。一個新鮮人島。

但並不是每一種碰撞都相似。有些會造就好事，如友誼、婚姻，或者創業構想。但有些則會造成混亂與矛盾。

碰撞報酬

謝家華鼓勵碰撞的策略之一就是空間的最適運用。他想要將隨機相遇的機率增加到最大。他和同事舉辦音樂會和聚會、黑客

馬拉松、歡樂時光、即興表演之夜，並在奧格登（Ogden）創造開放門戶的感覺（奧格登是拉斯維加斯市中心的一座高層建築，許多Zappos高階主管都住在那裡）。氣氛有點像不關門、任何人隨時可以進入別人房間的大學宿舍。

一天晚上，我在謝家華的頂層公寓參加一場為了舊城區計畫而以碰撞為主題的聚會。我們在一個鋪硬木地板的大房間裡，房間的落地窗可以俯瞰「佛蒙特街體驗」（Fremont Street Experience）。房間裡唯一的家具是幾十張附椅子的可移動書桌，就是那種你可能會在三年級教室裡找到的家具，讓老師可以經常要求孩子移動位置，分成小組。不過，這裡的書桌是成人尺寸的辦公桌，但是概念相同。每個人都有一張桌子。

謝家華走進房間，雙手插在口袋裡，要大家坐下。他解釋我們應該在接下來的一個小時內盡可能多認識人——就像新創公司版的快速約會。我們坐在房間的椅子上，利用椅子的滾輪在房間裡轉來轉去，與其他人「碰撞」、開始對談。他自己挑了一副桌椅坐下，也加入其他人，一起轉來轉去。

我不太記得那天遇到什麼人。我只知道，當體驗結束，我離開房間時，比我坐到椅子上的那一刻還要焦慮。現在的我，要和至少二十幾個企圖心旺盛的人比較。而他們大多住在不超過半徑四條街的區域裡，或者計畫搬到舊城區——如果他們還沒搬過去的話。先忘掉那些滾動的辦公桌——我們每個人都坐在一輛隱形、由自我驅動的成人碰碰車裡。

蟻丘之下

舊城計畫是Zappos的延伸，而Zappos早就被認為是一個相對扁平的組織，最高經營管理者與員工之間沒有太多管理層級。但謝家華想要更進一步。

二〇一三年，Zappos實施一項新管理哲學，稱為「全體共治」（holacracy）。三元軟體（Ternary Software）創辦人布萊恩・羅伯森（Brian J. Robertson）協助將全體共治發展成組織的「社群科技」與「作業系統」，因為那時他也正在找新方法來經營他的公司。羅伯森將這個術語註冊商標，並且努力將它置入他的公司，也在其他公司測試。很快地，如Zappos、

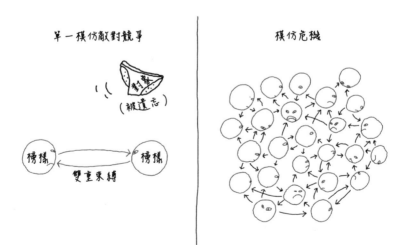

線上出版平台Medium等大型公司也採用全體共治。

　　羅伯森在他的書《無主管公司》（*Holacracy*）裡描述到謝家華在一次研討會聽過他的演講後如何聯絡上他。「Zappos正在成長，」謝家華告訴他，「我們現在已經有一千五百名員工，我們必須衡量如何在不失去我們的企業文化或陷入官僚體系的情況下擴大營業。因此，我想找一個方法，把Zappos經營得更像城市。」[24] 全體共治便是用來幫助他做到這點的一部法典。

　　全體共治以專案的自我編組團隊取代傳統的管理階層，這個想法是取消如執行長或營運長這類的傳統頭銜，並以多重角色取代，以追求相同的組織目標，不同的人可以在不同的時間擔任這些角色；他們根據章程，透過治理程序選出填補這些角色的人選。

　　羅伯森在我們談話時告訴我，這麼做的部分原因是為了讓組織做出最佳決策，將角色與人區分出來，這樣有助於在關鍵任務過程中去除個人的自我。但角色與個人的脫鉤有時也會曝露一些隱藏的問題。

　　謝家華卸下執行長一職，是過渡到新制度的一個環節。Zappos先前的經營管理階級制度幾乎在一夜間消失。為了走向全體共治，舊城區計畫也採取相同的措施。正如同我們即將看到的，結果發生一場模仿危機——這倒不一定是失敗的管理制度（如流行商業媒體所言），而是它為隱藏的模仿欲望打

開了大門。[25]

　　以人為本的商業經營方法，要處理人際互動的混亂，也要處理人性。引入一些對人性而言很陌生的東西，無法與人性相輔相成（像是沒有考量到模仿欲望的組織「作業系統」），等於是打開潘朵拉的盒子。

Zappos 移除了管理的階級，卻無法消除欲望的網絡以及人們必須與榜樣建立關係的需求。從個人觀點來說，欲望的層級總是存在的：有些榜樣比其他榜樣更值得跟隨，而有些東西比其他東西更值得追求。人類是階級型生物。這就是為什麼我們這麼喜歡列表與評等的原因。我們需要知道事物如何堆疊、如何組合。移除所有層級的表象不利於這類基本需求。

　　當 Zappos 轉向全體共治，從檯面上消失的東西（看得到的角色與頭銜），會以不同的方式重新出現在檯面下。[26]「環境變得更為政治化，」曾為《石英》（Quartz）雜誌寫過關於集體共治的記者艾米・格羅斯（Aimee Groth）這樣告訴我。「人們在他們的工作中缺乏安全感。……不太清楚他們該如何保住自己的角色和工作。然而，仍然有幾個人因為與謝家華的關係密切而擁有無限的權力。」那裡還是有一張隱形的欲望網絡，而那是沒有人可以解碼的。

　　不知不覺地，模仿的敵對競爭大門已經敞開。到了二〇一〇年，謝家華出版他的新書《想好了就豁出去》，公司的飛

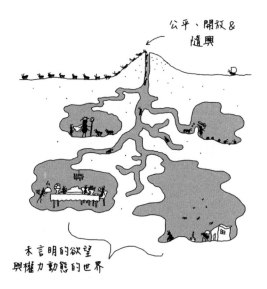

輪似乎找到新起點。在原來的飛輪,「傳遞幸福」是過程中的最後一個階段。在新飛輪裡,找尋幸福變成第一步,也是過程中的首要步驟。

不管是誰,認為自己可以「傳遞幸福」給其他人,就算是自己的配偶,這種想法都很武斷。那並不是我們的工作。它當然也不是一間公司的工作。

做為飛輪的起點,「傳遞幸福」與「讓買鞋更容易」非常不一樣,前者比較有企圖心、比較有意義,但也比較危險。

　　多數人透過和別人比較來衡量自己的幸福。當飛輪的起點是傳遞幸福給顧客、也是公司文化時，系統就圍繞著一個充滿模仿的模糊幸福概念。

　　在一個沒有人知道什麼是幸福、也不知道如何實現幸福的群體裡，當幸福變成主導欲望，每個人就會左顧右盼，從周遭找尋值得追隨的欲望榜樣。在新鮮人島上，既然人人近在咫尺，也都有相同的立足點，就會導致所有人彼此間的衝突。

　　我看到幸福被視為一種迷因，可以用一條公式從一個人傳遞或傳輸到另一個人身上。但幸福不是迷因，無法被傳遞。

　　人們總是從尋求幸福榜樣中去追求幸福，無論那是已經實現美國夢的人，或是矽谷的執行長，又或是你隔壁的鄰居。但是外部的階級只是個人系統的表象：欲望結構隱藏於我們每個人的內心世界，並透過模仿欲望與他人連結。

　　魯益師（C. S. Lewis）稱這個隱形系統為內圈（inner ring）。它指的是，無論一個人在生活中處於哪個位置，無論一個人有多富有，又或者多受歡迎，總是渴望自己身處於某個特定圈子，而害怕自己被擠出圈外。魯益師表示：「這個〔留在圈子裡的〕欲望，便是人類行為最大的永久動力。這是建構我們所知世界的一個因素 —— 這鬥爭、競爭、衝突、貪汙、失望、廣告等亂成一團的世界。……只要你被欲望所支配，你就永遠無法得到自己想要的東西。」[27]

　　Zappos拆除外圈所有看得到的標示。他們忘了內圈。

價值的層級

原則上，謝家華企圖將拉斯維加斯打造為創業中心與幸福社區，這項計畫是個很崇高的理念。它的崩解是因為欠缺對人性本質的觀點。

執行長、教師、決策者以及其他負責形塑環境的人應該了解決策如何影響人的欲望。正如同城市規畫人員需要把公園、壁畫、腳踏車步道對於從交通到犯罪等所有一切的影響都列入考量。因此，優秀的領導者需要考量他們的決策對於人類生態學的影響，也就是如何影響人類生活與發展的關係網絡。在人類生態學裡，最被忽略的層面就是模仿欲望。

早期在我的一家公司，我犯了一個錯誤，我籌組了一支很

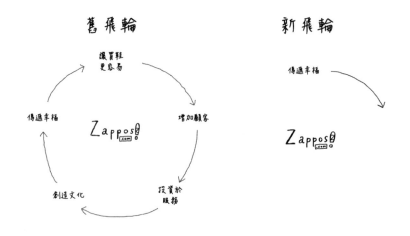

拚的腰旗美式足球隊,參與城市聯盟競賽,但是我沒有意識到,我們這家年輕的新創公司因此分出派系。在工作之餘享樂、自由往來並不是問題。問題在於身為執行長的我是籌組、領導這個活動的人。在我們公司的那個階段(那時我們只有十個人),這個構想和組織應該要由除了我以外的其他人發起,以免感覺像是公司文化對上令下行的期待。我的足球狂熱激起一些競爭,把欲望轉向小目標而不是偉大的目標。

領導者應該考慮到經濟誘因永遠不只是經濟誘因。如果訊號夠強烈,它們甚至可以扭曲欲望,並在人們的職涯羅盤上顯示「錯誤的北方」。想像一下,一間大學給歷史系學生現金一萬美元,而其他系所都沒有。這筆錢可能在主修選擇的市場引入一個異常現象。倘若有些學生突然發覺自己「想要」變成歷史系學生,大家也不必感到訝異。他們可能會說服自己真心相信,他們新發現的學習課程是一種他們真實自我的展現。

你現在知道,欲望這種東西有多麼薄弱。但我們一直在做這樣的事情。父母會為孩子大量投資某項運動的設備和訓練,卻不是別項運動;或者願意為某所大學(或某一門學習課程)付費,而不是別所大學。孩子在心理上並非總是有足夠的自由或成熟度,以分辨他們想要什麼,什麼又是不得已。

有些人在二十年後的某一天醒來,疑惑著他們是怎麼進入他們的職涯,以及為什麼他們還在這裡。無疑地,你可以用經濟誘因來影響一個人的行為——但經濟誘因本身並不能解釋

為何人會被某些特定的榜樣給俘虜。你不能買欲望。當我們用金錢補助風險時，我們也扭曲了誰想要什麼的觀點。有時候，那個人就是我們自己。

如果價值沒有明確的層級，行銷、金錢以及榜樣也會扭曲人的欲望。這個現象在我商學院的新生中很明顯。他們處於人生中的形成期，這是一個高度模仿的階段。因為我知道我是他們當中許多人的榜樣，我在傳達某些主修課程、實習或工作的價值訊息時，會特別謹慎——至少在我了解他們之前是這樣。因此，當學期開始三週後，有學生跑來告訴我，說他們的長輩、朋友或職涯顧問一直告訴他們，如果他們主修會計，工作會有保障，這讓我變得沮喪。（在這裡，會計只是舉個例子，任何科目都可以。）即使是沒有會計魂的學生，也開始對他們已經踏進的跑道感到患得患失。不過，這不是他們的錯：會計職涯的榜樣是一個完美榜樣。他們散發出沉穩的氣息、經濟穩定、看起來很快樂。

「會計真的是你想要的工作嗎？」我問。

「我……不知道，」他們回答，「或許吧？」

他們就像身在異國的自助餐廳，眼前有上百種不曾嚐過、甚至不知道有這種東西的食物。他們要做的第一件事情，就是跟著那些看似知道自己在做什麼的人排隊。我們都是這樣做。

我跟他們談論他們的價值層級可能長什麼樣子。他們覺得

什麼是重要的？他們想要遵奉的五項、十項、或者十二項規則
是什麼？

　　說出他們關心的所有事物還不夠。他們必須把這些事物
排列順序。我要求他們決定這些事物的優先順序。聖奧古斯丁
（Augustine of Hippo）稱之為「愛的排序」（the ordo amoris）。[28]

　　價值與欲望是不一樣的東西。從價值觀的角度排列欲望的
順序就像節食的人面對食物。如果一個愛吃肉的人意識到自己
的價值觀是不再想吃肉，那麼在他們實踐自己的價值觀一段足
夠長的時間之後，他們就不再想吃肉。就算你把最多汁美味的
漢堡放在他們的面前，他們還是無動於衷，不會想去吃它。

　　對很多人而言，欲望的排序是在無意識中開始。排序可能
簡單到像這樣：我先照顧好我的直系親屬，然後才照顧其他
人；我從我認識的人開始回覆電子郵件，最後才回覆那些不請
自來的推銷訊息；或者，如果我今天的空閒時間只夠我整理一
個地方，那麼我會先整理廚房。無論我們是否意識到，我們的
大腦無時無刻都從層級在思考事情，無論是日常待辦事項清
單、選舉的優先議題，甚至瞥一眼餐廳的菜單（前菜、主菜、
甜點）。少了幫忙組織與支配欲望的價值層級，我們甚至無法
開始思考該專注於什麼，又或者要關注到怎樣的程度。

大部分公司都有使命宣言，其中有許多都有核心價值或是類似
的東西。但無論是對內或對外，很少有公司會對價值做明確的

排序。當價值觀相互抵觸時，他們就難以抉擇。比如說，在新冠肺炎疫情期間，保護員工的健康與安全，以及保持業務繼續運作就必須有所取捨。

必須在好事中做選擇時，價值層級顯得格外重要。倘若價值同等重要，又或者沒有清楚了解各項價值之間的相關聯性，模仿就成為做決策的首要動力。

我有個大學時期的好朋友說，「對我來說，朋友與信仰都很重要。」很好。那萬一他有個好朋友把他的單身派對安排在一個重要的聖日，辦在邁阿密的南部海灘，他該怎麼做？把兩件不同的事情並列為「超級重要」沒有幫助。少了明確的等級順序，他更可能依據周遭對他的影響來選擇。他的決定將會是模仿導向，而非價值導向。

公司的價值每天都在面臨其他主張的挑戰。公司的兩個核心價值觀可能是「包容性和多樣性」，還有「建立以信任為基礎的關係」。如果有家公司所處的產業，某個老男孩俱樂部是主要業務來源，而俱樂部會員之間已經建立信任關係，那麼公司在召募人員時，若不是明確地以「包容性與多樣性」為優先考量，又怎麼會聘雇年輕女性擔任銷售人員，並給她機會以不同的方式建構信任感？價值觀缺乏等級順序下，在面對九五％的應聘者都是經驗豐富的男性時，負責召募工作的主管會不知道該怎麼做。模仿的動力將繼續主導銷售團隊。

在公司的資本結構中，對於公司資金的主張權利一定有順

位。新創公司的股權結構表（依照層級列出哪些人對哪些東西享有所有權、誰在何時得到償付）可能包含（按照權利優先順序排列）：擔保債權人、無擔保債權人、優先股股東、普通股A股股東、普通股B股股東、創辦人股份。[29]講到誰能優先獲得償付時，我們會要求如此清楚的順序，那麼涉及我們應該先想要什麼時，我們至少要能夠提出類似的價值層級。

策略6

建立並傳達清楚的價值層級

價值層級是模仿的萬用解藥。倘若價值都被視為一致，那麼最常被模仿的價值就會勝出，在危機時刻尤其如此。（新冠肺炎爆發初期出現一陣衛生紙的恐慌搶購潮。那不是供給問題，是模仿問題；文化價值也會受到這種不理性所宰制，人往往因恐慌購買當時最方便的東西，而不是最有利於公共利益的東西。）

光是指名價值還不夠。價值需要分出等第。所有的價值都相同，就沒有所謂的價值可言。這就像是把一本書上的每個字都用螢光筆劃線。

最好是為價值層級建構一個心理模組（又或者是你

們共同的價值觀，如果你現在身處於戀愛關係。）直接在紙上畫出來。你也可以鼓勵公司這麼做。隨著時間流逝，層級也會改變。但是當你必須在複雜情況下做決定時，你可以透過事情是否滿足你的價值觀來權衡選項。

記住，衝突產生的原因都是相同性，而不是差異性。如果每件事都一樣好、也等同重要，那麼出現衝突的傾向也會較高。不要助長相對論的暴政。它已有太多的暴君。

許多公司因為價值觀欠缺清楚的優先順序，任由模仿綁架企業社會責任的概念，並把它變成無效的行銷噱頭。企業社會責任計畫所主張的價值觀並不是不重要，但是「社會責任」已讓人感覺變成一種模仿的美德指標遊戲，似乎更講求「社交」，而不是責任。[30]建立並傳達企業的價值觀與各項價值相對的重要性，可以避免這樣的事情發生。

有些價值是絕對價值。認識它們。指名它們。捍衛它們。它們是金字塔底部的基礎，又是同心圓的中心（就看你選擇怎麼描述你的價值觀階級）。[31]

欲望的崩解

危機出現時，有明確層級的價值系統，比欠缺層級的價值系統來得更有效。

　　藍寶堅尼就有這樣的一套價值層級系統。保護自己的兒子免於賽車道對抗競爭的人生，以及隨之而來受傷或死亡的可能性，比不惜一切代價贏得比賽更重要。當模仿升級到瘋狂狀態，藍寶堅尼在欲望的高峰做了一件一般人很少做的事情：退出。他可以這樣做是因為他用一套清楚的價值層級檢視自己的欲望，避免他的欲望失控。

　　人總要在車禍之後才會思考車禍帶來的損失。事實上，沒有人在欲望的碰撞發生之前就想到它們。對藍寶堅尼而言，欲望的碰撞就等於汽車的碰撞，兩者是同一件事。

　　謝家華想追求最大化的正向碰撞，但是他沒有考慮到隱藏在人類內心深處、人與人之間的模仿空間裡所發生的欲望的碰撞。

　　二〇二〇年八月二十四日，《拉斯維加斯評論報》（*Las Vegas Review-Journal*）證實，謝家華在Zappos掌舵超過二十年後離開Zappos。[32]而我在二〇二〇年十一月二十七日，就在這本書送印不久之前得知，謝家華在感恩節後一天離開人間——距離我和他在他家共進一頓難忘的感恩節晚餐已經快十二年。我為他在世間這四十六年創造出的成就深感嘆服。舊

城區計畫仍然在繼續。有許多令人讚賞的計畫是由舊城區計畫發展出來的，如「作家空間」（Writer's Block），這是獨立書商與娜塔麗・楊恩（Natalie Young）主廚合作的餐廳。[33]儘管如此，在二〇一五年到二〇一九年間，大多數媒體對於舊城區計畫的報導都是負面的，其中有些批評是公允的。但是敘事仍然流於表面的「管理理論」，從來沒有道盡事實的全貌。

在拉斯維加斯舊城區，人們對於誰是誰的榜樣感到混淆，但有一個榜樣脫穎而出，那就是謝家華本人。他超級富有，但常常在舊城區計畫範圍裡空間狹小的餐廳或酒吧出沒，就像佛蒙特街幾個街區外在吃角子老虎機旁喝著百威淡啤的賭徒一樣平易近人。

他是個矛盾的人物。謝家華真心希望其他人幸福快樂，但他自己似乎沒有想要什麼事物。當欲望的傳染力散播到拉斯維加斯的舊城區，謝家華變得與眾不同。我們會在下一章裡看到，那是很大的風險。

你想知道埃及人對他們的貓做了什麼嗎？

二〇一八年，一具古埃及的石棺出土，裡面有數十隻木乃伊貓。這樣的發現（至少可以追溯到一七九九年）已經消除埃及人是終極愛貓者的神話。事實更為黑暗。

埃及人用貓祭祀與獻祭。這就是為何貓被視為神聖的動物。在模仿理論裡，混亂與秩序、暴力與神聖之間有個近乎牢

不可破的連結。無論是古埃及獻祭的貓，或者現代的教練或執行長的解雇儀式，祭祀的儀式都是用於防堵或控制模仿傳染的機制。

我們接下來要談模仿循環的第四個、也是最後一個階段，這是欲望在人類社會中從混亂走向秩序的過程：替罪羊機制。

第4章

無中生有的怪罪
被低估的社會發明

我在想，人性在某些方面是否在競爭群體的情境裡演進。我們可能天生就容易受到暴徒的誘惑。……什麼才能阻止一群線上匿名但彼此連結的人突然變成卑鄙的暴徒，就像每個人類文化歷史中群眾一次又一次地變成暴徒那樣？

——傑容·藍尼爾（Jaron Lanier），電腦科學家暨哲學家

在一九七七年至一九八二年間，珍妮·霍爾澤（Jenny Holzer）徘徊在紐約市的街道上，在夜色的掩護下，她將她顛覆性的藝術作品張貼在牆上。她稱它們為「激憤的隨筆」（Inflammatory Essays）：彩紙印刷作品，每張印有一百個字，格式是斜體、大寫字母、左邊對齊、二十行。這些詞彙來自文學和哲學，來自無政府主義者、激進主義者和極端主義者。其中一張的前五行寫著：

災難像蒼蠅一樣吸引人。

觀眾因認出受害者而感到不寒而慄，

但受害者卻一直感覺免疫！
這是一種格外不吸引人的
偷窺形式。[1]

　　在一九八〇年代中期，霍爾澤的藝術作品登上時代廣場
一面八百平方英尺的看板，這是為公共藝術基金（Public Art
Fund）「向公眾傳達訊息」（Messages to the Public）計畫的一
部分。一九八二年，時代廣場已成為廣告的燈光秀，是紐約市
旅遊和美國消費文化的種子中心。霍爾澤用她的「自明之理」
（Truisms）系列中的兩百五十幅作品，點亮巨大的看板。這些
文字是由黑色背景的白色LED燈所排成。其中一幅作品寫道：

保護我
自外於
我想要的東西

　　這則訊息與周圍狂熱的色彩、動作及噪音形成了鮮明的對
比。霍爾澤的告誡，讓匆忙的靈魂停下來思考它的意涵。
　　她請求保護自己不受她所想要東西的影響，每個人都可以
理解這句話。我們每個人都有欲望，如果堅持到底，對自己和
他人都是危險的。在社會層面也是如此：失控的模仿使欲望蔓
延並劇烈碰撞。

　　吉拉爾看到，數千年來，人類在模仿危機中都有一種特定的自我保護方式：他們因模仿聚集在一起，針對一個人或一個群體，然後將其驅逐或消滅。這個儀式具有團結他們的效果，同時也為他們的暴力提供安全的出口。他們想要保護自己免於受他們所想要事物的傷害（他們的模仿欲望讓他們彼此發生衝突），方法是把擊敗對手的欲望導向一個固定點：可以代表他們所有敵人的某個人。一個無法反抗的人。一個替罪羊。

神聖的暴力

吉拉爾看到模仿欲望與暴力之間的緊密連結。「當今世界各地的人都面臨著不斷蔓延的暴力，使復仇的循環不斷持續，」他在他的書《醜聞來了》（*The One by Whom Scandal Comes*）裡這樣寫道。「很明顯，這些環環相扣的情節彼此相似，因為它們相互模仿。」[2]

　　這些復仇循環是如何開始的？答案就是模仿欲望。吉拉爾在同一本書中寫道：「在我看來，愈來愈多現代個人主義都拚命否認一個事實，那就是我們每個人都透過模仿欲望，試圖將自己的意志強加於同伴身上，我們自稱愛他，但更多時候卻是鄙視他。」[3]這些微小的人際衝突是一個不穩定的微宇宙，威脅到整個世界。而在世界之前，還有家庭、城市、機構。

　　十九世紀的普魯士軍事將領、軍事理論家克勞塞維茨

（Carl von Clausewitz）寫的《戰爭論》（*On War*），是許多軍事學校的必讀書籍。吉拉爾認為，克勞塞維茨已經意識到多數衝突的模仿升級。在《戰爭論》一書的開始，克勞塞維茨便提出這個問題：「什麼是戰爭？」他以這本書的後半部分來解釋這個問題，他回答：「戰爭只不過是一場更大規模的決鬥。」[4]

　　戰爭是模仿敵對競爭的升級。它的終點在哪裡？

　　縱觀大部分的人類歷史，戰爭有明顯的贏家和輸家，勝敗都經過正式流程的認定。當一方透過一些儀式承認失敗，如簽署和平協議，衝突也隨之結束。但今日已非如此，恐怖細胞從一個群體裡冒出來，並在任何一個細胞受到攻擊時，像九頭蛇一樣生長。一場戰鬥人員偽裝成平民百姓的戰爭，怎麼會有明確的結束？吉拉爾認為我們已經進入一個危險的歷史新階段，而克勞塞維茨所說的「升級到極端」（the escalation to extremes）已經成熟，也就是衝突裡的一方都有摧毀另一方的欲望，進而強化、升高對方的暴力欲望。

　　即便在克勞塞維茨的時代（當然是在第一次世界大戰之前），戰爭似乎已經升級到極端。事情已有變化。戰爭的破壞會多大或多廣，沒有任何的緩衝或煞車。今天，我們在政治言論和立場都看到升級到極端的現象。在人類歷史上，我們第一次擁有自我毀滅的技術方法。有哪些機制可以有效地阻止升級，目前還不明朗。

　　這一點與早期社會非常不同。早期社會是以駭人的社會創

新來防堵衝突的蔓延。

吉拉爾在他的歷史研究中發現,人類一次又一次透過犧牲(獻祭)來阻止模仿衝突的蔓延。[5]當社會受到混亂的威脅時,他們會使用暴力來驅趕暴力。他們會驅逐或摧毀一個選定的個人或團體,而這個行為具有防止暴力行為蔓延的效果。吉拉爾將發生這樣情況的過程稱為替罪羊機制(scapegoat mechanism)。

他發現,替罪羊機制將「所有人反對所有人的戰爭」,轉化為「所有人反對一個人的戰爭」。它帶來暫時的平靜,因為人們剛剛才將所有憤怒發洩在替罪羊身上,他們暫時忘記自己的模仿衝突。

吉拉爾認為這個過程是所有文化的基礎。在我們周遭的體制和文化規範(尤其是像選舉和死刑等神聖儀式),還有許多禁忌,都是為了遏止暴力而發展出來的機制。

在本章中,我們將看到替罪羊機制仍然在我們的世界裡運作,即便它已經改變形式,也偽裝得更好。我們從它的神聖起源開始談起。

純潔的危險

《托拉》(Torah)記載了古代以色列的一種奇怪儀式。每年一次,在贖罪日慶典或贖罪日當天,人們把兩隻公山羊帶到耶路

撒冷的聖殿，以抽籤方式決定哪一隻山羊當祭品獻給上帝，而哪一隻會被送去給阿撒茲勒（Azazel），也就是傳說中居住在沙漠偏遠地區的惡靈或惡魔。

大祭司會把手放在被送去阿撒茲勒的山羊頭上，宣讀以色列人的所有罪孽，並象徵性地將罪轉移到動物身上。[6]祭司做了適當的祈禱後，人們把山羊趕到沙漠中，也就是阿撒茲勒那裡，同時消去他們的罪孽。這隻山羊就叫做替罪羊。[7]

替罪羊的概念並非猶太人所獨有。古希臘人也有自己的替罪羊儀式──只是它們犧牲的是人，而不是動物。遇到瘟疫和其他災難時，希臘人會挑出一個代罪者，通常是處於社會邊緣的人，如被拋棄的人、罪犯、奴隸或者被認為過於醜陋或畸形的人。

希臘文的「代罪者」（pharmakós）與英文的「藥物」（pharmacy）相關。在古希臘，代罪者最初被視為對社區有害的人。人們認為他們必須摧毀或驅逐這個人來保護自己。除去代罪者是解決問題的方法。從這個意義上說，代罪者既是毒藥，也是解藥。

人們經常在公共場所折磨、羞辱代罪者。[8]他們通過儀式體驗亞里士多德所說的情緒淨化（catharsis）：參與某項外部活動以釋放強烈的情緒或衝動的過程。亞里士多德認為，情緒淨化是悲劇的目的。透過悲劇，觀眾可以釋放一些悲傷和痛苦，從而給那些情緒一個安全的出口。

　　在我曾經工作過的投資銀行，有位主管在香港總部外面的山上舉辦一場漆彈射擊活動。當我們回到辦公室，他微笑著說：「啊，那是一種淨化。」這場漆彈射擊其實與漆彈射擊無關。這位主管知道，如果我們在幾個小時內跑來跑去，用顏料漆彈互相射擊，我們就不太可能在辦公室裡互相攻擊和辱罵。每家公司都需要自己的淨化儀式——這比醉酒的假日派對更有效。但是今天很少有公司像希臘人那樣公開他們對情緒淨化的需求。

對於古希臘人來說，代罪者充當他們想要對彼此做的事情的替代品或替身。有時，羞辱代罪者的場景會持續數天。人們需要時間來釋放他們的緊繃情緒。

　　儀式完成後，他們會全體參與某種形式的驅逐或殺戮。在希臘城市馬薩利亞（Massalia），也就是今天的馬賽（Marseille），人群將代罪者逼到高高的懸崖邊緣並包圍他，讓他無路可逃。他們最後會將他逼到絕境。9

　　因為消滅代罪者是一個集體且匿名的過程，每個人都是受益者。誰應該對這場謀殺負責？每一個人，同時也一個人都沒有。沒有一個人會覺得自己應該負責，每個人都免除了內心的罪惡感；與此同時，整個團體都因為對某人施暴而受益，因此大家都免於遭受報復的威脅。

　　全體的暴力總是匿名的暴力。行刑隊員的槍有時候會裝進

一個空包彈，這樣就沒有人知道是不是自己開了致命的那一槍，也因此沒有特定的人來承擔罪責。[10]

暴民會有心理安全感，就像行刑隊一樣。「無法確定自己是否有責任」總是一種很好的防衛——至少對自己是這樣。

吉拉爾發現，幾乎每一個古老文化都有自己的替罪羊儀式，替罪羊通常是隨機選擇的。但替罪羊一定是那些被認為不同的人，有著標記為局外人的一些顯著特徵——某種讓他們被注意到的東西。

替罪羊通常是違反團體正統觀念或犯下禁忌的內部人。他們的行為讓他們看起來像是群體團結的威脅。他們被視為癌症或可怕的局外人，違反或破壞將群體凝聚在一起的社會關係，而消除替罪羊是使群體重新團結起來的行為。

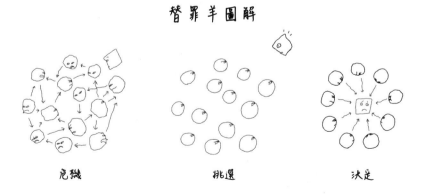

替罪羊圖解

危機　　　　　　　挑選　　　　　　　決定

　　沒有人可免於成為替罪羊。在模仿危機中，感知受到扭曲。在新鮮人島，差異通常微小，但即便是最微小的差異也會被放大。人們將他們最害怕的恐懼投射到替罪羊身上，而不是正向面對危機。沒有人願意付出代價。

群體的自我拯救

雷擊時，倘若你身處海洋之中，那你沒有什麼好擔心。但如果你在游泳池，而泳池被閃電擊中，那你就得非常害怕了。名人島就像是海洋。新鮮人島則像是泳池。

　　假設在日本擁擠的海灘附近，停著一艘遊艇，而現在遊艇上有一部插著電源的大型電器掉進海裡，數千伏特的電從高壓插座直接傳導到水裡。在遠達數千英里外的加州海灘游泳的人，這個電力對他們完全無害。就連在日本的海灘上，大多數人也不會有任何感覺。[11]水是極好的導電體，但是在像是太平洋這樣的廣大水域，電會迅速擴散。請記得，在名人島上，人際社交距離很遠；模仿傳染的風險很低。

　　現在我們另外假設，同樣的設備掉進一個二十乘以四十英尺的泳池，水裡有二十個人。這樣可能會發生什麼事？我們可以肯定，結果不會像在海洋中那樣。

　　接下來發生的事情將說明為什麼模仿傳染在新鮮人島上會如此危險。以下的場景不太合理，科學部分也不講究精準。我

之所以用寓言故事，是因為它可以用多種方式套用於現實。游泳池是新鮮人島；池裡的人陷入模仿危機；電代表該群組裡的人帶給自己的重大危險，那是一種在人與人之間快速傳播並使他們喪失能力的模仿傳染，使他們無法自行解決危機。[12]

這些事件如何展開的邏輯是關鍵——不是理性的邏輯，而是模仿的邏輯。

場景如後。二十名大學生正在泳池裡玩一場猛烈的水球比賽，其中許多人都醉了，有些人則是快要醉了。有一個人稍微違反遊戲規則；另一個人便使勁地推撞他做為報復。這兩個人因此打了起來。緊接著便是吼叫、辱罵和拳腳相向。其他人快速選邊站。

混戰中，一個靠近泳池邊扭打的人，手臂不小心勾到距離泳池邊僅僅幾英尺遠的電器電線。他不知不覺地把電器拖進了水池。

就像你一樣，我在安全距離外觀察到這一幕，清醒地看到即將發生的事情。

不像日本海灘上的人群，這些游泳池裡的孩子遇上嚴重的麻煩。在幾秒鐘內，電流透過水找上他們。每個人都將成為其他人的導電體。這就是在模仿群眾裡發生的事。

英文的「傳染」（contagion）這個字，來自拉丁文的contāgiō，意思是「觸摸」。在暴徒群眾裡，傳染在不知不覺中發生。就

像是傳染病在社區傳播，群眾沒有人知道誰是超級傳播者。隱
形敵人滲透防衛的確切時間也無從確認。在模仿的情境下，沒
有人想到自己正受到欲望的感染。

　　我們無法預測群眾智慧何時會演變為群眾暴力。我們看不
到發生在公園或房間另一邊的暴力互動。我們只是一個大系統
裡的一小部分，身處其中的任何人都無法掌握整個系統的動
態。在暴徒群眾間發生的一切都在迷霧中。

　　二〇一九年十一月，塔尼西斯・科茨（Ta-Nehisi Coates）
在《紐約時報》的評論描述到這種迷霧：

　　新的取消文化（cancel culture，對有冒犯言行的組織或人
物發起的抵制行動，尤其是在網路上發起的行動）是這個沒有
隱晦神話世界的世代的產物。那些過去只是點到為止、猜疑或
是街論巷議的訕罵，現在全都毫無保留地上了推特。沒有什麼
是神聖的，更重要的是，沒有什麼是正當合法的──尤其是
那些負責伸張正義的機構。因此，正義被抓在群眾的手上。這
不是最理想的狀態。現在我們似乎只能二選一，要不就建構經
得起公共詳細檢視的平等機構，不然就退回隱身的迷霧。[13]

　　我們泳池畔醉酒的狂歡者，曾因他們的嬉鬧玩耍與打鬥聚
集在一起，現在因恐懼而團結。電流穿越那些站在淺水處的溫
暖身體。在為時已晚之前，他們有五到十秒的時間可以離開，

但是他們自己完全無能為力。他們在恐懼和猶豫不決下動彈不得。但還沒有任何事物能觸發他們採取集體行動。

一個意想不到的救星出現了。一個在打鬥開始之前也在池裡的人，這時買啤酒回來。他不知道剛剛發生什麼事。

他兩手拿著冰鎮啤酒，微笑站在漂浮在水面的電器附近。電流從電器裡流出時發出吱吱聲和火花，他對此甚至都沒有注意到。

泳池裡的人看到他們的朋友正站在池邊。他平靜地微笑著。而他們瀕臨死亡的危險。

泳池裡的一個人用手指著他說：「是他做的！」那個拿著啤酒的人完全不知道發生什麼事，也不知道他被指控了什麼。但是，現在泳池裡所有人的目光都落在他的身上。

出現第二隻手指著他，第二個聲音喊道：「是他！」然後第三個聲音出現：「他想要殺了我們！」

第四、第五個指控很快地接踵而至。

指控是危險的模仿。而第一個指控是最難的。為什麼？因為沒有榜樣可以跟隨。唯有依據壓倒性的證據，我們大多數人才會指控一個人做了什麼真正可怕的事情。但在極度恐懼或困惑的情況下，標準會改變。一個人在戰區比在管理良好的教室更容易表現出邪惡罪犯的模樣。

第一個指控即便完全錯誤，也會改變對於事實的看法。它

會影響一個人的記憶與對於新事件的理解。而隨著每一個新指控的出現，榜樣也在增加。榜樣的數量可以解釋為何第二個指控比第一個容易、第三個指控比第二個容易，而第四個又比第三個容易。

榜樣可以扭曲現實，正如我們在賈伯斯身上看到的那樣。在一波模仿式的指控中，有夠多的人形塑另一個人有罪的信念，而能夠改變我們眼前這個被指控者的形象。我們不去看他本來的樣貌，因為他們是我們自身暴力的一面鏡子。在我們的故事中，對於游泳池裡的人而言，那個站在游泳池外面的人瞬間變成一個怪物、一個兇手。全都是因為他剛好在錯的時間出現在錯的地方。

吉拉爾藉由講述阿波羅尼烏斯（Apollonius）的「可怕奇蹟」故事來呈現模仿的變形效應。[14] 阿波羅尼烏斯是西元二世紀艾菲索斯（Ephesus）著名的藥師，希臘作家菲洛斯特拉圖斯（Philostratus）記錄了這個故事。當艾菲索斯人無法終結肆虐他們社區的傳染病時，他們求助於偉大的阿波羅尼烏斯。他向他們保證：「鼓起勇氣，因為我今天會阻止這場疾病的蔓延。」他帶著他們來到一間劇院，那裡住著一個活在骯髒環境裡的失明老乞丐。「去撿石頭，愈多愈好，然後對這個眾神的敵人丟石頭，」他說。[15] 阿波羅尼烏斯開的是替罪羊機制這道處方籤。他用這個方法來結束一場我們認為是生物性的事物，這似乎很奇怪，但是如果我們將這視為一場模仿危機，事情就

會變得更清楚。

　　在許多古代文獻中，生物性的流行病和心理流行病之間的界限是模糊不清的。吉拉爾認為，像瘟疫這樣的自然災難故事，可能是神話化的真實事件：像是社會危機、破裂的關係、模仿傳染。

　　吉拉爾在杜思妥也夫斯基的《罪與罰》中發現這個現象，在《罪與罰》中，主角拉斯柯爾尼科夫（Raskolnikov）「夢到一場影響人們彼此關係的世界級瘟疫」，正如吉拉爾所描述的，「具體的醫學症狀隻字未提。但人與人之間的互動崩潰，整個社會逐漸瓦解。」[16]正如同許多古老的故事，阿波羅尼烏斯和艾菲索斯人的故事也把模仿暴力隱藏在圖謀復仇的神與惡魔的奇幻故事裡，而這個暴力起源於他們自己的社群。

　　於是，藥師阿波羅尼烏斯開出他的處方：他告訴艾菲索斯人，用石頭砸死一個瞎眼的乞丐，如此便可擺脫他們的疾病。起初，他們對阿波羅尼烏斯的指示感到震驚。為什麼這樣偉大的治療師會要求他們殺害一個無辜的人？阿波羅尼烏斯繼續勸誘他們，然而沒有人行動。終於，有人拾起第一塊石頭，扔了出去。

　　「當他們當中一些人開始拿石頭丟他時，」菲洛斯特拉圖斯寫道，「那個原本似乎瞇眨著眼而失明的乞丐，突然瞥了他們一眼，眼裡充滿火焰。」現在，艾菲索斯人將他視為惡魔。在他們用石頭打死這個人後，在石堆下發現的是一頭野獸，而

非他的屍體。這象徵他的形象已在群眾心中默默地轉變。

安寧重新降臨城市。艾菲索斯人在事件發生的地方，為神立了一座祭壇。毒藥成了解藥。阿波羅尼烏斯帶著艾菲索斯人到藥房。他提供一個代罪者做為解藥。

回到游泳池的案例，最先發現並指控嫌疑人的那個人現在滿腔憤怒。他使盡全力，克服肌肉麻痺，走到水池邊，並從水裡走出來。

電代表了危險的模仿傳染病，它將泳池裡的人連結在一起，也將他們困在原地——除非有什麼東西或某人出現，激發更強大的力量。替罪羊機制便是打破它的力量。

第一個離開游泳池的人成為其他人的榜樣。當他採取行動，其他人就得到行動的衝勁和動機。他們不僅被激起逃離致命水域的動力，現在他們還有朋友拉他們出來。

〔榜樣激勵人們採取行動，有時有助於引導突破性的表現。就在許多科學家認為人體已經達到發展極限，二〇一二年倫敦夏季奧運會又刷新三十多項世界紀錄。二〇一九年，伊里尤德·基普柯吉（Eliud Kipchoge）以不到兩個小時的時間跑完馬拉松，這是許多人曾經預測至少二十年內不會發生的情況；現在，部分由於模仿欲望的緣故，我們可以預期，障礙會一次又一次地被打破。〕

隨著他們的身體從電擊中恢復過來，從水池中走出來的那

些人變得更加憤怒。他們聚集在他們現在認為試圖電擊他們的人面前。

他愈是抗議，愈是回應他們的憤怒，便愈是在他們的憤怒上澆油。「我做了什麼？」他大叫道，「我只是——」

「別對我們撒謊！」他們大喊。

每個人都這樣認為：去買啤酒的這個人就是將設備撞入泳池的人。還能有誰？游泳池外沒有其他人。

這就是他們根本的盲點。他們在游泳池外找答案，儘管他們是因為自己在池內打架導致設備掉進水中。

替罪羊繼續企圖為自己辯解，但他所說的一切，在暴徒耳中都是他們找到罪魁禍首的證明。他抗議得愈大聲，他們的憤怒就愈強烈。

暴民是一種超模仿生物體，當中的個體成員很容易失去個人主體性。模仿傳染摧毀了人與人之間的區別性——尤其是他們欲望的差異。你參加集會時，一開始想要的是某樣東西，而離開的時候，想要的卻完全是別的東西。

群眾心理與個人心理不同。[17]想想在狂歡時跳舞的人們，他們在DJ或樂隊的影響下，像是催眠般地搖擺自己的身體。一九三〇年代後期，逃離德國納粹的作家埃利亞斯·卡內堤（Elias Canetti）於一九六〇年首次出版他的代表作《群眾與權力》（*Crowds and Power*），在書中描述了這個現象。「人一旦

屈服於群眾，」卡內堤寫道，「他便不再害怕它的觸摸。理想情況下，所有人在那裡都是平等的；彼此之間沒有區別……突然間，彷彿一切都發生在同一個身體中。」[18]

在游泳池裡打架的孩子從來沒有想過自己充滿暴力。但是他們現在在醉酒與憤怒中，打算對啤酒男施加嚴重的暴力。

我們不幸的替罪羊意識到自己所處的困境時，開始尋找逃脫的路線。但是群眾正在向他逼近。

這個故事至少有三個可以想像的結局。

第一個結局，啤酒男被逐出社區。他再也無法毫無愧色地在公共場合露臉。他被迫搬到一個沒人聽過這個故事的地方。

第二個結局是浪漫啟蒙的想法，根本不符合現實，但人們仍然喜歡這樣想像：當他們憤怒到極點時，所有參加泳池派對且酒醉的人都清醒了，他們坐下來，制定一份社會契約。他們認為啤酒男不小心將設備撞到水中情有可原。他們禁止他以後在聚會上喝酒，並要求他支付每個人的醫療費用。但是他們的社會契約是受迷因驅使而產生的意見，並非透過理性思考。它將責任歸咎給最沒有權力影響合約本質的組內成員。

在第三個結局裡，其中一個男生猛然朝替罪羊的臉揮拳，並將他擊倒在地。第二個人加入毆打。然後，第三、第四和第五個人加入。他們的暴力，正如同所有暴力一樣，似乎是正義的。他們並非啟動暴力；他們是在主持公道。在故事的高潮

中，他們做了一些無法避免的事情：他們拉起受害者被毆打的身體，並把他扔進通電的水池裡。

在這三種情境下，都是局外人（意如其字，就是那個唯一在泳池外的人）成為達到目的的手段。

在我們的故事中，暴徒選擇第三個結局：他們抓住他們自認為是正義的東西。

替罪羊機制在不穩定時期最有效。納粹黨興起之前，德國在第一次世界大戰戰敗後陷入經濟和社會混亂。而其他的種族大屠殺（包括但不限於亞美尼亞、盧安達和敘利亞的種族大屠殺），也發生在社會極度不穩定的時期。

不太明顯的例子則包括單一性或地區性的替罪羊事件，事件裡會有一個人（通常是一般被視為邪惡的人），透過他的死亡或驅逐提供一種宣洩般的解脫。人類學家馬克‧安斯帕契（Mark Anspach）在《逆向復仇》（*Vengeance in Reverse*）中講述一個男人被士兵包圍、被剝光衣服、被嘲笑和折磨的故事。他血淋淋的屍體被拖行在街道上，還被吐口水。你覺得這個人是誰？

這個人的死亡被人們用手機拍下並慶祝，之後利比亞過渡時期的新領袖宣布：「所有的罪惡都已經從我們這個心愛的國家消失了。是時候開始一個新的利比亞，一個統一的利比亞，同一個民族，同一個未來。」

被處以私刑的領袖正是格達費（Muammar Qaddafi）。

幾乎每個人都一致認為格達費是壞事做盡的壞人。他的確是。但他不可能是整個國家裡唯一一個做錯事的人。那個過渡時期的領袖聲稱，一切邪惡都已消失，這就是讓格達費成為替罪羊。安斯帕契指出：「他愈是有罪，代替所有其他有罪者犧牲就愈具有說服力。」替罪羊機制並非取決於替罪羊是有罪或無辜，而是取決於社區是否有能力利用替罪羊來實現他們想要的結果：統一、治療、淨化、贖罪。替罪羊具有宗教功能。

阻力最小的路徑

縱觀歷史，替罪羊都有一些共同的特徵。他們基於某種原因從人群中脫穎而出，而且很容易就被挑出來。在我們的泳池派對寓言裡，那個啤酒男在不知不覺中讓自己捲入被視為替罪羊的危險裡，因為他是唯一站在泳池外的人。

在現實生活中，替罪羊通常會因以下幾種情況而被挑選出來：他們具有極端的個性或神經多樣性（例如自閉症），或是引人側目的身體異常；就地位或市場而言，他們處於社會邊緣（他們身處體制之外，如阿米希人或選擇遠離喧囂而自給自足的人）；他們在某種程度上被認為是離經叛道者（他們的行為不符合社會規範，無論是關於生活方式、性取向還是與人溝通交流的方式）；他們無法反擊（這一點甚至適用於統治者或

國王——當所有人都反對時，即使是最有權勢的人也無能為力）；他們彷彿是魔法變出來的，而整個社會都不知道他們從何而來，又或者如何變成這樣，這使他們很容易被歸咎為社會動盪的原因〔氣候變遷的社運人士格蕾塔・童貝里（Greta Thunberg）抵達紐約，在聯合國發表演說，這件事便讓她成為潛在的替罪羊〕。

所有的替罪羊都有團結人們並平息模仿衝突的能力。替罪羊沒有傳統的權力；但是有團結眾人的能力。一個死囚所擁有的能力，甚至連州長都沒有。對於身處危機的家庭或社區而言，似乎只有囚犯的死才能帶來他們尋求的那種治癒。囚犯擁有一種無人可取代的超自然特質。只有他能醫治。

吉拉爾在其一九七二年出版的《暴力與神聖》（*Violence and the Sacred*）一書中提到替罪羊的另一個顯著特徵：他們是國王或乞丐的比例很高，而且往往身兼這兩種身分。當一個乞丐被選為替罪羊，在他死前或死後，都具有半神般的特質，因為他被視為和平的工具。他有能力為人們帶來他們自己無法帶來的結果。艾菲索斯人以石頭擊斃阿波羅尼斯指給他們的盲眼乞丐後，在事發地修建一所祭壇，原因即在此。某些神聖的事情在那裡發生。

在《暴力與神聖》中，吉拉爾解釋《伊底帕斯王》（*Oedipus Rex*）為何是替罪羊國王的故事。[19]當城市遭受可怕的瘟疫襲擊時，伊底帕斯是底比斯（Thebes）的國王。但是，

那是什麼樣的瘟疫？底比斯到底發生什麼事？那裡真的爆發瘟疫嗎？

根據吉拉爾的說法，我們不應該太相信這些故事表面的細節。我們必須深入探究。在他看來，這座城市更有可能陷入一場模仿危機──「一千場個別衝突，」他寫道。[20]這裡可能真的有一場瘟疫。或者社會危機可能就是那場「瘟疫」。

伊底帕斯找尋殺害前國王拉伊奧斯（即他的父親）的兇手，他認為只要破案便能結束瘟疫。令他恐懼的是，他得知自己弒父娶母。就底比斯人而言，這一定就是造成這場災難的原因。但這不是很奇怪嗎？伊底帕斯的罪行是社會性的，並不是生物性的。他犯了弒父的大罪與娶母的嚴重禁忌。這怎麼會帶來瘟疫？這表示我們必須跳脫文獻資料，更深入地探究。

這個故事的結局是伊底帕斯挖出自己的眼睛並與女兒一起流放。

我們可以合理懷疑，針對伊底帕斯被指控的罪行，他是否有罪。但他真的帶來細菌引起的疾病嗎？當然沒有。然而，在吉拉爾看來，這是一種伴隨著替罪羊的修正論者的歷史。

倘若你認為只有很久以前的人才會編造這些替代性的故事，那你就錯了。你是否注意過，今天人們多久會使用一次自然災害的語言來描述危機的後果？二〇〇八年，美國人遭受如雪崩般的房屋債務的打擊。[21]在CNBC上談到COVID-19的著名避險

基金經理人比爾・艾克曼（Bill Ackman）表示，在公眾開始認真對待這場傳染病的前幾個月，他感到海嘯即將來臨。[22]白宮在二〇二〇年二月四日發布的說明文件暗指在總統採取行動之前，將會有大批移民潮湧入國內（文件指出，「川普總統已採取行動，結束逮補與釋放，並阻止湧入我們邊境的移民潮」。）自從二〇〇八年金融危機以來，當我們提及美國政府給予銀行和其他陷入危機的公司的金融援助，我們說公司獲得紓困（bail-out）；而「bail-out」是一個海事術語，意思是用水桶把進水或下沉中船隻裡的水舀出，通常是在發生不可預測的風暴或其他事件之後。

危機似乎總是悄悄地襲擊，讓人們感到震驚。憑藉我們所有的現代科技和智慧，仍無法預測或者避免。我們不斷地遇到自己造成的危機，那是因為很少有人意識到他們自己陷入了模仿過程。大多數人仍有著自己擁有獨立欲望的錯覺——那是浪漫謊言。但當這世界的金融與技術系統變得更為複雜，我們的欲望系統也是如此。

我們每個人都占據著多個、經常重疊且有所交集的欲望系統。如何培養能力以理解並因應我們所處的環境，這是這本書後半部的主要目標。

模仿系統至少和實體系統一樣重要。有些人會想知道一隻在日本振翅的蝴蝶是否會導致海嘯襲擊佛羅里達海岸（渾沌理論的蝴蝶效應）；而有些人會想知道俄羅斯的某人能否以一則

臉書貼文在美國引起混亂。第一個例子是實體系統；第二個則是欲望系統。

　　接下來是一則關於欲望系統的極短篇故事，而這是一則沒有人理解、因此每個人都誤認的故事。人們使用神話語言來描述他們無法理解如何運作的事物。這便是神話的用途。我們需要故事來解釋無法解釋的事情。當人們發現自己身處混亂之中，而自己無法解釋這是如何開始、也不知道他們在其中所扮演的角色時，他們會怪罪任何可以怪罪的東西——就連蜘蛛也可以成為怪罪的對象。

一五一八年的舞蹈狂熱

一五一八年，在斯特拉斯堡（Strasbourg）這個法國小鎮，一個年輕的女人在街上不由自主地起舞。約翰・沃勒（John Waller）在他的書《跳舞瘟疫》（*The Dancing Plague*）中提過這樣的場景，我據此寫下這個故事。她一連跳了好幾天的舞。小鎮裡的人們都圍繞在她身邊。他們在一旁觀看，當特羅菲亞（Troffea）持續跳舞跳到第三天，她的鞋子已被血液浸透，汗水從她疲憊的臉流下，」沃勒寫道。[23] 幾天內，三十多人帶著同樣無法控制的衝動走上街頭跳舞。首席法官、主教和醫生強制他們其中一些人住院治療。但是，對於這種古怪起舞的原因和治療方法仍舊不明。

　　造成一五一八年舞蹈瘟疫成因的理論流傳了數十年。精神錯亂和被惡魔附身是兩種熱門的說法。但沒有一個說法能解釋，為何這個行為似乎會從原來的舞者蔓延到她周遭的人。什麼可以解釋社會傳染？

　　整個歐洲的城市都會出現自發的舞者。在某些地方，人們只在一年的某些特定時間裡開始跳舞。在義大利南部的普利亞（Puglia）地區，每個夏天都會出現歇斯底里的舞者，義大利人稱之為「塔蘭塔蒂」（tarantati）。大多數人認為跳舞是被塔蘭托（tarantula）這種大毒蛛咬傷而感染的疾病症狀，這種疾病使人模仿蜘蛛的動作。

　　一些奇特的儀式因而產生，包括相信跟隨著某首歌曲跳舞，並依循特定禮拜儀式是治療疾病的唯一方法。人們會在一個房間，或者在城鎮廣場，聚集在感染者的周圍演奏音樂，並在他們試圖跟著蜘蛛的節奏跳舞時，鼓勵感染者，為他加油。人們相信，如果他們的舞蹈能讓這個生物滿意，那麼它的影響就會結束。

　　一個被感染的人具有準神聖的特質。深受毒蜘蛛舞蹈症折磨的男女是被社會遺棄的賤民，是造成社區災難和恐懼的原因，但也是唯一有能力恢復秩序的人。

　　但這是真的嗎？

　　幾世紀以來，沒有人可以確認引發跳舞的真正原因。直到一九五〇年代，義大利文化人類學家和民族精神病學家厄

內斯托‧德馬蒂諾（Ernesto de Martino）前往普利亞區，一幅更真實的畫面才開始浮出水面。[24]在採訪過數百名當地民眾之後，他才了解，跳舞的人有一些共同點：大多數經歷過某種創傷。引發跳舞的似乎是一場危機——不可能的愛情、被迫的婚禮、失業、進入青春期等事情，它們擾亂生活動態，並透過模仿擾亂社群。

這些痛苦似乎來自人際關係層面。德馬蒂諾的研究揭露隱藏的權力關係、社會張力，以及未被承認的欲望危機。

毒蜘蛛舞蹈症是一種宗教儀式，具有將混亂的社會回復秩序的效能。蜘蛛成為替罪羊。為了將蜘蛛的影響從飽受折磨的舞者身上移除而舉行的儀式，把每個人聚集在一起，歷經一場淨化體驗，據說可以消除他們之間的疾病。儘管這種儀式很奇怪，但它的作用是保護社區免於遭受更大的社會危機，也就是人際關係進一步的破裂。把這場瘋狂的舞蹈視為一個警鈴（甚或是教堂的鐘聲）意味著，是時候讓每個人都聚在一起，驅除他們的惡魔。

雖說毒蜘蛛舞蹈症已逐漸消失，但它的文化遺跡依舊存在。當今義大利南部最受歡迎的民俗音樂形式之一、流行的民俗舞蹈塔蘭泰拉（tarantella），便是源於這擁有五百年歷史的儀式裡所使用的舞蹈。

為什麼義大利南部的人們要欺騙自己造成他們危機的真正原因？聲稱人們被蜘蛛咬了之後會有「自發性」的跳舞衝動是

一個古老的浪漫謊言。跳舞其實是模仿欲望引起的。這是社會傳染的癥狀，需要替罪羊來恢復秩序。在這個案例裡，塔蘭托蜘蛛便是替罪羊。

順道一提，塔蘭托蜘蛛如同多數的狼蛛，只有在不斷被激怒的情況下才會咬人。牠們毒液會造成輕微的腫脹、輕微的疼痛、以及搔癢。

丟第一顆石頭

替罪羊是透過模仿的審判過程而選出，並非理性的過程。

想想古代的石刑：一群人向某人扔石頭，直到他們死於創傷。這是古代以色列死刑的官方形式，《托拉》和《塔木德》都把它編入法典，做為對某些罪行的懲罰，但是它的起源甚至更早。

石刑最原始的形式是自發性的。它發生在我們現在所理解的「正當程序」之外。〔我們現代對於正當程序的認知（一個人在被處以法律的正當程序之前，不能被剝奪任何的自由，或者處以刑罰），源於一二一五年書面形式的英國《大憲章》。〕

幾乎西方每個人都知道「丟第一顆石頭」這一句話。那麼，如此重要的第一顆石頭究竟是什麼？

這句話來自於西元一世紀巴勒斯坦的一位拉比——拿撒勒人耶穌，他出現在世界歷史上最奇怪的石刑現場——奇怪

的原因在於，石刑從未發生，但我們對於它的了解卻更勝其他石刑。我們對這個已有兩千年歷史的無石刑事件瞭如指掌，這是非常不尋常的。是什麼讓它如此重要？那是個有關模仿與替罪羊機制的故事。

耶穌偶然遇見一名在通姦時而被抓的婦女，她即將被一群生氣的暴徒以石頭打死。他出面介入這件事，並說：「你們當中有誰是沒有罪的，就可以先拿石頭打她。」

這些話讓一切都失去了平衡。破壞性暴力的循環被打斷了。圍著這個婦女的男人，一個接著一個放下手上的石頭並走開。第一個，然後另一個，一個接著一個，愈來愈快離開。

發生了什麼事情？為什麼丟第一顆石頭如此困難？因為第一顆石頭是唯一一顆沒有模仿榜樣可依循的石頭。丟第一塊石頭的人經常表現出暴怒，給人群提供一個危險的榜樣。如同我們稍早看到的阿波羅尼斯以及艾菲索斯人的故事，一旦有人丟出第一顆石頭，要丟第二顆就變得較為容易。當某樣東西已經是別人想要的物品時，渴望得到那樣東西總是比較容易——甚至或許正因為那是暴力。

丟第一顆石頭的人點出方向。第二個人強化我們的欲望。現在人群中的第三個人，被先前兩個模仿榜樣的模仿力道影響，投出第三顆石頭，並且成為第三組榜樣。丟第四、第五、及第六顆石頭，與第一塊石頭相比都相對容易。丟第七塊石頭則是毫不費力。模仿傳染性已經變強。這些丟石頭的人已不受

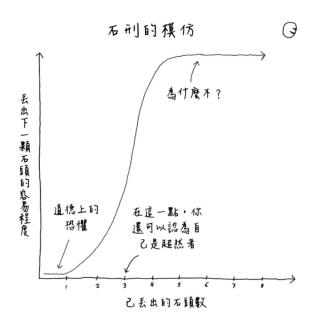

石刑的模仿

丟出下一顆石頭的容易程度

為什麼不？

道德上的恐懼

在這一點，你還可以認為自己是旁觀者

已丟出的石頭數

任何形式的客觀判斷的影響，因為他們對於替罪羊的渴望已經勝過他們對於事實的渴望。

憤怒很容易地轉移並擴散。在一項於二○一三年進行、二○一四年發表的研究中，北京大學的研究人員分析微博的影響力與傳播性。他們發現，憤怒遠比其他情緒（例如喜悅）傳播的速度還要快，因為當人與人之間的連結薄弱時（網路上的常態），憤怒很容易傳播。[25]

　　許多人死於「路怒症」（road rage，即公路暴力）。據我所

知，沒有人死於「路喜症」（road joy）。

上述故事中，耶穌用來避免石刑的策略在於剝奪群眾中的暴力榜樣，並以一個非暴力的榜樣取而代之。暴力傳染沒有持續，反倒是非暴力傳染出現。第一個人放下手中的石頭。之後，其他人也一個接著一個放下石頭。循環一（即模仿暴力）轉化成循環二，也就是一種正向的模仿過程。

兩者都依賴榜樣。

策略 7

以反模仿的方式達成判斷

如果你在公開場合進行民意調查或選舉，務必不要讓人們看到其他人投票的內容——這樣你才會看到人們在模仿別人之前內心的真實想法。模仿的影響太過強大。設法讓群體的每個成員盡可能地透過最獨立的過程做出判斷，這點很重要，無論是投資決策或法院陪審團的判決都是如此。

觀看仇恨的樂趣

超過十二年了，數千萬個美國人都在觀看同一個電視節目。每一集的開始都畫下戰線。節目裡的每一個參賽者都想要同樣一個東西：被宣告為勝利者的殊榮能為他們贏得權威人物的稱讚，並獲得大眾的崇拜。為了得到它，幾乎一個人都願意做任何事情。

他們失敗了。他們互相指責、暗箭傷人和背叛。然後，遊戲結束時，他們走進一間巨大的會議室。川普（Donald Trump）皺著眉坐在大長桌的中間。每個人都想當他的下一個接班人，但只有一個人會贏。

川普讓模仿危機升級，直到它沸騰。最後，他手指著他們其中一人說：「你被開除了！」危機就這樣被避免了。替罪羊回家。團隊可以繼續比賽。同時，每當川普這個知道自己想要什麼的人伸出手，指著其他人並說出「你被開除了」這句話時，他身為模仿榜樣的形象也就變得更強烈。

川普用十幾年培養、鞏固自己身為「大師」以及其他人是他的「學徒」的身分地位，他會成為一個邪教般的人物也就不足為奇。在《誰是接班人》（*The Apprentice*），這個一共一百九十二集的真人秀節目〔包括收視率更高的《名人接班人》（*The Celebrity Apprentice*）〕，他為每一集帶來秩序，隻手解決一個個模仿危機。正如我們很快就會看到的，政治人物或

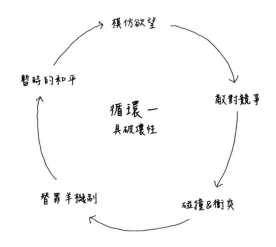

潛在的政治人物想要獲得支持，可能沒有什麼方法比解決模仿
危機更有效。他們模仿的是古代以色列大祭司的角色。

　　根據吉拉爾的說法，替罪羊機制在古代社會是自發性地發
生。最終，這些社會開始儀式化地重演導致替罪羊機制的過
程——也就是製造混亂，讓模仿張力達到高峰，爾後驅除或
犧牲一些象徵性的東西（這便是電視真人秀的公式）。他們發
現，淨化效應會流向每個人。

　　這些儀式因獻祭的替代品而奏效。人們意識到他們可以用
動物代替人類。動物的獻祭逐漸被高階主管的解僱、大規模的
監禁或社群媒體帳號的註銷給取代。談到滿足我們對獻牲祭的
渴望，人類的聰明才智似乎沒有限制。

　　替代品的獻牲祭瀰漫在我們的文化裡。它們已經滲透到運

動、組織生活、大學和文學作品中。

史蒂芬‧金（Stephen King）的 第 一 本 小 說《魔 女 嘉 莉》
（*Carrie*），是一本關於替罪羊機制出錯的恐怖故事。在小說的
結尾，嘉莉這個被霸凌的高中女孩，當她在舞會之夜被羞辱之
後，向她的同學復仇，以念力造成死亡和屠殺。

　　在構思這部小說時，金反思他心目中扮演主角的女孩類
型。「每個班級裡面都有一隻山羊，那個在搶座位遊戲裡總是
搶不到位子的孩子，那個總是被貼上『用力踢我』標語的孩
子，那個社群等級永遠排在最後面的孩子，」金回憶著。他用
自己高中時班上「兩個最孤獨、最受辱罵的女孩」做為嘉莉的
原型，包括「她們的長相、舉止以及被對待的方式」。她們其
中一人後來在癲癇發作時死亡。根據金的說法，另一個人在生
完孩子後，朝自己的腹部開槍。[26]

　　金的天才是將一個可能的替罪羊變成一個有能力施展報復
的可怕人物。現實生活中的替罪羊並非如此。

　　一九四八年，雪莉‧傑克森（Shirley Jackson）的短篇
小說《樂透》（*The Lottery*）講述一個社區每年集會一次、以
抽籤方式進行石刑的故事。替罪羊儀式的設計是為了確保豐
收能夠繼續——換言之，是為了維持和平。祭祀並沒有真
正為收成帶來神聖的祝福；然而，它們可以解決人與人之間
爭奪稀缺資源的模仿張力。二〇一九年的恐怖片《仲夏魘》

（*Midsommar*）也有類似的動態。

　　威廉・戈爾丁（William Golding）在一九五四年出版的小說《蒼蠅王》（*Lord of the Flies*）描繪被困在偏遠島嶼上的一群青少年之間的模仿危機。其中一個名為小豬（Piggy）的孩子，一直被要求要為整群人的罪孽承擔責罰，並代替他們受苦。

　　電影《飢餓遊戲》（*Hunger Games*）的情節圍繞著一場體育大賽，在這場大賽中，十二到十八歲的男孩和女孩被一個反烏托邦國家施惠國的領袖選中，進行生死戰爭。這些遊戲將社會上所有內部的衝突都集中在少數被選中的人身上，他們被迫代表其他人承擔暴力。[27]

　　我不知道這些作家在寫故事的時候，是否明確想過替罪羊機制。但是這個主題的普遍性的確驚人，而值得一問的是，它是否指出一個潛在的真相。吉拉爾認為這個真相便是替罪羊。

　　職業運動依靠這些來吸引球迷。美式足球比賽是一場神聖的儀式，兩支球隊及其球迷在其中重新演繹一場無差異的危機。聯盟的組織是為了促進平等；在任何一個星期天，任何一支球隊都可以獲勝。在數小時的賽前分析之後，開球時刻將緊張的氣氛帶到高峰。整個球季就在一系列戲劇般的起起落落中結束。最後一場比賽結束後，教練被解雇，球員不再續約。ESPN掩蓋了組織內部的戲劇性和失能。一旦有人被清除，使團隊擺脫瘟疫，該組織就可以繼續前進，重新爭取榮耀。

國家美式足球聯盟（NFL）的明星接球手特雷爾·歐文斯（Terrell Owens），在他的職業生涯後期，成為效力球隊的替罪羊。在籃球界，二〇一九年被紐約尼克隊解雇的大衛·費茲戴爾（David Fizdale），是過去二十年裡被選為替罪羊的一長串尼克隊教練名單裡的一個（成為任何紐約職業運動球隊的主教練，已在無意中成為最終可能的替罪羊）。就連擔任過麥可·喬丹（Michael Jorden）及柯比·布萊恩（Kobe Bryant）教練的傳奇人物菲爾·傑克森（Phil Jackson）也淪為替罪羊。誰能忘記史蒂夫·巴特曼（Steve Bartman）？二〇〇三年世界大賽期間，這個小熊隊球迷干擾自家球隊在看台附近要接球的球員，導致球員在比賽的關鍵時刻漏接。巴特曼不得不躲起來，而事件中的那顆棒球，在二〇〇四年被一名特效專家公開引爆；那些殘骸在二〇〇五年被煮沸並用來製作義大利麵醬。

替罪羊本身是問題？或替罪羊是解決方案？

卡瓦菲斯（C.P. Cavafy）的詩作〈等待野蠻人〉（Waiting for the Barbarians）講述了一個處於危機中的社區。他們因鄰近野蠻人即將發動襲擊的消息而聚集在主廣場。野蠻人從未出現。「現在沒有野蠻人，我們會怎樣？」詩中倒數第二行這樣寫道。而詩的結尾是：「那些人是解決方案。」

看見替罪羊的無辜

該亞法（Caiapha）是西元一世紀時的猶太大祭司，根據吉拉爾的說法，他是歷史上最偉大的政治家。倒不一定是崇高的意義，但在某種意義上，他確實知道怎麼做才能在爭端中滿足所有利害關係人，並平息社會動盪。根據吉拉爾的說法，該亞法只是將替罪羊機制付諸於政治實踐：他求助於替罪羊機制，「做為避免更大暴力的最後對策」。[28]

當耶穌在耶路撒冷被捕時，該亞法、大祭司以及宗教和政治委員會舉行了一次祕密會議。他們必須想辦法處置這個來自拿撒勒的人。他在原本已是緊張的時刻，在耶路撒冷製造緊張局勢。社會各方面已出現裂痕，形成數十個支離破碎的團體和宗派。耶穌不知從哪裡冒出來的，他來自一個偏僻的小鎮，生活在社會的邊緣，他打破文化規範並挑戰當局的權力。因此，該亞法所面臨的挑戰不僅是耶穌，而是該如何保護以色列。

在會議召開時，該亞法坐下來，看著其他人反覆提出不具體又搖擺不定的假設問題和抽象想法。終於，他受夠了。

「你什麼都不知道！」他大喊。「你不明白，讓一個人為大家而死，總比讓整個國家都毀滅來得好。」[29]

該亞法可能並沒有完全明白他說的話的全部意義。「只要我們相信它有罪，替罪羊就會一直有效，」吉拉爾在他的最後一本書《戰鬥到最後》（*Battling to the End*）中寫道。「替罪羊

的存在表示我們不知道我們有替罪羊。」[30]

　　所以，該亞法可能沒想到他的計畫便是替罪羊機制。然而，他一定知道將暴力的目標集中在具有影響力的象徵性人物身上，可以有效地平息動盪的人群。殺死耶穌可以讓人們心滿意足；這將使他們團結起來，防止危機升級。

　　該亞法的想法贏得支持。幾天後，耶穌被釘上十字架。

該亞法提出的建議完全合乎實際。他建議進行一場儀式般的獻祭（釘死在十字架上），以實現特定結果（增強團結與和平）。這並沒有出乎宗教領袖的意料之外。「宗教思考的目的與技術研究的目的完全相同，也就是實際行動，」吉拉爾在《暴力與神聖》中寫道。[31]他將替罪羊機制視為宗教或神聖行為的縮影。

　　當吉拉爾提到「宗教思維」有著實際行動的目的時，他並沒有以任何方式貶低宗教信仰，他指的是人們為解決問題而帶來的獻牲心態。幾乎所有人都信奉宗教，因為他們下意識地相信獻牲會帶來和平。

　　想一想獻牲的念頭在我們的心靈中是多麼地根深柢固。如果我們能摧毀其他政黨、那間公司、那些恐怖份子、那個麻煩製造者、隔壁那間讓我胖了十磅的速食店，那麼一切都會好起來。[32]獻牲似乎總是正確且恰當。我們的暴力是好的暴力；而別人的暴力總是不好的。

　　根據吉拉爾的說法，多年來，祭祀儀式非常有效，以至於阻礙了科學進步。「我們並沒有因為我們發明了科學而停止焚燒女巫；而是因為我們不再焚燒女巫，我們發明了科學，」吉拉爾在二〇一一年接受CBC採訪時，和大衛・凱利（David Cayley）這樣說。「過去，我們常常把乾旱歸咎於女巫；一旦我們不再責怪女巫，我們就開始尋找乾旱的科學解釋。」[33]

　　人性仍然傾向於回歸原始、獻牲的心態，這種心態是我們祖先的特徵，並使他們陷入暴力循環。從群眾的角度來看，替罪羊機制完全合理。因此，當替罪羊成為文化轉變的神聖中心時，也就是當神話和迷信再次成為文化中的主導力量時，實際的理性就退居次席。

　　在吉拉爾看來，關於替罪羊機制的理解，是由猶太教和基督教的歷史沿革中發展出來的——包括聖經故事清楚交代替罪羊的無辜，以及過去兩千年來，替罪羊機制在帶來虛幻的和平這點上，似乎也變得不那麼有效。猶太教和基督教的典籍經文都記載著非常奇特的替罪羊敘事。它們的敘述與其他紀錄之間的不同之處令人震驚：經文中似乎特別提到模仿欲望，而替罪羊的故事似乎總是從被控訴方的角度來講述。這是對傳統記載的顛覆，即使是非常熟悉這些經文的人也沒有意識到它們有多麼不同。[34]

　　然而，在我們談替罪羊機制的啟示之前，請注意摩西的十

誡早已影射模仿欲望。在出埃及記中,第十條戒律相當突出。
它似乎直接禁止任何形式的模仿欲望:

　　不可貪戀人的房屋;也不可貪戀人的妻子、僕婢、牛驢,
並他一切所有的。(出埃及記20:17)

　　其他戒律禁止的是行為,而第十條戒律禁止的是某種特
定的欲望。吉拉爾指出,這個希伯來字彙經常被翻譯為「貪
求」,但它的意思其實是更簡單的東西,那便是「欲望」。這些
聖經故事通過欲望的鏡頭來閱讀,具有豐富的人類學意涵。[35]
　　但如果模仿欲望普遍存在,又是我們做為人類的一部分,
那麼十誡中怎會有一條是在禁止它呢?第十誡禁止的是敵對競
爭的欲望。第十誡之所以禁止它們,是因為它們會導致我們現
在看到的暴力。
　　其餘經文讀起來就像是暴力的展現,沿路上都有著警告。
在《托拉》中,替罪羊機制最突出的例子是雅各(Jacob)之
子約瑟夫(Joseph)的故事。約瑟夫被他的十一個哥哥賣到埃
及為奴,因為他們嫉妒他是雅各最喜歡的兒子。那是一個所有
人對付一個人的案例。在其他任何故事中,就像在我們的泳池
派對的故事裡,約瑟夫都會被指控做了一些足以受到驅逐或成
為祭獻的事情。然而,在聖經的紀錄中,每個人都可以看出他
是完全無辜的。

他以奴隸的身分到達埃及，後來讓自己從監獄中釋放出來，最後贏得該國領袖的尊重，並立於權重的高位。然後，一樣的事再一次發生。身為外國人的約瑟夫被誣告犯罪。但是他再次對讀者證實自己完全無辜。一次又一次，約瑟夫被證明是不公正的指控和暴力的無辜受害者。

最後，在故事的結尾，約瑟夫成為了維齊爾（即大臣），權力僅次於法老。他的兄弟們在長期的飢荒中來到埃及乞求援助，他們直接與約瑟夫互動，卻沒有認出他。

約瑟夫不想以暴力回報暴力。他不像大仲馬筆下的基督山伯爵那樣精心策畫報復每一個得罪他的人。相反地，約瑟夫原諒他的兄弟，不過並不是沒有給他們任何考驗。

約瑟夫設計他的兄弟便雅憫（Benjamin）被誤認為小偷而被捕。約瑟夫讓兄弟們認為他會帶走無辜的便雅憫，並懲罰他的過錯。但是另外一個兄弟猶大（Judah）介入，自願取代便雅憫接受懲罰。這讓約瑟夫理解到他們已經改變。破壞性循環已被打破。約瑟夫被這個行為感動，向他們透露他的真實身分。約瑟夫和猶大都拒絕參與替罪羊機制。

吉拉爾在《創世紀》中看到揭開面紗後的替罪羊機制。他將在一段更後面的經文裡，從一個事件中看到它浮現全貌。

吉拉爾敦促每個人，無論他們的宗教信仰為何（或沒有宗教信仰），都要注意耶穌被釘十字架時發生的事情。吉拉爾主要以

人類學家的身分閱讀這個故事。他發現人類行為的運作方式與他在閱讀歷史時所看到的都不一樣。

暴徒試圖讓耶穌成為他們的替罪羊。但這個機制被徹徹底底地顛覆——這也是它具有如此不朽的文化意義的原因之一，即使僅從歷史的角度來看也是如此。

耶穌被釘十字架一事，未能團結整個社會一致反對替罪羊。它出現相反的效果，也就是造成了巨大的分裂。在短時間內，釘十字架似乎達到預期的效果。暴徒被鎮壓，秩序暫時恢復。但就在耶穌死後不久，那些與耶穌密切相關的一小部分人站出來，宣布他的無辜，並說他還活著。

那些想要保留舊祭祀秩序的人和那些看到替罪羊機制真相（一種不公正的祭祀機制）的人之間出現了分歧。

福音書的文本與希臘、羅馬和其他常見的神話完全不同。在異教對全體一致的暴力的描述中，讀者或聽眾會得到這樣的印象：暴力是針對有罪的人而實施，他應當受到懲罰。那是因為唯一留下來講述這個故事的人，正是替罪羊儀式的執行者。這些故事是從迫害者的角度講述的，他們真的相信替罪羊有罪。[36]耶穌被釘十字架的故事既要讀者認同人群，也要看到人群的愚蠢，而且還要看得更遠，及至最後第一次掌握人類暴力的真相。

我從一個全觀敘述者的角度講述泳池派對的故事，我知道啤酒男是無辜的。如果今天說故事的人是其中一個兇手而不是

我，你便永遠不會知道替罪羊沒有做任何值得人群激憤的事情。你只會聽到對這事件的一種解釋，甚至不知道去尋找另一種。泳池裡的每一個人都會說同樣的故事：受害者有罪。

我以一個了解替罪羊機制的人的身分講述這個故事。這就是福音書的運作方式。歷史上第一次從受害者的角度講述這個故事。吉拉爾認為這是一個明確的轉折點——也是替罪羊機制開始失去絕對權力的那一刻。這個故事迫使人們正視自己的暴力行為。人類歷史上反覆出現的暴力循環，面紗終於揭開。[37]

眾所周知，揭開面紗並沒有遏止暴力。這個啟示透過時間慢慢發酵。但啟示不可逆轉。如果現代世界似乎即將瘋狂，部分原因是我們非常了解對無辜受害者的剝削和暴力發生的方式，但我們根本不知道該怎麼做。就好像我們被告知一些我們不想知道的可怕事情，而我們無法完全靠自己解決。這是集體瘋狂的溫床。

在被這段歷史觸動的文化下成長的我們，被灌輸對無辜受害者的關心，因此，我們很容易忘記一些根深柢固的信念最初是如何形成的。

有些東西，我們一旦看見，就永遠不會看不見。

受害者主義

吉拉爾寫道：「檢視古老的資料，四處詢問，挖掘地球的各個

角落，你仍找不到任何一點與現代的我們對於受害者的關心相似的東西。」[38]想一想，它是多麼奇特。

目前，我們對無辜受害者非常敏感，以至於我們每天都會發現新的不公正現象來指責自己。只要想到受到嚴厲對待的人可能是無辜的，我們便會感到非常不舒服。這種為受害者辯護的激烈情緒從何而來？

它是否僅僅來自啟蒙運動——認為我們現在是更聰明、更理性的人，可以從我們高高在上又有文化的高位，正確地評斷過去？或者它有完全不同的源頭？

根據吉拉爾的說法，我們的文化意識來自聖經故事。這種意識不可能透過努力思考而產生。我們有盲點，因為我們參與犯罪。聖經中所記述的事件告訴我們任何推理都無法得到的事物：受害者的清白。

我們就像一個頭上釘著釘子的人，怎麼也想不出來是什麼讓我們頭痛，直到有人拿鏡子照我們的臉。即便你本身不熟悉這些故事，但它們影響著那些在這些故事所觸動的文化下成長的每個人，因為數千年來，它們已經滲入我們的生活結構。

西方文化以保護受害者為中心發展茁壯。在過去的兩千年裡，保護弱勢群體的公法和私法、經濟政策和刑法都取得長足的進步。民間（而非軍事）醫院在西元四世紀興起。[39]中世紀的修道院保護年邁長者和垂死者、旅行者和孤兒。它們的功能

一如我們今天所說的社會安全網。它們保護受害者。今天，支持生命和支持選擇的運動都以自己的方式講述受害者的語言。沒有語言比受害者的語言更為強大。

　　現代世界最大的諷刺之一，是像美國這種政教分離的西方民主國家，將保護受害者奉為絕對的道德義務，儘管他們在很大程度上已將宗教從公共生活中抹去。就好像他們在說，「我們會為無辜的受害者、猶太人和基督徒辯護，我們會撫養你──我們在維護受害者這方面會做得比你更好。」在許多情況下，他們確實這樣做。

　　許多宗教人士對此的回應是將世俗文化視為模仿對手。文化戰爭是一場規模龐大、與一頭多面千頭蛇之間的模仿敵對競爭，在這場敵對競爭中，任何一方都應該明智地從中抽身。

正如我們所知，人權的發展部分是因為我們間接承認只要情況適當，任何人都有可能成為替罪羊。在第二次世界大戰造成約七千五百萬人喪生後，聯合國發布《世界人權宣言》，保護適用於所有人的基本人權；它被翻譯成五百多種語言和方言。該宣言的制定在很大程度上源於戰爭期間無辜受害者的數量驚人。

　　這些發展大幅改變權力的平衡。之前，大多數受害者完全沒有能力為自己辯護。今天，沒有人比被公認是受害者的人具有更大的文化影響力。就好像地球磁場的兩極每隔幾十萬年就

會轉變位置。替罪羊機制已被徹底顛覆，因此出現某種反向替罪羊機制，也就是一個無辜的受害者被認為受到殘酷的對待，然後在他周圍湧起一股支持浪潮。

原始的替罪羊機制在混亂中帶來秩序，但是那個秩序取決於暴力。逆向過程將混亂帶回原本的秩序。混亂是為了動搖以暴力為基礎的「有秩序的」系統，直到採取嚴正的措施來改變它。二〇二〇年五月，美國的喬治‧佛洛伊德（George Floyd）之死就是一個顯著的例子。

顯然，為受害者辯護是一件好事。但這同時也帶來了新的危險。就像古代宗教中的替罪羊儀式是完全務實的做法（也就是用於達成實際的目的），為受害者辯護也可以用於達成實際的目的。在詹姆士‧威廉斯（James G. Williams）為吉拉爾的名作《我看到撒旦像閃電一樣墜落》（*I See Satan Fall Like Lightning*）所撰寫的序文當中，他試圖總結吉拉爾在這一點上的想法，他寫道：「受害者主義利用關切受害者的意識形態來獲得政治、經濟或精神力量。有人聲稱，受害者身分是獲得優勢或為自身行為辯解的一種方式。」[40]受害者現在有權製造出自己所選擇的新替罪羊。

要避免這種權力變得專橫，需要公開和誠實的記憶。

古代以色列的先知普遍是受嘲弄並成為替罪羊的人。他們當中有許多人遭到殺害。法利賽人（Pharisees）是公元一世紀巴勒

斯坦的一個宗教派別，他們崇敬那些古代先知，並為他們建造紀念碑以紀念他們。法利賽人反對暴力，恪遵律法。他們聲稱，如果他們生活在他們祖先的時代，他們不會殺死先知。[41]

然後，他們合作殺死耶穌。

當今活著的人回顧那些活在納粹德國、蘇聯、一九五〇年代的美國或基督所在時代的人時，發誓他們永遠不會參與那種意識形態、種族主義或煽動性活動，而他們的這種思維和法利賽人的思維一樣危險。替罪羊機制之所以成為可能，正是因為我們認為我們不會這樣做。我們不夠謙遜，因此看不見自己陷入模仿過程。

索忍尼辛（Aleksandr Solzhenitsyn）在古拉格（蘇聯勞改營）度過八年，目睹他的國家陷入混亂和邪惡，他後來反思時寫道：「要是一切都這麼簡單就好了！要是有惡人陰險地在暗中作惡，只要將他們與我們其他人分開，並消滅他們就好了。但是，善惡的分界線貫穿每個人的內心。又有誰願意毀掉自己心裡的一部分？」[42]

矛盾的符號

如前所述，霍爾澤在時代廣場的一塊廣告牌上懇求道：「保護我自外於我想要的東西。」它引起人們的注意，因為它是一種矛盾的符號。透過與周圍環境的鮮明對比，霍爾澤的藝術引起

公眾對其訊息的關注。人們被吸引並更誠實地自我檢視。這個訊息並不會引起競爭、責備和暴力，而是導向自我反省，甚至可能是轉變。消費文化不一定有最後的主導力量。

同樣地，在人類歷史的中心，耶穌的受難與周圍的一切（如羅馬帝國的政治、對罪犯的暴力處決以及流行的敘事）形成鮮明對比。它促使我們誠實地審視自己在暴力循環的推進中所扮演的角色。這個世界上每天都會出現的新替罪羊也是如此──如果我們可以看得到的話。

美國作家娥蘇拉‧勒瑰恩（Ursula K. Le Guin）在一九七三年寫了一部短篇小說，名為《離開奧梅拉斯的人》（*The Ones Who Walk Away from Omelas*）。故事發生在一個虛構的、烏托邦式的「幸福」城市奧梅拉斯。我們不知道它在哪裡，甚至不知道故事的時代背景。我們只知道，所有市民都找到一種構建社會的方法，將所有人的幸福最大化。

除了一個人，就這樣。

故事描述到市民的一個夏季節日，並揭開一個黑暗的祕密：整個城市的全部運作，以及它所有的幸福，都是因為有一個被關押在城底下的孩子，他被驅逐、誘捕、孤立並永久受苦。

當奧梅拉斯的市民都大到可以了解他們城市的真相時，他們感到震驚和厭惡。然而，隨著時間的推移，為了這座城市的

幸福，大多數人開始接受這樣的不公義。

　　但是，有些人離開了。故事的結尾描述到這幾個人的去向：「他們去的地方，對我們大多數人來說是一個比幸福之城更加難以想像的地方。我根本無法形容。它可能根本不存在。但是那些離開奧梅拉斯的人，似乎知道他們要去哪裡。」[43]

　　全鎮都知道城底下孩子的事，但是只有一些人離開。其他的人接受妥協。多數人是如此。

　　「每個人都必須問自己與替罪羊是什麼關係，」吉拉爾寫道，「我不知道我自己的情況，我相信我的讀者也是如此。我們只有理直氣壯的敵意。然而，整個宇宙都充滿了替罪羊。」[44]

第二部

欲望的轉化

　　我們現在可以走進這個世界，找到所有的替罪羊，指出每一次競爭，甚至可以嘲笑那些依舊深陷於模仿欲望的唐吉訶德式困境的人。不過要小心。替罪羊機制會轉向運作；我們在別人身上看到的愈多，我們在自己身上看到的就愈少。

　　當然，我們可以「利用」模仿欲望，就像我們可以利用別人的信任、心靈或身體一樣。它可以幫助我們辨識下一個臉書，或者成為更高明的把妹達人，或者在動盪的股市中賺大錢。

　　但這是浮士德式的交易。它將使我們陷入競爭，使我們無法努力尋找和追求那些最終讓我們得到滿足的欲望。

　　作家華萊士曾經沉思，當我們的生活愈來愈被網路包圍，腥羶色的品味愈來愈精巧（像是虛擬實境），生活在這樣一個世界，「我們必須在我們的內心開發一些真正的機制，來幫助我們處理這個問題。」[1]

　　那些機制可能會幫助我們以較好的方式回應我們在二十四小時循環播放的新聞裡看到的圖像、兩極化的政治環境，以及其他模仿催化劑，如移除所有限制障礙的無障礙技術。

　　我們必須在我們內心發展出一些幫助我們抵抗危險模仿的機制。這需要有點「反模仿」，我們將在第二部探討。

　　這是什麼意思？這並不是說我們應該（或可以）擺脫模仿欲望。反模仿不像塔雷伯所說的「反脆弱」——它不僅僅是模仿的相反。反模仿就是有能力和自由可以抵抗欲望的破壞力。

模仿是促進劑；反模仿則是抑制劑。對於喜歡順流而下的文化
而言，反模仿行為或反模仿者是一種矛盾的標誌。

　　本書的後半部是關於內在的培養，關於發展出抵抗社會膝
反射的能力，與震耳欲聾的群眾有別，捨棄簡單欲望的誘惑，
想要不同的事物，而且想要更多。

第5章

反模仿
餵養人，而非系統

「女士，你在害怕什麼？」他問。

「牢籠，」她回答。「待在鐵欄的後面，直到習慣了、老了、接受了，而所有做大事的機會已經不復想起或想望。」

——托爾金（J. R. R. Tolkien）

「生活中總有一些關鍵時刻，我們會問自己一些問題，像是『我們過去做了些什麼、我們今天在哪、我們明天想要什麼？』之類的問題，」塞巴斯蒂安・布拉斯（Sébastien Bras）說。布拉斯是一位名廚，他的旗艦餐廳Le Suquet儘管位處偏遠地帶，仍舊吸引眾多賓客。

他的辦公司窗戶有一百八十度的視野可以看著他的廚房。廚房裡，員工們正忙碌地為當晚的晚餐服務做準備。但我幾乎沒有注意到他們。布拉斯正在發號施令，他從容不迫地說著話。在回答我的幾個問題時，他會先說他對這個主題有幾點觀點——他以列表的方式思考，就像是食譜一樣。

他說，他想告訴我他職涯中的三個關鍵時刻：第一，他的

父親米歇爾・布拉斯（Michel Bras）於一九九二年在法國南部的奧布拉克高原（Aubrac）開餐廳；第二，米歇爾在一九九年首次獲得米其林三顆星；第三，二〇〇九年他第一次坐在他現在坐的椅子上的那一天，而那個位子就在他父親之前桌子的後方，標記著這間餐廳的代代傳承。

但現在，出現了第四個重要時刻。二〇一七年六月，塞巴斯蒂安告訴米其林指南這家擁有一百二十年歷史、連續十九年授予Le Suquet最高榮譽三顆星的神聖機構，他不再對他們的星級或意見感興趣。他要求他們把他的餐廳從指南中刪除。

一個人怎麼會不再想要他們一生都想要的東西？

移動的球門柱

作家詹姆斯・克利爾（James Clear）在《原子習慣》（*Atomic Habits*）一書中寫道：「我們不會達到目標的水準，而是會降低到系統的水準。」[1]從欲望的角度來看，我們的目標是我們系統的產物。我們無法想要那些超出我們欲望系統的東西。

執著於目標設定是一種誤導，甚至會產生反效果。設定目標並不是件壞事。然而，一旦強調的重點成為如何設定目標，而不是如何選擇目標時，目標很容易變成自我鞭笞的工具。

大多數人在選擇目標時，都不是自己全權負責。人們追求的是欲望系統所提供的目標。目標通常是由榜樣為我們選擇。

這也意味著象徵目標方向的球門柱總是在移動。

以下是設定目標時的流行觀念：不要讓目標模糊、浮誇或瑣碎；確保它們符合「SMART」原則〔五個字母分別代表「specific」（明確）、「measurable」（可測量）、「assignable」（可指派）、「relevant」（攸關）和「time-based」（以時間為基礎）〕[2]；符合「FAST」原則〔四個字母分別代表「frequent」（頻繁）、「ambitious」（有企圖心）、「specific」（明確）和「transparent」（透明）〕[3]；具備良好的OKRs（Objectives and Key Results；即目標和關鍵成果）[4]；書面化；把目標告訴別人，藉此建立當責。目標設定這件事已經變得非常複雜。如果有人想要將把所有最新策略都考慮在內，還能設定出任何目標，那還真是令人驚訝。[5]

　　不要誤會我的意思：這些策略其中的某些部分可能會有所幫助。如果我想減肥，設定明確、可測量、可指派、攸關和以時間為基礎的目標會有幫助。但是，減肥這個目標對我來說是不是好目標，一開始並不是那麼立即明顯可見。我為什麼想減肥？倘若我的體重其實很理想，而我想減肥單純是為了看起來更像我在Instagram上看到的某個人怎麼辦？

人們設定目標，然後制定計畫，以達到一個所謂「進步」的未來點。但這是進步嗎？我們怎能如此肯定？布拉斯設定目標，

維持餐廳的米其林三顆星等級,並保持警覺地追求這個目標。然後有一天,他意識到這個追求正在謀殺他。有些目標即使是好目標,也會讓人感到厭煩。

你是否注意到,目標具有一種無懈可擊而不容置疑的地位?你想跑超級馬拉松嗎?人們會讚許你的決心。你想投入競選?大家都會支持你。想賣掉自己的房子,並搬進廂型車的後面?酷,精簡主義正在流行。沒有人會質疑你的目標。

但值得一問的是,一開始時,你的目標從何而來。每個目標都嵌在一個系統中。

而模仿欲望便是我們可見目標後面的那個不成文而且未被承認的系統。[6]我們愈是將這個系統攤在陽光下,我們選擇和追求錯誤目標的可能性就愈小。

模仿系統

美國的教育系統、創投產業、學術界「不發表就完蛋」的考驗以及社群媒體,都是模仿系統的例子:模仿欲望支撐著它們。

在美國的中學,大多數學生將精力集中在申請大學所需具備的條件上,例如平均成績、標準化考試成績和課外活動。儘管許多大學生覺得花那麼多錢上大學、最後被債務壓垮並不值得,但許多高中的辦學目標仍是百分之百的「大學錄取率」。

學生們已經看不到教育系統的最終目的。[7]你五年級時,

你清楚地知道你的目標是升到六年級 —— 就這樣一直到十二年級時，你過去的四年都在按照縝密設定的路線，為進入所謂的「大學」做準備（甚至你可能有一位大學顧問，他會根據你的資料建議你應該申請哪些學校）。

到了大學，目標變得更加模糊。你的目標是找到一份好工作嗎？進入研究所？成為一個能夠批判性思考的全方位發展的人？做個好公民？當我還是個大學生，剛進入史登商學院（Stern School of Business）時，我什麼不知道。那我做了什

麼？我環顧四周，看看其他人在做什麼——其他人似乎想要什麼。他們有一個明確的欲望對象：華爾街。因此，我以它為努力的目標，也得到我認為我想要的東西。就在那時，我展開十五個月由進階版Excel和PowerPoint交織而成的悲慘職涯。

傳統的創投基金在模仿系統中運作。他們需要非凡的投資報酬來證明他們承擔的風險是合理的。許多創投只投資有潛力在五到七年內實現十倍報酬的公司。由於他們的投資時間表使然，創投偏愛可以迅速擴大規模的科技公司，而不是那些在二十或三十年內可能穩定但緩步成長的食品服務公司。他們找的是泡麵，而不是義大利燉飯。

創投對快速賺取報酬的需求，增加科技新創公司對創業家的吸引力。一個模仿系統因此成形。新創公司不僅受到經濟誘因與財務報酬的驅動（這無疑是其中的因素），還有得到合適創投資助所帶來的聲望及認可。他們以投資支票的形式授予米其林星星。創投想要的則是投資到吸引人的公司、眾所矚目的執行長所帶來的利益。

社群媒體平台因模仿而蓬勃發展。推特透過顯示每則貼文被轉發的次數來鼓勵和衡量模仿。當人們與模仿榜樣（即競爭對手）互動的次數愈頻繁，他們愈有可能使用臉書，以追蹤並評論對手的貼文。

社群媒體平台上的模仿力愈大，人們便愈想使用它。如果社群媒體公司為模仿行為建立更多的阻力或煞車機制，會降低

用戶使用率，最終則是降低收入；因此，他們有強烈的經濟誘因來加速模仿行為。倘若有兩個人在社群媒體平台上起爭執，並將其他人捲入紛爭，不難看出誰是贏家，那就是平台。

欲望系統無處不在，無論是正面的還是負面的。監獄、修道院、家庭、學校及朋友團體，都是以欲望系統運作。當一個強大的模仿系統形成，它會一直存在，直到它被更強大的系統破壞。[8]

很少有人體驗過法國高級料理的模仿系統，但它可以做為借鏡。讓我們看看主廚塞巴斯蒂安・布拉斯如何進入這個系統，又是如何退出。

被觀看與被分級

布拉斯的餐廳 Le Suquet 總是備受關注和好評，它位於法國拉吉奧勒（Laguiole）郊區風景如畫的山坡上，與它距離最近的三個主要城市〔克萊蒙費朗（Clermont-Ferrand）、圖盧茲（Toulouse）和蒙彼利埃（Montpellier）〕，大約都需要兩個半小時的車程。儘管如此，這家餐廳在午餐或晚餐時間，總是座無虛席——這是巴黎一些米其林三星級餐廳也無法做到的事。

拉吉奧勒小鎮位處奧布拉克地區，這是一個橫跨法國中南部五百多平方英里的花崗岩高原。該地區擁有法國多樣性最豐富的植物和野生動物。同樣令人讚嘆的還有小鎮的手工刀具、

在山間漫步的健壯且高貴的奧布拉克乳牛，以及以這些乳牛產
出的牛奶所製成的乳酪。

　　我從拉吉奧勒中部的飯店開車，逐步爬坡往上開，開到郊
外一條安靜的道路上。在車道的末端有一個路牌，上面寫著
「布拉斯」。細長的字母印在白色磨砂玻璃的路牌上，這個玻
璃路牌正插在滿是野花、野草、茴香和許多你我可能稱之為雜
草的地面上，而這所有的一切，都成為菜單的特色。

　　塞巴斯蒂安的父親米歇爾在該地區最高的高原之一上建造
這家餐廳。在陡峭車道的前端，Le Suquet浮現在我的眼前。
這間餐廳就坐落在山坡上，建築是有著不對稱稜角的現代結
構。它的四面都是落地窗，看起來就像一艘精心設計的宇宙飛
船的觀景台，乘載著前來尋找鵝肝醬和馬鈴薯泥的異世界探險
家。

　　一九八〇年，早在高原上這座較為新穎的建築物建造之
前，老布拉斯就向世界介紹他的招牌菜gargouillou：這道菜包
含五十到八十種從奧布拉克新鮮採摘的蔬菜、香草及可食用花
卉，各自分別準備好後一起擺盤，佐以肉湯烹製的醃火腿。今
天，以極度本地化的食材為重點是一種潮流。因此，餐廳為來
訪的食客準備野草做為晚餐。[9]

　　米歇爾是創新者，但他的創意卻只在米其林指南的星級系
統範圍內發揮。而他的兒子塞巴斯蒂安卻想走到系統的界線之
外。很少有人這樣做過。

大多數法國主廚開一家新餐廳時，會戰戰兢兢地等待一位他們可能認識、也可能不認識的米其林密探走進餐廳的大門。

不知道是哪一天、不知道是他們從廚房送到餐廳的數百盤菜餚裡的哪一盤會出現在米其林密探的面前。用餐結束後，密探可能會出示證件，要求查看廚房。或者他們可能會不具名地默默離開。

密探的判決會帶來改變一生的結果。擁有一顆米其林星星可以造就一位主廚的職涯發展，並有助於維持餐廳長期的財務狀況。而摘掉一顆米其林星星可能會攪動死亡的漩渦。

米其林密探有點像奧森・斯科特・卡德（Orson Scott Card）的短篇小說〈無伴奏奏鳴曲〉（Unaccompanied Sonata）中名為「守望者」（Watchers）的神祕人物。有個生活在反烏托邦專制社會中的小男孩，被公認為音樂神童。他必須遵守嚴格的規則以發展他的才能。一旦他違反規則，一群名叫守望者的匿名男子便會無預警地出現，揮舞著鋒利的刀子，要切斷他的手指。要麼按照他們的遊戲規則走，不然就失去遊戲的資格。[10]

二〇〇三年，米其林的守望者突襲法國三星級主廚貝爾納・魯瓦索（Bernard Loiseau）的餐廳。他們告訴他，他們擔心他的餐廳欠缺創造力和藝術方向，並暗示他可能會失去一顆星。〔而法國的另一個美食評鑑高特・米勞（Gault Millau）在那不久前才將魯瓦索的餐廳La Cote d'Or的評分從19/20降至17/20。〕這一次，當魯瓦索在廚房忙完一整天的工作之後，

他自殺了。

回到一九九四年，三十二歲的英國主廚馬可·皮耶·懷特（Marco Pierre White）是有史以來獲得三顆星最年輕的廚師。一九九九年，摘星後不過五年，他便選擇退休。「我太尊崇米其林密探，也因此貶低了自己，」他解釋道。「我有三個選擇：我可以成為我的世界的囚犯，繼續每週六天的工作，我也可以活在謊言之中，並收取高價，而非待在爐子後面，或者我可以退回我的星星，花時間陪伴我的孩子，並再一次創造自己。」[11]他是歷史上第一個關門離開的三星級主廚。

巴黎主廚亞蘭·桑德杭（Alain Senderens）厭倦了努力維繫三星級的聲譽，直接關閉他擁有米其林三星的餐廳，並翻新餐廳，讓米其林暫時離開。「我覺得很開心，」他在二〇〇五年這樣告訴《紐約時報》。「我不想再繼續餵養我的自尊心。我太老了。我可以在排除所有的排場與做作的狀況下做出美味的料理，然後把錢全花在盤中的菜餚裡。」

我們每個人都有自己的米其林星級系統。就像法國主廚一樣，我們可以很容易地發現那個想要「星星」的自己。「星星」代表著地位和聲望的標誌或榮譽的徽章。指名在我們自己操作的系統裡運作的模仿力量，便是朝著做出更多刻意選擇所邁出的重要第一步。

策略8

畫出你的欲望系統地圖

每個產業、每間學校、每個家庭都有特定的欲望系統，它使某些事物或多或少地令人嚮往。你要了解自己身處在哪個欲望系統。大概不止一個。

身兼企業家與創投業者的馬克・安德森（Marc Andreessen）於二〇二〇年四月在公司網站上發表一篇題為〈是時候建設了〉（It's Time to Build）的文章，他想知道從生產的角度來看，為何如此多西方國家對二〇二〇年新冠肺炎的爆發毫無準備。那時候，呼吸器、檢測試劑盒、棉花棒，就連醫院的病人服都嚴重短缺。甚至在疫情擴散之前，這種自滿和萎靡似乎已經延伸到許多其他領域，如教育、製造、交通。為什麼美國人不再建造未來的東西？他問。[12]

問題不在於資本或能力，甚至不在於不知道現在所需為何。「問題在於欲望，」安德森這樣寫道。「我們需要『想要』這些東西。」但他承認，有一些力量阻止我們想要建構我們所需要的東西，包括規定的限制、產業的既有業者及僵持的政治。「問題在於慣性，」他繼續說道。「我們對於這些東西想要的程度必須大於想要

阻止這些東西的程度。」

　　缺乏適性而且殘缺的欲望系統，使我們走向阻力最小的路徑（例如，利用人們對於其他YouTube影片的反應而獲利的YouTube影片），以及欠缺意願來建造人類生存與發展所需的基本工具。

　　如果你理解那個左右你周遭人們所做選擇的欲望系統，你就更有可能嘗試從不同的方向看到突然出現的可能性。讓不可見的東西變得可見。為你的欲望世界畫出界線，你將獲得超越它的能力 ── 至少，你會擁有超越的可能性。

米其林：欲望的飛輪或枷鎖？

米其林指南是一種媒介，一種欲望的傳遞者，成千上萬的廚師從中尋求認可。自從一九○○年第一本米其林指南出版，米其林兄弟開始轉動欲望的飛輪。

　　米其林運用的是模仿行銷。如果這間公司可以將自己定位為人們應該去哪些餐廳的欲望榜樣，那麼米其林將從一家銷售輪胎的公司轉變為一家銷售欲望的公司。他們將由康柏電腦變身為蘋果電腦。

在世紀交替時，路上的車子很少。米其林的計畫是根據人
們的未來欲望（駕駛汽車）而來。或許，米其林指南的創造者
了解欲望的反身性，知道他們可以扮演重要推手，催生他們所
押注的欲望。

到了一九二〇年，這本指南已成為全國發行量最大的出版
刊物之一。而今天，它是備受推崇的印刷刊物之一。

無疑地，米其林指南為數百萬人提供價值，他們用它
來尋找難忘的用餐體驗或只是一頓美味的佳餚。一九五五
年至一九九九年擔任執行長的法朗斯瓦·米其林（François
Michelin）是將人本精神融入商業經營的領導者典範。但是這
本指南卻變成米其林裡沒有人想像得到的東西（當然不是在早
期想像得到）：一個限制和扼殺欲望的系統。[13]

「你被困在一個可怕的系統中，」塞巴斯蒂安說。「如果
你不尊重指南的官方或非官方規範和做法，你就有被降級的風
險。這對於餐廳的聲譽、廚師的士氣和整個團隊來說都很可
怕。降級就是失敗。」

為了逃離，塞巴斯蒂安回到原點。

最少人走的那條路

真相都有歷史。如果不了解我們欲望的歷史，我們就無法了解
自己。

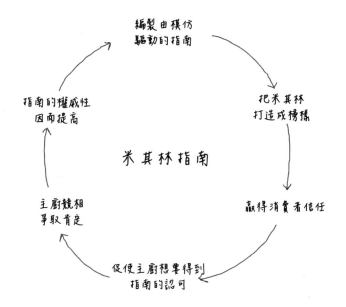

當我們坐在塞巴斯蒂安的辦公室交談時,他主動提起自己的故事。「在我小時候,我的房間就在我父母餐廳廚房的正上方。無論是我醒來後、睡覺時,或是整個下午的時間,我都被廚房的聲音給包圍:餐廳裡的服務、從市場運送過來的農產品、工作時間的壓力時刻,還有廚師們在晚上離開時的笑聲。」他對廚房的美好回憶正是這樣形成的。

「我還花很多時間和父母一起在奧布拉克徒步旅行,」他說。「到了選擇職業的時候,我心想,『做一名廚師就表示我可以留在這裡,繼續享受樂趣。』我想到的就是我不想離開我

的遊樂場。」

　　布拉斯故意測試他的欲望。他念中學，就讀一般的教育學程。「我通過經濟學領域的中學畢業考試，以確認我想要的工作是成為一名主廚。我想確定我這樣做不是只為了走好走的路。」

　　他得到了自己需要的確認——在中學時期，成為一名主廚的欲望一直存在，而且不斷增長。當他接受了自己的角色之後，這個欲望還會一次又一次地遇到考驗，但是他可以保持信心，因為他知道自己已經事先檢驗過。

　　塞巴斯蒂安致力於經營他的家族餐廳。他熱愛烹飪，而且他知道自己要做什麼。「我當時的目標是幫助我的父親獲得並保住米其林三顆星，」他說。

　　塞巴斯蒂安加入父親的餐廳時，Le Suquet還只有兩顆米其林星。獲得第三顆星至關重要。只有世界一流的餐廳能得到米其林授予第三顆星——根據米其林指南，這些地方值得「進行一次特別的旅程」。

　　由於Le Suquet地處偏遠，與大多數餐廳相比，這間餐廳更依賴這份榮譽。該指南的星級讓布拉斯家族能夠建立事業基礎，並讓餐廳的名聲遠播。

　　Le Suquet在一九九九年獲得第三顆星。接下來的十年裡，這間餐廳的聲望和讚譽不斷增長。但就在塞巴斯蒂安於二〇〇九年正式從父親手中接下這家餐廳後不久，他和妻子發現，米其林系統不再是追求卓越的獎勵，而是壓力和規範的來源。

策略9

測試欲望

不要從表面看欲望。找出欲望帶領你前往的地方。

接受相互競爭的欲望，並將它們投射到未來。假設有兩份工作等你選擇：A公司和B公司。如果你有兩天時間做出最終決定，請運用你的想像力，分別與這兩間公司在你的想像裡各花一天時間相處。在第一天，盡可能詳細地想像你在A公司工作的情形，而與該職位相關的欲望如何得到滿足——也許是住在一個新城市，與聰明的人互動，與你的家人距離更近。密切觀察你的情緒以及你的內心所發生的事情。第二天，這一整天的時間，除了想像自己人在B公司以外，你都做跟前一天同樣的事情。然後，做個比較。

測試欲望（尤其是重大的人生選擇，比如是否嫁給某人，或者是否辭掉工作並創辦一家公司）的最終方法，也是做相同的練習，但是你要想像自己是在臨終前做這件事。哪個選擇會讓你更安心？哪個選擇會讓你更焦慮？二〇〇五年，賈伯斯在史丹佛大學的畢業典禮演講中說道：「死亡很可能是生命最好的發明。它是改變生活的動力。它送走上一代，也為新一代鋪路。」在臨

終的床榻前，未為滿足的欲望曝露無遺。現在就將自己
送到那裡，而不是等到以後，到時可能為時已晚。

　　許多精英主廚在進入三星級餐廳的萬神殿後，都感到自己
創作的野心受到局限。為了保住星星，一切都變得次要。他們
變得更加不願意承擔風險。米其林密探有一定的期許。為什麼
要冒險做一些密探可能不喜歡的事？

　　主廚們知道某些特定的品項是菜單必備項目：當地採購的
食物、精緻的乳酪餐車、多樣的甜點、豐富的酒單。密探也期
待看到世界級的侍酒師和訓練有素的侍者和工作人員（這些都
有代價）。

　　而餐點只是開始。不是位處大城市的餐廳如果沒有客房，
很難獲得米其林的頂級星級。廚師也必須是旅館經營者才能競
爭。羅萊夏朵（Relais & Châteaux）精品酒店集團旗下的布拉
斯莊園（Maison Bras），在與餐廳相連的建築內設有十一間客
房與兩間豪華大套房。

　　當我們在他的辦公室談話時，我們終於聊到了重點，我問
布拉斯，為什麼他會做出歸還星星的決定。他告訴我，米其林
想要把自己定位為「法官和陪審團」。

　　「六或七年前，」布拉斯說，「他們坐在我的辦公室裡向

我解釋他們新的行銷策略。他們要我購買各種商業服務和工具。」表面上，每家餐廳都可以免費使用或不使用米其林的新工具，但是布拉斯不喜歡這樣。「米其林有能力評斷或破壞任何人的聲譽，同時賣給他們行銷工具。我對此無法接受。」

他在玩一場沒有盡頭的遊戲，而且他已經筋疲力盡。「最終你必須停下來。你最後會落得不再是為自己或你的客戶工作，而是跟著指南裡所謂的期許走。」

他開始問：「我選擇這個職業是為了讓我公司的聲譽取決於另一個機構嗎？我們還想再承擔另一個十五年的壓力嗎？」

塑造新心態

二〇一七年的父親節，當布拉斯在奧布拉克騎登山車時，他意識到，相較於米其林指南中的地位，他想要更多。他想要創作新的菜餚，想與其他人分享他所在地區獨特的地方風味，而米其林密探的想法並不重要。

布拉斯告訴我，他已經很長一段時間無法完全自由嘗試新的烹飪實驗。從他有記憶以來，能夠運用創意以食物表達他對奧布拉克的愛一直是他長久以來的重要願望。他已經忘記這對他來說意味著什麼。而現在，他想重新點燃這個欲望。

當他騎完單車回來時，他已經下定決心。雖然他沒有和其他主廚聊過退出米其林指南的事情，也沒有和妻子以外的

任何人討論過這件事，但他知道是時候繼續前進了。布拉斯
打電話給該指南的國際總監葛文達爾·普勒內克（Gwendal
Poullennec），要求他們將 Le Suquet 從指南裡撤下。

在米其林指南一百二十年的歷史中，布拉斯的決定史無前
例。主廚們曾試圖以歇業、搬遷或徹底改變他們的理念來退出
該系統。但是布拉斯並沒有改變他餐廳裡的任何事情。一樣的
菜單，一樣的價位。他只是不想要米其林回來。

對方的回應很有禮貌但很模糊。布拉斯沒有收到任何關於他的
請求是否會得到回應的跡象。

二〇一七年九月，布拉斯在臉書上公開發布一段要求移除
米其林星星的影片。「今天，四十六歲的我，想為我的生活賦
予新的意義……並重新定義什麼是必不可少的事物，」他在
影片中這樣說著，影片的背景是拉吉奧勒起伏的地景，而他則
穿著他的白色廚師服。[14]

「我沒有給他們選擇，」布拉斯告訴我。他想利用社群媒
體的力量來動員對他有利的大眾情緒。他的做法奏效了。一週
之內，這支影片的瀏覽次數就超過一百萬。

一連幾個月，布拉斯都沒有收到米其林的任何消息。不
過，不難想像他們內心的疑問。要是更多主廚選擇退出怎麼
辦？這對品牌的長期價值意味著什麼？如果布拉斯開了一個先
例呢？甚至，如果他成為一個榜樣呢？

　　二〇一八年二月，新版指南出刊，布拉斯發現Le Suquet
不在其中。他自由了。

　　「那一年的狀況如何？」我問。

　　「完美。」

　　那一年，布拉斯有更多時間陪伴妻子和兩個孩子。他肩膀上的
負擔減輕了。他可以自由地創作和玩耍。他已經在「更多」對
他的意義上劃出一條界線。

　　布拉斯之所以能夠比較容易做出決定，是否因為他已獲得
三顆星？大概是吧。當然不會有人奚落他是酸葡萄心理。

　　「酸葡萄」一詞來自伊索寓言中的一則故事。一隻狐狸看
到一串漂亮的成熟葡萄高高掛在樹枝上。葡萄看起來非常飽滿
多汁。狐狸看著看著，開始流口水。他試著跳起來抓葡萄，但
沒成功。他一次又一次地嘗試，但總是搆不到葡萄。最後，他
坐下來，下了一個結論：這葡萄一定是酸的，不值得努力。他
鄙視地走開。狐狸在他的腦海中編造出一個故事，透過說葡萄
「酸」來減輕失去的痛苦。

　　如果你不經思考便接受這個概念，那麼你可能會認為一個
還沒有致富的人就不能正當地鄙視富人，或者一個沒有被任何
一所常春藤盟校錄取的人就不能蔑視常春藤盟校，又或者一位
主廚在摘下米其林星星之前不能拒絕米其林三顆星的欲望，不
然就是自欺、怨恨與軟弱。

　　千萬別相信這樣的謊言，認為一個人必須完全接受並玩過模仿遊戲、而且贏得勝利，才能問心無愧地選擇退出。

　　如果你受邀參加真人實境秀節目《鑽石求千金》（*The Bachelor*），但你覺得這個節目是愚蠢的表演遊戲，因此拒絕節目通告，這是否意味著你是酸葡萄心理？是不是只有在贏了之後才能批評這個節目？當然不是。「試過才知道」是一個幼稚可笑的論點。

　　吉拉爾理解，怨恨真實存在──它主要發生在內部傳遞的世界（新鮮人島），也就是我們處於一個無法與它保有社會或批判距離的欲望系統時。[15]但只有最糟糕的憤世嫉俗者才會相信每一次的放棄都必然與怨恨有關。

　　倘若布拉斯只拿過兩顆星，而且第一次申請三顆星時只以些微的差距與三顆星失之交臂，那他會不會更難放棄星星？答案幾乎是肯定的。這是我們每一個曾經身處模仿系統的人（就是每個人）都會面臨的挑戰。

　　身為成年人，我們可以自由選擇我們歸屬的一些欲望系統，並改變我們與他人關係的本質。我們愈早在這個過程中行使我們的力量，就愈容易完成。

　　伊索寓言故事裡有個細節很少被提到：故事裡只有一隻狐狸。模仿在牠身上沒有發生作用。要是有另一隻狐狸也對著葡萄垂涎三尺，牠不會這麼輕易地說葡萄「酸」。如果有一群狐狸都想要那串葡萄，說葡萄酸這件事幾乎不可能會發生。但是

只有牠自己時，狐狸就變成浪漫的騙子。

如果這本書你已經讀到這裡，你就不再有成為浪漫騙子的機會。

我們可以假裝一件好事是壞事，甚至可能假裝一件壞事是好事——但是跟狐狸相比，這對我們來說要困難得多，因為我們必須與其他發出價值訊號的人抗衡，無論是好是壞。

塞巴斯蒂安・布拉斯嘗過葡萄，而葡萄是酸的。你還需要嘗過才能相信嗎？

布拉斯之所以能夠抽離，是因為他改變自己與遊戲的關係。

「我們生活在一個總是被要求更多的社會，」布拉斯對我說，「要更強大，要爬得更高，要拿到更大的數字，愈來愈大，愈來愈高。但我認為，人們內心深處的欲望是與真正的生活價值觀重新連結。那個我們很容易忘記的價值觀。」對於布拉斯來說，這些價值觀是以他的家庭、他想要創造並分享奧布拉克地區的食物但不必擔心遭受教訓的欲望為中心。

如果塞巴斯蒂安可以成為獲得三顆星的欲望榜樣，那麼或許他也可以成為放棄三顆星的榜樣。「我認為我的決定揭開那些主廚內心深處的欲望，他們會想，『哇，有人敢對系統說不？也許我也可以。或許現在我也可以過自己的生活。』

自從他在臉書上宣布自己的決定後，將近一個星期的時間裡，他的電話從早上七點一直響到晚上十點。布拉斯發現，人

們回應他的決定的方式通常可以分為兩種。「我與許多三星級主廚交談過，他們完全理解我為什麼要這樣做，」他說。「但是有些只擁有一或兩顆星的主廚，他們唯一的目標是再摘下一顆星。他們無法理解我的決定。」

二〇一九年二月，也就是在得知他的首勝後的整整一年，塞巴斯蒂安接到一通電話。「那是一個週日晚上，大約八點，也就是二〇一九年指南發行的前一天，」他告訴我。在電話另一頭的是普勒內克。「他告訴我，我的餐廳將重新列入二〇一九年的指南——並獲得兩顆星。」[16]

　　「那你的反應是什麼？」我問他。

　　「我笑了，」他回答。「我笑很久。」

第6章

擾動的同理心
突破淺薄欲望

薇薇安：聽我說！你對我開了非常好的條件。幾個月前的話，沒問題。但現在一切都不同了，你改變了這一點。而且，你也沒辦法再改回來。我想要更多。

艾德華：我知道什麼是想要更多。

——《麻雀變鳳凰》（*Pretty Woman*）

真正唯一的發現之旅……並不是造訪陌生的土地，而是擁有其他雙眼睛，藉由另一雙眼睛看宇宙，用另外一百雙眼睛觀看他們所看到的一百種宇宙，以及那一百雙眼睛所歸屬的宇宙。

——普魯斯特（Marcel Proust）

戴夫·羅米洛（假名）有一張名片，上面寫著「客戶關係專家」。某個星期五早上，當他在拉斯維加斯市中心附近的辦公室找不到我之後，出現在我家。戴夫出身自他們所謂的

「老」維加斯，那是在有假火山的賭場和曼德勒灣娛樂中心（Michelob Ultra Arena）尚未出現之前的拉斯維加斯，那時它還是個破舊狂野的西部城鎮。

我公司有一千多家合作的供應商。我與其中一百個有私人關係。回到我第一次創辦公司時，我與所有銷售代表進行長時間且愉快的交談。但隨著我們的成長，我的時間轉移到其他事情上。現在大多數供應商對我來說就像黑盒子——他們送出產品，我們在網站上銷售產品，三十天後付款。

直到有一天我付不出錢來。

那是二〇〇八年年底，就在我與Zappos的交易失敗之後。我還沒想出下一步該怎麼進行，但是我已經用盡我的信用貸款額度來維持公司的營運。與Zappos交易的失敗讓我擺脫借來的欲望，我鬆了一口氣，不過只是短暫的，因為我現在正面臨著管理一家搖搖欲墜的公司這個不愉快的現實。

為了給自己爭取一些時間，我列出我會先付款的供應商。列在優先付款名單的公司都是嚴格要求準時付款的公司，也就是如果我不準時付款時最可能追殺我的公司；而那些據我所知由比較寬鬆的人負責收款的公司則排在後面。但是，還有一個大問題。這份名單裡列出的公司，全部都與我有私人關係。黑盒子公司不在名單裡，因為我對他們一無所知，所以我沒有任何依據可以評估它們。

F製藥（假名）就是這樣一家被歸為黑盒子的公司，而羅

米洛便是在那間公司擔任顧客關係工作。如果我聽過傳言說該公司創辦人與犯罪集團有關係，我便不會將它從優先付款名單中排除。據說他們參與槍枝非法交易，而我的一個競爭對手在惹到他們之後就神祕消失。

　　當羅米洛第一次出現在我的生活，我便在業界四處打聽，因而知道這些事。但到那時，這一切已經太晚了。

羅米洛留著一根細細的馬尾，臉色蠟黃。他細長的眼睛及深深的魚尾紋給人一種他能讀懂你的靈魂的感覺。他走路充滿驕傲的自信。我想像他曾在西貢的酒吧裡，單槍匹馬、乾淨俐落地用一個啤酒瓶打斷五名越共擁護者的手指，因此他每天早上醒來都會看著鏡子裡的自己想著，我是戴夫他媽的羅米洛。

　　早上七點鐘，當我正準備帶我的狗出門散步時，他出現在我家的前門。當我聽到門鈴時，我以為又是摩門教傳教士。但他們不會早上七點過來。我後來發現，門外是戴夫・羅米洛。

　　我之前曾與戴夫互動過三次。第一次是在一通令人不悅的電話中，那時他告訴我，我的應付帳款過期了；我當時感覺被冒犯，激動地為我過往優秀的付款紀錄辯護。第二次是他突然來到我的辦公室，當面告訴我他不是個有耐心的人。他把一對骰子扔到我的桌上後就走人。第三次則是在週日足球比賽期間，他出現在當地一間酒吧（不知他是怎麼知道我在那兒），而他告訴我，他「說到做到」，邊說還邊用拳頭捶打他的手

掌，就像正在把肉槌軟；後來保安人員請戴夫出去。他離開時用拇指和食指比出手槍的樣子，並對準我。

這是戴夫第四次來找我，我不知道這意味著什麼。

這次他好像不一樣了。他一開始先閒聊了一下。他問我過得怎麼樣。他聊了一下天氣。故事都是這樣發展的嗎？這是不是《黑道家族》（*The Sopranos*）裡一個人要痛毆別人之前的友好問候？他的友善讓我感到懷疑。

我緊張地回答，語無倫次。我站在前門，盡可能地多占住一些空間，以防止在我身後的狗溜出來。戴夫站得太近了，似乎想進到我家裡。

他靠得更近，壓低了聲音。「你能不能，嗯，在星期一早上之前快點處理這個帳單，這樣我就不用……再來一趟？」他輕聲、冷靜、彬彬有禮地講著，同時扭著左手上一枚俗氣的戒指。

我沒辦法這麼快付錢給他。

我還沒來得及回應，他繼續說：「還有，哦，嘿，我聽說你明天晚上要在這裡舉行一場盛大的公司烤肉會。」

這是真的。每個月我都會在家裡舉辦派對，輪流邀請公司同仁來家裡聚聚。不過，我這一次邀請了所有人。我擔心如果事情沒有好轉，這可能是我們最後一次聚會。

但是戴夫‧羅米洛是怎麼知道的呢？

「我……等等，但是……你是怎麼……」

「你不介意我來參加吧？」他問。

這似乎不是問句。我感到愈來愈困惑及緊張。我只想讓戴夫離開我家門廊。「不，我的意思是，是的，當然，大家七點開始出現，你可以過來看看。」話從我嘴裡說出來。我從來不曾拒絕別人參加我的派對的請求——當然不會當面拒絕。我不知道怎麼拒絕。

而現在，我邀請了一個打手來我家。

戴夫帶著一瓶四玫瑰單桶波本威士忌出現，並堅持我喝的時候不能放超過一顆冰塊。派對很受歡迎。當酒被喝光、烤架上的最後一絲餘燼也已熄滅，誰也不想回家。包括羅米洛。

戴夫和我們幾個人圍坐在火爐旁。我已經汗流浹背，濕透了兩件襯衫，並想著我可能需要在晚上結束時再換一次衣服。

他對於自己來這裡的真正原因一直含糊其辭。從前一天開始，我沒有告訴任何人我與他的互動。除了我之外，公司中只有少數人在工作崗位上與F藥廠往來過。大多數人都不知道他是誰。「我和柳康（本書作者）一起工作，」有人問他時，他就這樣說。就這樣。沒有人在談論商店，也沒有人關心。我常不時地邀請外人來烤肉，所以大家就以為戴夫只是我的另一個奇特的朋友。

當我們幾個人圍坐在火爐旁時，戴夫幾乎保持沉默，在講故事的休息時間，他開口了。「你做過最不健康的事情是什

麼？」他問。

我承認我在大學裡醉醺醺地吃掉一個夾在兩個糖霜甜甜圈裡的雙層起司堡。保羅說他在泰國生活時，有相當多沒有做好保護措施的性行為。潔西卡說她以前吸過笑氣彈。她的丈夫湯姆則說，當他們的第一個孩子即將出生時，他已經偷偷抵押他們的房屋，以便在股票市場上進行風險投資。

「我殺了一個人，」戴夫說。

我凝視著火，看著火焰舔舐著原木，想知道我是否沒聽錯。我感覺到戴夫的目光注視著我，其他人則是盯著他看。火正在熄滅。我扔進去一個剩下的棉花糖，看著它燃燒。

戴夫挪了一下他的位置，傾身向前。「如果不需要再為錢操心，你們夢想做些什麼呢？」

「我不知道，」我說。「但首先，我就可以不用再這麼擔心錢的事。」

接下來的一個小時，戴夫向圍在火爐旁的每個人提出愈來愈多私人問題，而這些問題的答案通常出現在喪禮悼詞裡，而不是非正式的工作聚會。你做過最有成就感的事情是什麼？你深愛過誰？當你想麻痺疼痛時，你會去哪裡？

戴夫毫無保留，其他人也是。戴夫告訴我們，他確信自己的生命已經走到最後十年，而他想用這最後十年兌現他對其他人做的承諾，比如帶他的侄子跳傘、每月探訪一次監獄裡的囚犯，以及擺脫他目前的工作。

　　午夜過後，大家開始離開。戴夫是最後離開的人之一。我和他握手，告訴他我會保持聯繫，這樣我們就可以處理所有的事情。他笑著把手放在我的肩膀上。「你沒事的，柳康，你知道嗎？」他拍了拍我的背，搖搖晃晃地走出前門去搭計程車。

　　那週晚些時候，我發現戴夫心臟病發作並去世。F藥廠的某個人告訴我，戴夫不是員工，而是合夥人，而且他曾說我們已經「和解」。我後來再也沒有聽到他們的任何消息。

那天晚上發生的事情，我現在認為那是一種「擾動的同理心」（disruptive empathy）。[1]當不受約束的模仿衝突循環（就像收債人和債務人之間，每個人都模仿對方的侵略行為）脫軌，出現一種出乎意料的同理心，某種超越當下的東西。

　　恐懼、焦慮和憤怒都很容易被模仿放大。同事給我發了一封看似草率或不尊重的電子郵件，我以同樣的方式回信；我的朋友在爭論中放大自己的音量，而我也跟著拉高自己的嗓門；被動攻擊就像野火一樣，蔓延到兩個人之外，並貫穿整個組織文化。

　　吉拉爾用一個看似微不足道的握手出錯的例子，來說明模仿是多麼根深柢固，以及它如何解釋我們通常認為單純只是「反應動作」的那些事情。握手可不是微不足道的小事。假設你向我伸出手，而我讓你的手懸在那裡，沒有模仿你的儀式手勢，這會發生什麼事？你變得不自在並收回你的手——你感

受到我對你的感受，甚至感受更為強烈。「我們認為沒有什麼比這種反應更正常、更自然，然而片刻的反思就會揭露其自相矛盾的特性，」吉拉爾寫道。「如果我拒絕和你握手，簡而言之，如果我拒絕模仿你，那麼，透過複製我的拒絕，透過模仿我，你現在成了模仿我的人。在這個狀況下通常用於取得合意的模仿，現在則用來確認和強化分歧。換句話說，模仿再次勝出。在這裡，我們可以看到，即使是最簡單的人際關係，相互模仿的建構也是多麼嚴格、多麼難解。」[2]

這就是負面模仿循環的開始。不過，我們並不是無法跳脫這個循環。

在本章中，我們要學習用一種方法來了解人們的核心，從而減少劣質模仿互動的可能性。這個方法包括分享和聆聽一種特殊的體驗：能帶來深度滿足感的行動的故事。了解這些故事並涉入其中可以產生同理心，並加深對人類行為的理解。

當兩個人通過同理心不再將對方視為敵對競爭對手時，負面的模仿循環就會被打斷。戴夫透過塑造一些不同的東西來改變我的思維方式和我對事情膝反射式的衝動。了解並被了解，這是每個人共同的核心願望，但往往無法實現。

我們可以模仿管理策略，也可以模仿同理心。前者是架構；後者是過程。我在這裡概述的過程與變得愈來愈關注人性有關，包括其他人的人性以及我們自己的人性，而這遠超出任何架構。

同情心的困境

「我很同情這個原因。」你以前可能聽過這些話。這些話很常
聽到，這可能是因為同情心比同理心更容易實踐。

「同情心」（sympathy）與「同理心」（empathy）有相同的
字根，都來自希臘文的「pathos」，大致的意思是「感覺」或
吸引情緒的東西（根據亞里士多德對這個詞彙的用法）。這
兩個詞的差別在於字首。同情心的字首（sym-）意指「在一
起」。同情心的意思是「感覺在一起」。我們的情緒與我們同
情的人的情緒融合在一起。我們從他們的角度來看事情。這暗
示了某種程度的共識。

同情心很容易被模仿綁架。你是否有過這樣的經驗？你是
某個小團體的一員，當你開始一個話題，便能迅速達成某種形
式的共識，可能是關於政治、商業決策或菜單上看起來不錯的
東西。你會發現自己在點頭、微笑，甚至可能大聲表示同意。
但是幾分鐘後，或者當你那天晚上回到家之後，你會想，等一
等……我真的同意嗎？

同理心的感覺不一樣。同理心的字首（em-）指的是「進
入」。它是一種進入另一個人的經歷或感受的能力，但不會失
去自制力，或失去掌控自我反應以及在我們自己的核心之外自
由行動的能力。

真正的同理心是一趟刻意的旅程，例如二〇一八年進入

泰國睡美人洞（Tham Luang Cave）以營救受困足球隊的潛水員。他們自願進入那個洞穴。當他們走向被困的孩子時，他們可以控制自己，而且非常了解周圍的環境以及他們自身的反應，以免迷路或死亡。

同理心是分享他人經驗的能力，但是不模仿他們（他們的言語、信仰、行為、感受），也不會認同他們以至於失去自己的個性和自制力。從這個意義上說，同理心是反模仿。

同理心可能意味著微笑著拿一瓶冷水給那些遞給你一張你永遠不會簽署的請願書的人——因為這是一個悶熱的日子，你知道這麼熱的天氣給人什麼感覺，你也知道對自己關心的議題充滿熱情是怎樣的感覺。這不牽涉到我們常常對與自己意見相左的人說的那些空洞、陳腔濫調或善意的謊言；相反地，它意味著找到一個人性的共同點，在不犧牲我們在此過程中的完整性的情況下，透過這個共同點建立連結。

同理心破壞了模仿的負面循環。一個有同理心的人可以進入另一個人的經驗並分享對方的想法和感受，而不必分享對方的欲望。有同理心的人有能力理解為什麼某人可能想要一些他們自己並不想要的東西。簡而言之，同理心使我們能夠與其他人建立深厚的連結，但不會變得像他們一樣。

回想一下，在模仿危機中，每個人都開始變得和其他人一樣。他們失去了自制力和自由。多產的作家兼特拉普派（Trappist）僧侶托馬斯・默頓（Thomas Merton）發現，當他

在哥倫比亞大學念書期間，這件事曾發生在他身上。晚年，他寫道：「真正的內在自我必須就像沉在海底的寶石一樣被抽出來，從混亂、模糊中解脫，從沉浸在平凡、不起眼、瑣碎、骯髒、轉瞬即逝中解救出來。」[3]

同理心使我們能夠與他人互動，而不會犧牲我們內在自我的那些寶石，也不會讓我們被水吞沒。它幫助我們找尋並培養深厚欲望（thick desire）──不是過度模仿的欲望，而是可以為美好生活奠定基礎的欲望。

深厚欲望

發現並發展深厚欲望可以抵禦廉價的模仿欲望，最終帶來更充實的生活。

深厚欲望就像在地表深處形成的鑽石，更接近地球的核心。深厚欲望不受我們生活中不斷變化的環境影響。另一方面，淺薄欲望（thin desire）則具有高度模仿性、傳染性，而且往往很膚淺。

我希望我可以說隨著年齡的增長，欲望必然會變得更加深厚，但情況並非總是如此。至少它不會在沒有刻意努力的情況下發生。我們都遇過老年人意識到自己的欲望很淺薄時，一切為時已晚，例如，期待退休幾十年的人卻發現退休生活讓他們不滿意。這是因為退休這個願望（順便一提，直到二戰後才被

廣泛採用）是一種淺薄欲望，充滿由模仿所驅動的念頭，關乎於一個人在理想狀態下可能做或不做的事情。另一方面，花更多時間陪伴家人的願望則是一種深厚欲望，證據就是一個人可以從今天開始實現它，並繼續實現它直到退休。它在多年歲月裡以複利的形式增長，透過時間而鞏固。

　　欲望的厚薄無法單憑感覺而輕易區分。當我們年輕的時候，欲望的感覺都非常強烈──想賺很多錢，和有特定的外表特徵的人約會，或者變得有名氣。欲望愈淺薄，感覺卻往往愈為強烈。隨著年齡增長，許多我們青春期強烈欲望的感覺逐漸消失。這並不是因為我們意識到自己想要的東西已經無法得到，而是因為我們擁有更多識別模式的能力，因此可以辨別那些無法讓我們感到滿足的欲望。因此，大多數人確實會隨著年齡增長而學會培養更深厚的欲望。

　　但深厚欲望與淺薄欲望之間的衝突始終存在。每個藝術家都體驗過。他們可能一生都渴望說真話，透過藝術創作表達重要的事物。然而，他們有一個與此互相競爭的欲望，那就是作品在市場上出售、被接受、被稱讚、獲得評論，並且一直站在每年、每月，甚至每天都會改變的潮流的頂端。後者是淺薄欲望，如果任其積累，會完全遮掩深厚欲望。有時我們需要一個特定的事件來擺脫我們那些淺薄欲望。

尋找初心

我的公司在二〇〇八年出售給Zappos失敗時，我不得不問自己：我當初為什麼想創辦這家公司？我找出至少三個深厚欲望，而它們因為淺薄欲望而被遮蔽、掩蓋，終至拋棄。第一個：我剛起步時，根本不在乎是否有人知道我的名字，我只要創建一家在世界上創造價值的公司。那麼，我是如何開始關心聲望的呢？我渴望贏得一些獎賞，或是獲得一定數量追隨者的認同——幾年前，這些欲望對我來說基本上是陌生的。但是自從我的朋友渴望得到認可，我也開始想要它。我開始想要擠進「最佳工作場所」排行榜，贏得其他表面的讚譽。

「聲望」一詞來自拉丁語 praestigium，意思是「幻覺」或「魔術師的戲法」。〔二〇〇六年的電影《頂尖對決》（*The Prestige*）描述兩個魔術師之間的模仿競爭，這個電影的標題下得很好。〕人們尋求職業上的聲望（希望贏得人們的尊重或是讓人們欽佩他們的才能），卻沒有意識到追求聲望只是在追逐海市蜃樓。

在我創辦第一家公司的幾年內，我花在左顧右盼的時間比向前看的時間要多。我一直在找尋衡量成功的方法，發現遍地皆是。咖啡店裡拿著高階筆電的孩子。擁有更具聲望的創投支持的創辦人。那些看起來沒有那麼努力的企業家，他們的成功似乎就那麼理所當然。我暗地裡心生怨恨。

這種感受的老派說法就是「嫉妒」。「我認為我們如此高調談性的原因是我們不敢談到嫉妒，」吉拉爾說。[4]嫉妒是毀滅性模仿欲望的引擎，幾乎沒有什麼可以阻止它，因為它都是祕密地運作。聲望是相對性的衡量，衡量我們認為他人擁有我們所欠缺的事物，所以它是嫉妒的溫床。

創業有許多公認的職業風險，從心理健康的風險到倦怠，再到藥物濫用以及財務不穩定。在大眾論壇上缺席的話題，沒有什麼比嫉妒更明顯。

第二，我從想要開創自己的生活方式（這是創業最大的好處之一），變成去追求其他創業家顯現的形態。

一開始，當我辭去金融業的工作去創辦一家公司時，我想要一種界限清晰且平衡的生活方式。我想每晚閱讀一個小時，和我的狗一起散步久一點，花更多時間和我的朋友在一起，並談一場戀愛。但身為新創公司的執行長，我發現自己每週工作八十個小時，無視所有的界限和平衡。這是怎麼了？

矽谷以及整個新創世界的生活方式，整體來說，很大程度上都有模仿在作用。並不是每個人都搬到門羅公園（Menlo Park）並決定同時身穿LOGO帽T、腳踩Vans鞋。也不是每個人都決定同時開始使用小寫字母發送陳腔濫調、欠缺想像力且乏味的電子郵件，同時裝忙與自大。（這裡有個反模仿的方式：當你收到類似上述的電子郵件時，回覆一些尊重、體貼及美好的東西。）

　　就我而言，我感染到Zappos的文化狂熱。謝家華談到Zappos文化時就好像是一種貨物崇拜（cargo cult）──你只要依循相同的祕訣，就可以建構一個成功的文化。[5]而財務上的成功也會隨之而來。沒過多久，我公司的辦公室開始看起來更像Zappos辦公室──牆上掛著奇怪的東西，公司會舉辦古怪的慶祝活動，在訪客休息室裡有個圖書館，收藏經典商業書籍。我幾乎每晚都參加歡樂時光。倘若我選擇不這麼做，我會感覺自己跟不上，感覺自己會被認為是個沒有「團隊文化契合度」的人。

　　第三，我從渴望經典智慧轉向消費迷因、推文和科技新聞──這讓我在不知不覺中走向模仿的想法。我對部落客蓋瑞・范納洽（Gary Vaynerchuk）對於幸福的看法知道的比對亞里士多德知道的還多。我生活和工作的生態系統的同質性似乎愈來愈高。我或許有勇氣站在這個理念體系之外，但是我能跨出這一步嗎？我對系統之外的東西一無所知。

　　當我認真思考那些主導我世界的理念時，我發現它們很膚淺。我在人生早年曾經想要探索經得起時間考驗的理念，那份欲望現在究竟怎麼了？

我不得不改變一些東西。我在火爐旁與羅米洛的談話，尤其是我從他的聲音中聽到的遺憾讓我確信，我所擁有的欲望大部分都淺薄又脆弱。他們隨時都有可能像風中塵土般被吹走。它們

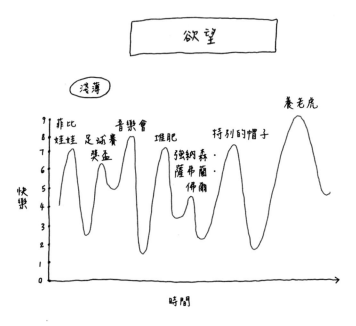

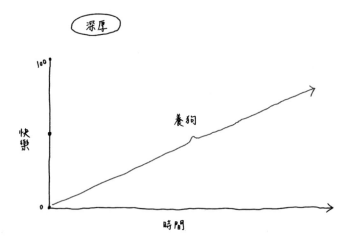

不是建立生活的可靠基礎。

在得知戴夫去世的消息後不久，我開始減少公司的經營範圍。不一定是因為戴夫，而是因為這似乎是我必須做的事情，這樣才能完成我在這段期間所經歷的逐步轉變。

我意識到，我最深切的欲望之一便是探索生活中的重大問題──從更深的層面了解人性，從我自己開始。[6]

相比之下，我更想做這件事，而不是每週工作花九十小時讓我的倉庫營運更有效率、找到節省現金的方法，最終拯救一家我不再想要帶領的公司。

我決定向我的創業世界告假，休息三個月，這樣我就可以重新定位自己（主要是重新定位我的欲望），然後再決定下一步該做什麼。就這樣，我展開我沒那麼被模仿主導的人生的頭三個月。

滿足感故事

假設我已經說服你，是時候將淺薄欲望放在一旁並專注於更反模仿、根深柢固而穩固的欲望。這時，困難的工作才剛剛開始。淺薄欲望沒有那麼容易消退，而深厚欲望也無法憑空自行產出。它們需要時間發展，可能是數月，甚至數年。

最好的起點是你可能已經擁有的深厚欲望。它們並不總是容易辨別。深厚欲望隱藏在主宰我們大部分時間的那些短暫

且衝動的欲望之下。美國作家和教育家帕克‧帕爾默（Parker Palmer）寫道：「在我可以告訴我的生命我想用它來做些什麼之前，我必須先聽聽我的生命告訴我，我是誰。」[7]

　　我將在這裡概述的是人類學、哲學、實用、甚至精神層面的方法。我喜歡猶太導師喬納生‧薩克斯（Jonathan Sacks）對靈性的定義，他寫道，靈性就是「當我們向比自己更偉大的事物敞開心扉時所發生的事情。」他繼續說：「有些人在自然之美、藝術之美或音樂之美中找到它。有些人在祈禱、執行成人禮或學習神聖文本中找到它。而有些人則在幫助他人、友誼或愛中發現它。」[8]它可以被描述為一種與自我、與他人以及與宇宙的聯繫感。

　　正如我們目前所見，欲望是社會性的。欲望是連結性的。所以我的希望是即使你不認為自己是靈性的，這些方法也會有所幫助，因為它們是根據一個關於身為人類所代表的意義的基本真理，那就是我們不完全屬於自己，而是存在於由欲望所連結的關係網絡。

　　關於尋找深厚欲望，我推薦的一種方式（也是我要在這裡介紹的重點方法）包括花時間傾聽同事（夥伴、朋友或者同學）生活中最深刻的滿足體驗，並與他們分享你的經驗。我們愈了解其他人有意義的滿足感故事，就愈能有效地了解彼此該如何合作：是什麼感動和激勵了他人，是什麼讓他們從工作中得到滿足感。

　　這看似簡單，卻沒有人可以做到。問問你自己：和你一起工作的人裡，有多少人可以講出一個你最有意義的成就，並解釋它為什麼對你如此有意義？

　　這個課題的一個關鍵目標是辨識核心的動機驅力。動機驅力是一種特定且持久的行為能量，它為你的生命設定方位，並達到明確的結果模式。例如，施加控制、喚起認可或克服障礙可能就是從根本上激勵你的動機。因為我們大多數人從未認真考慮過我們動機的本質，所以我們缺乏能精確描述核心動機驅力的語言。而這個練習能給我們這種能力。

　　核心動機驅力持久、不可抗拒、也永不滿足。它們或許可以解釋你從小到大的行為。你可以將它們視為你的動機能量——這就是你始終傾向某些特定類別的計畫（團隊或個人、以目標為導向或以構思過程為導向）和活動（體育、藝術、劇場、健身形式）而不是其他類別的原因。

　　你的動機有模式可循。如果你能確切指出它們具體為何，就能朝著理解你的深厚欲望邁出重要的一步。揭露這些模式的最好方法便是分享故事。

我使用的講故事過程涉及分享你在生活中採取行動、最終獲得深刻滿足感的故事。今天，我在任何的工作面試中，這是我首先會提出的問題之一，因為它有助於突破淺薄事物，直接觸及人的本質。「告訴我，在你生命中的哪個時刻，你把哪件事做

得很好，而且從中得到滿足感，」我會這麼問道。

我已經看到這個簡單的問題改變個人和整個社區之間的互動。當兩個善於傾聽的人分享故事時，這種體驗會把講故事的人和聽故事的人都帶到一個由欲望引導而至的超凡滿足時刻。這就是為什麼分享這些故事是一種快樂的體驗。

我所說的「滿足感故事」（Fulfillment Story）具有以下三個基本要素：

1. **它是一個行動**。你採取一些具體的行動，而你是主角，並不是被動地接受體驗。在史東波尼（Stone Pony）音樂廳所舉行的史普林斯汀（Springsteen）演唱會對你來說可能是改變生命的體驗，但這不是一個滿足感故事。對史普林斯汀而言，這或許是；但對你來說並不是。從另一個角度看，倘若你致力於學習有關藝術家及其作品的一切，那麼這就可能是一個具有滿足感的故事。

2. **你相信自己可以做得很好**。你做得非常出色，做得很好——這是根據你自己的評估，跟其他人無關。你正在尋找對你而言重要的成就。如果你前幾天晚上烤了一份你自認為是完美的肋眼牛排，那麼你就是將某事做得很好，並且達到某些成就。不用擔心在別人眼裡這些成就是大或小。

3. **它為你帶來滿足感**。你的行動為你帶來深刻的滿足感，甚至可能是喜悅。不是像安多酚激增那種短暫、暫時的滿足感。所謂的滿足感，是當你在第二天早上醒來對此感到滿足。你

現在仍舊感到滿足。只要想到它，就會再次感受到某種滿足感。

　　這樣的深刻意義和滿足的時刻很重要。它們顯示關於你是誰的一些重要訊息。

　　「行為跟隨存在」，亞里士多德在二十三個世紀前寫道。他的意思是，一個事物只能按照它的本質行事。我們可以根據某事物的行為來了解該事物的本質。但就人類而言，我們還需要洞察行為的內部性質：這個人採取行動的動機是什麼？當時的情況如何？該行為如何在情感層面影響他們？

　　想像一下，三位藝術家肩並肩站在錫安國家公園（Zion National Park）的高原上，畫著相同的日落。一位想為比賽磨練自己的繪畫技巧；另一位想在結婚週年紀念日把完成的畫作送給她的丈夫，因為這座公園是他們第一次約會的地方；最後一位想在她的記憶中保留風景的純粹之美。從外表看起來，藝術家們似乎在做相同的事情。但從內心的層面看，每位藝術家所做的事情都非常不一樣。

　　對於貓狗，我們大多可以從觀察外在動作了解牠們的需求。但是人類不同：要理解一個人為什麼要做他所做的事情，以及這對他而言有何意義，就必須先了解他的內心世界。滿足感故事透過從內到外的視角來了解行動的核心。滿足感故事問的是：「為什麼這個行動對你而言意義重大？」

　　這個問與答開啟一個正向的模仿循環。你講述一個你的滿

足感故事。我懷著同理心傾聽你告訴我的事情，並把我在你的故事中聽到、看到和感受到的反映給你。然後，你也對我做一樣的事。同理心模仿同理心，心與心的對話。

大約十年前，我第一次被要求分享其中一個故事，當時我有一位專門研究敘事心理學的朋友帶領我完成這個過程。每次我講一個滿足感故事時，另一個故事總會浮出腦海。隨著我潛入我的過往，我發現我很久沒有想到的故事。不僅如此，當時我甚至不覺得它們是關於滿足感行動的故事。

我在小聯盟擔任投手的無安打比賽。

讓我的第一家公司起步。

每日寫作，連續三十天。

有些讓我感到驚訝：

用我祖母的食譜做手工波蘭餃子當晚餐。

我五年級時在科學課發明一台柳橙剝皮機。

自學 PHP 和 MySQL，解決我初創公司網站的問題。

其中有些事情，當時我周圍的人可能都不會覺得是什麼成就。但是對我來說，它們是給我高度滿足感的成就。當我在描述它們時，一種深厚欲望模式開始出現。

動機模式

我所描述的方法可以由任何人在任何地方實踐,只需善意和同理心。

話雖如此,與我合作多年的一個組織已經將常見的動機模式編成一套評估系統,商標名稱為「動機編碼」(Motivation Code,簡稱MCODE),這套評估系統可以辨識並定義出二十七個不同的主題。[9]這套評估系統會詢問人們一系列關於他們的每個滿足感故事的問題,然後根據人們認為他們的成就能帶來最深度滿足的面向找尋模式。

每個人都擁有多種核心動機驅力。關鍵是了解它們如何一起運作,以及在某些情況下某些動機驅力所發揮的作用如何大於其他的動機驅力。

以下列舉MCODE所定義出二十七個動機主題中的三個,並附上說明它們如何發揮作用的範例。如果你對於其他主題有興趣,請參閱附錄C。MCODE定義的每個主題名稱都以粗體表示。

> **探索(EXPLORE)**:有**探索**動機的人想要超越他們現有的知識和經驗限制,並發現對他們來說未知或神祕的東西。

　　我的朋友「本恩」（這個名字和其他朋友的名字都是假名）喜歡到新的國家當沙發客，並了解他到訪之處的語言和食物。他曾經對土耳其市場裡各式各樣的香料非常著迷，花了幾個小時品嚐以了解它們，並用通訊軟體傳訊息給我，進行一連串的評論。一旦香料對他而言不再神祕，他就開始探索其他事物，像是精調雞尾酒、十七世紀的法國文學、加密貨幣等。

　　本恩的興趣範圍以及探索事情的速度看似淺薄。但是有些人就是有強烈的動機去**探索**，這沒關係。事實上，每一個核心的動機驅力本質上都是好的。這是我們天生的本質。

　　然而，每一個核心動機驅力都有其陰暗面。因為本恩現在知道，他被激發了**探索**的基本動機，所以他很清楚，他會被其他新的事物誘惑而分心，或直接中斷對現有事物的研究。現在他有意將他的動機能量引導到有益且具創造價值的事物上。他現在正在寫一本關於他旅遊的書。〔如果一定要我猜，廣受歡迎的旅遊作家里克・史蒂夫（Rick Steves）也是被激發了**探索**的基本動機。〕

　　重要的是，請注意，本恩的激勵動機不在於**精通**任何特定事物。當本恩和我一起在義大利旅行時，我們都學會了足夠應付生活的義大利文。然而，我們共同的朋友「亞歷克斯」則是一心想要精通這個語言。當我們講著義大利文並用新學到的字自娛時，亞歷克斯把自己關在房間裡，手裡拿著一本義大利文版本的皮諾丘（Pinocchio）故事書，直到他了解如何使用句子

中每個單字，他才會感到滿足。那是因為亞歷克斯被激發的基本動機是要**精通**一件事情。

> **精通（MASTER）**：一個有動機想**精通**事物的人，他想要的便是完整地掌控一項技能、主題、程序、技術或過程。

亞歷克斯與我和我的朋友本恩不同。當義大利的在地人對我們說：「你義大利文說得很好！」他並不滿足於這些過度讚揚。直到他能夠閱讀古典義大利文學，並在羅馬鮮花廣場裡的農夫市集能講出他所需要的東西時，他才會感到高興。

亞歷克斯繼續攻讀物理學博士學位。當我向他介紹來自埃利科特市的搖滾音樂歌手「蝸牛郵件」（Snail Mail）的音樂時，他認真地研究她的音樂，直到他知道歌詞的每一個字，並且可以用他的吉他演奏她的歌曲。他的興趣很少，但他會深入研究他感興趣的事情。獨立搖滾便是其中之一。

亞歷克斯從來沒有動力以任何形式向他人展現他所擅長的事。他沒有社群媒體帳號。他的吉他即使彈到出神入化的地步，他也沒有組樂隊的欲望。對他來說，精通一件事情本身就是給自己的獎賞。

另一個朋友「勞倫」的核心動機驅力與本恩或亞歷克斯都非常不同。她喜歡書寫非小說類的文學作品，因為她的基本動

機是**理解與表達**。

> **理解和表達（COMPREHEND AND EXPRESS）：**
> 具有這種核心驅力的人想要理解、定義並以某種方式
> 傳達他們的見解。

倘若少了表達新知的管道，勞倫會感覺受阻而失去動力。如果她讀了一本書，她便想在自己的部落格上寫下她對這本書的評論。如果找不到表達的方式，她會覺得這份新知識已經流失，或至少無法得到完全的發展。她的理解透過表達而清晰。

這對她來說不僅僅是在思想領域，在經驗方面也是如此。當她嘗試新料理時，單單外食並無法滿足她。她會嘗試製作壽司或海鮮飯。這不僅是一種學習風格，也是一種核心動機驅力──稱之為核心是因為它絕對適用於她生活的每一個面向。它也在她的婚姻中出現（她試圖透過認真傾聽每個人的意見來理解家裡的狀態，並寫信給家人，表達她理解他們的天賦）；在她處理工作危機時也以可看到（她是主持辯論的專家，能引出並傳達關鍵見解）；甚至連在健身方面都可以看到（對她來說，只練瑜伽是不夠的；她必須成為瑜伽師）。

深入了解你的核心動機驅力將使你了解為什麼有些活動總是深深吸引你，而另一些活動你總是興趣缺缺且想盡辦法逃離。更

重要的是，它們會幫助你了解如何能讓你有最深的動機去愛。

滿足感故事是一個窗口，讓我們了解對人們最有意義的事情。在分享滿足感故事時，人們描述他們感覺最為投入的行動（在大多數情況下他們自己最為投入的行動）。

如果我們要求人們向我們講述純粹帶給他們快樂的行為，我們會得到各種各樣的故事。然而，一旦談到真正的滿足感時，我們通常會聽到人們談到他們的最佳狀態。

我聽人們談自己的滿足感故事已經超過十年，至今累積數千則故事。看這些故事，幾乎每個人都會認為它們本質上是良善的行為：為他人服務、為團隊的成功做出貢獻、對抗不公、為公益而努力。自私的快樂可能會在片刻甚至一天內讓人感到滿足，但它們並不是那種多年後任何人都會記得的東西。

策略10

分享深刻滿足感的行動故事

大多數人很少（如果有的話）被要求講述他們深刻的感足感故事。我們必須刻意在自己和他人身上挖掘這些故事。講述、聆聽和記錄這些故事的課題，能打開同理心的新視窗，並發現深厚欲望。

　　分享滿足感故事就像是為你自己、你的同事和你的整個組織勾勒一個關於欲望如何產生並成形的傳記素描。了解其他人如何被激勵會帶來更大的連結感，更可能透過將人們動機能量最大化以組織團隊──因為團隊中的每個成員都有著與生俱來的動機，來完成他們被賦予的工作。

循環二是一種正面的欲望循環。當某個人以不同的方式建立關係時，這個循環就會開啟，而這是一種非敵對競爭的方式，欲望的模仿是為了分享豐富的共同利益。

　　卓越的領導者會開啟並維持正向的欲望循環。他們同情他人的弱點；他們想在組織的各個層面了解其他人，同時也被他人了解；他們專注於培養深厚欲望。他們超越破壞性的模仿循環，打開一個充滿可能性的新世界，而它超越我們立即想要的世界。

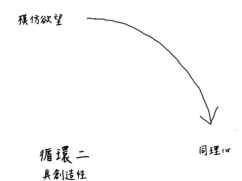

模仿欲望

同理心

循環二
具創造性

第7章

超凡領導力
卓越領導者如何激勵和塑造欲望

如果你想打造一艘船，不要大張旗鼓地要人去蒐集木材，也別分派工作及發號施令。相反地，要讓人嚮往廣闊無垠的大海。

—— 安托萬‧聖艾修伯里（Antoine de Saint-Exupéry）

艱困的日子即將到來，我們想要傾聽一些作家的看法，他們可以看到我們現在生活以外的其他可能……或是其他存在的方法，甚至能想像抱持希望的真實理由。我們需要能夠記住自由的作家、詩人或有遠見的人，呈現更多現況的現實主義者。

—— 娥蘇拉‧勒瑰恩（Ursula K. Le Guin）

惠特尼‧沃爾夫‧赫德（Whitney Wolfe Herd）是市值數十億美元的約會帝國創辦人兼執行長。這家公司的線上約會應用程式Bumble在異性戀配對中改變遊戲規則，它禁止男性先採取行動。溝通要從女方開始，如果有開始的話。

二〇一九年年底，赫德表示，她最重要的計畫是打入印度

的約會市場，在二○一八年湯森路透基金會（Thomson Reuters Foundation）的一項全球調查中，印度名列世界上對女性最危險的國家。那裡發生性暴力的頻率非常高。「印度表現出對女性的全然漠視與不尊重，」印度西部卡納塔克邦（Karnataka）官員曼茱納特・甘格特哈拉（Manjunath Gangadhara）說。赫德並沒有被嚇倒。她告訴CNN，「僅僅因為某些事物不像世界上的其他地方那樣先進，並不意味著那裡沒有渴望。」[1]

挖掘未開發的欲望是卓越領導者的典型特徵。童妮・摩里森（Toni Morrison）從不甘於只書寫白人讀者想閱讀的東西。她從市場上不存在的書籍類型開始書寫。「我認為，以最為脆弱、最少被描寫、沒有被嚴肅看待的黑人小女孩為主題的那種書籍，在文學中從未真正存在過。除了做為道具，沒有人寫過關於她們的文章，」她在二○一四年接受《NEA藝術雜誌》（*NEA Arts Magazine*）採訪時這樣說道。「我會寫下第一本書是因為我想讀它。」

正如你現在知道的，欲望不會神奇地自動出現。它們是在人類互動的動態世界中產生和塑造。必須有人提供一個榜樣。

本章要討論領導力：這只有在考量欲望的條件下才能完全地被理解。領導人會刻意幫助人們想要更多，或是想要更少，或是想要與過往不同。沒有其他的選項。每間公司都是如此。一家企業並非只是「滿足」人們對希望擁有的產品和服務的需

求。相反地，它在挑起和形塑欲望上扮演著重要的角色。

　　當然，欲望可以用自私與利己的方式形塑。在過去的二十年裡，沒有哪個產業比色情產業對人們所想要的東西產生更大的不利影響。線上色情產業已經產生數十億美元的獲利。如果它沒有塑造你的欲望，很可能正在塑造你孩子的欲望。而且，正如我們所知，我們的欲望會交纏在一起。這對我們的文化有什麼影響？對於人們如何看待其他人又有什麼影響？他們想從一段人際關係中得到些什麼？許多企業滿足人們當前和最基本的欲望，並在他們沒有改變的情況下坐享既得利益。

　　然而，有威脅的地方，就是機會的所在。事物的樣貌並沒有完全反映欲望。欲望就其本質而言是超然的。我們總是在追求更多東西。問題是，我們能幫助人們朝實現他們最大的欲望接近嗎？或者只是不知不覺的兜售可悲的欲望？

　　在本章中，我們會探討為什麼模仿欲望是領導力的關鍵要素。懦弱、心胸狹窄的領導者會受到內在欲望（immanent desire）的驅使，這是種自我指涉、互相循環，而且起源於內部系統的欲望，因為所有榜樣都是內部的欲望傳遞者。它會導致競爭和衝突，最好的情況也不會有結果。胸懷大志、氣宇宣揚的領導者則會受到超凡欲望（transcendent desire）的驅使，這是種導向外界、超越現有榜樣的欲望，因為所有榜樣都是外部的欲望傳遞者。這些領導者會擴展每個人的欲望宇宙，並幫助他們在其中探索。

讓我們仔細看看內在欲望和超凡欲望之間的區別，接著再來看內在領導力和超凡領導力之間的差異。

內在欲望

我十一歲的時候，在嘉年華活動中最喜歡玩的設施就是地心吸力車。你進入一個看似飛碟的裝置。進去之後，你靠在牆上一塊有軟墊的板子上，然後你被固定在這塊板子上。

一位設備的操作員坐在中間，周圍的轉盤並沒有跟他連在一起，他摸著油膩的長髮，等著下次休息時間吸根菸。他按下按鈕，開始這一輪的遊戲，圓盤開始圍繞著他旋轉。然後遊戲就開始了：金屬製品樂團（Metallica）的音樂響起、燈光轉暗、旋轉得更快。轉盤的速度加快，直到機器以每分鐘二十四轉的速度轉動，比重力大三倍的離心力將你釘在牆上。你躺的板子開始朝著天花板上升。

在整個遊戲停止之前，你不能移動。你幾乎無法轉頭去看朋友那張傻乎乎的臉，你只能撐著。

許多人發現自己後半輩子的生命就處在這種悲慘境地。人們很容易陷入欲望的重力場，這是一個欲望系統，在那裡，每個人都在旋轉，被釘在牆上，無法逃脫，以相同的模式，想要同樣的東西。

當塞巴斯蒂安‧布拉斯主廚仍在米其林賽局裡工作時，他

便身處其中的一個系統之中。許多公司也像是地心吸力車，他們的中心是領導人，領導人就像地心吸力車的操作員一樣，讓一切都圍繞著他們轉。並非每家公司都有明顯的階層制度，但幾乎每家公司都有一個神聖的中心，讓一切都圍繞著它運轉。

這些是內在欲望的系統，在其中並沒有處於系統之外的榜樣，所有榜樣都在系統內。〔我們也可以將它稱為系統型欲望（systemic desire），即系統內部的欲望。〕[2]這種動態的縮影可以在情景喜劇《辦公室風雲》（*The Office*）中看到，這是名為Dunder Mifflin的一間虛構造紙分公司裡的生活。公司的區域經理麥克・史考特（Michael Scott）完全被困在一個內在的框架裡，因此，他幾乎無法想像為什麼整個產業會變化得如此快速，以及如何變化。這個節目很有趣，絕大部分是因為每個角色的世界都取決於他們所承受的風險，風險有多小，角色的世界就有多小。

內在的欲望就像一個「會自舔的冰淇淋甜筒」（self-licking ice cream cone），這是由NASA艾姆斯研究中心（Ames Reserach Center）的主任皮特・沃登（Pete Worden）創造的詞，用來指涉NASA的官僚體系。這句話已經用來泛指主要目的為自我維持的任何系統。[3]有趣的是，一個以探索宇宙為目標的組織，會在探索自身內部組織時陷入困境。沒有超凡的領導，這就會便成常態。

超凡欲望

有一種類型不同的領導力，其特點是超凡欲望。超凡領導者在所處的系統之外有著欲望榜樣。歷史上最偉大的作家和藝術家都是由這種欲望驅動，這就是為什麼他們的作品是永恆的。他們並不局限於他們那個時代的主流欲望。

當甘迺迪總統（President Kennedy）告訴美國人民，「我們選擇登陸月球」，他塑造一種欲望，超越人們以前敢於接受的限度。「我們選擇在這十年登陸月球並做其他事情，」他說，「不是因為它們很容易，而是因為它們很困難，因為這個目標將有助於組織並衡量我們最好的能量和技能。」⁴我們最大的欲望會讓其他的欲望成形，並進行排序，我們會在本章的後半部聊到這部分。

金恩博士（Martin Luther King Jr.）尋求的具體正義，超出當時大多數人的想像。大多數美國人只知道種族隔離，安於現狀。他透過形塑一種真正改革的欲望，超越左派和右派、自由主義和保守主義、世俗和宗教，將人們從沉睡中喚醒。

但正如我們在金恩博士被槍殺後幾年所看到讓人心痛的情況，欲望是善變的，惰性則是強大的。在種族平等正義的領域，還有在生活的其他方面，倘若沒有更多像金恩這種超凡的領袖，我們就會慢慢進入一個欠缺想像力的封閉式欲望系統。

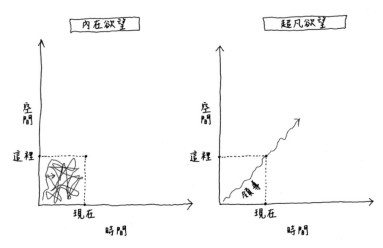

超凡的領袖會把經濟視為一個開放系統。有可能找到全新和未曾使用過的方法，為自己和其他人創造價值，而且這些方法不必然是不同的東西。另一方面，當經濟被視為內在系統時，就是一場零和賽局（zero-sum game）。人們為同樣的事情而競爭，而且一個人的成功只能建構在另一個人的犧牲上。

　　身為超凡領導者的醫生，不僅會把工作視為關心人的身體健康，還會超越身體，看到整個人的身心靈。醫學博士亞伯拉罕‧納斯邦（Abraham M. Nussbaum）在《使命感的最佳傳統》（The Finest Traditions of My Calling）中寫道：「但我們能做的事情，就是把自己想像成不只是控制身體的技術人員，有時，

我們可以像園丁、教師、僕人或見證人般面對我們所遇到的病人。」[5]

超凡領導力並不局限於現實的直接層面，而是要超越現實，找尋更有意義的東西。將自己的生活和工作視為內在欲望和超凡欲望鬥爭的競技場，這是第一步。選擇超越提供你獎勵和舒適的系統，則是困難但必要的第二步。

根據我的經驗，超凡領導者至少做到以下五項技巧。

技巧1：轉移重心

超凡的領導者不會堅持自己的欲望至上。他們不會讓自己成為每個人和每件事情都必須圍繞的中心，而是將重心從自己轉移到一個超凡的目標上，這樣他們就可以全力支持其他人。

瑪麗亞・蒙特梭利（Maria Montessori）憑著對欲望本質的敏銳洞察力，建立自己的教育方法，並為孩子們量身打造教學內容。一九〇六年，蒙特梭利還是年輕教師的時候，她肩負著一項艱鉅的任務：她要負責教導六十名幼兒，其中大多數年齡在三至六歲之間，這些孩子來自羅馬的聖勞倫佐（San Lorenzo）社區，與低收入父母一起住在一棟綜合型的住商公寓大樓裡。這是這個城市最貧窮的區域之一。

由於父母必須工作，而且年齡較大的孩子不上學，年幼的孩子白天獨自到處搞破壞，在大廳和樓梯上跑來跑去，在牆上

胡亂塗鴉，騷亂隨處可見。蒙特梭利在回憶錄中寫道，當她第一次見到他們時，他們「臉上掛著眼淚、害怕和害羞，但又貪婪、暴力、有占有欲，還有破壞力」。[6]因此房屋管理局打電話來請她幫忙。

在那幾個星期，她的進展很緩慢。一些簡單的行為，像是在提供給她的房間裡擺放小桌椅，對創造秩序而言大有幫助。儘管如此，仍然沒有很大的突破。一天早上，她有了一個新想法。她注意到孩子們努力忍住不要流鼻涕和打噴嚏。她想到了一個教學計畫：教孩子使用手帕的方法。這是一個簡單、實用的人類行為。

首先，她從口袋裡掏出一條手帕，向孩子們介紹不同的使用方法：如何折疊手帕、如何擦鼻子、如何擦額頭上的汗水、如何擦掉嘴角上的麵包屑等等。

他們全神貫注地看著。雖然孩子們只是在學習如何使用手帕，但這對他們而言，就好像他們在一九〇六年得到一部新的iPhone，並且第一次學習如何解開改變世界的力量，他們的興奮溢於言表。

然後，蒙特梭利試圖搞笑，告訴孩子們，她要教他們如何以最不會被人發現的方式擤鼻涕。她將手上的手帕折好，並遮住手中的手帕。孩子們靠近她，試圖找到手帕。她雙手摀住鼻子，閉上眼睛，來回扭動著手帕，輕柔地用鼻子吹氣，而且沒有發出任何聲音。

　　她以為誇張的動作和完全無聲的吹氣會逗孩子笑出聲音，但是沒有一個孩子笑出來，甚至連微笑都沒有。他們驚訝到下巴差點掉下來。他們看著身旁的朋友，確認自己看到的一切。「我都還沒表演完，」蒙特梭利在《童年的祕密》（*The Secret of Childhood*）寫道，「他們就開始鼓掌，就像劇院裡壓抑已久的熱烈掌聲一樣。」[7]

　　他們出人意料的反應背後代表著什麼？根據蒙特梭利的說法，這些孩子一生都因為流鼻涕而被責罵和嘲笑，但從來沒有人教他們使用手帕的方法。她說，這一堂課讓他們覺得「過去的屈辱得到彌補」。「他們的掌聲告訴我，我不僅僅是公正對待他們，還讓他們在社會上獲得了新地位。」

　　放學鈴聲響起時，孩子們列隊跟隨蒙特梭利走出學校。「謝謝！謝謝你的教導！」他們跟在她身後大喊著。當他們走到前門時，孩子們突然奔跑起來。他們抑制不住內心的興奮，跑回家向家人展現他們剛得到的新地位。

　　那天，蒙特梭利在孩子們身上發現其他人沒發現的事：他們想要長大，想要在世界上占有一席之地，想要有尊嚴地成長。她讓他們有了開始。

　　「K-12 教育的最後一項重大創新就是蒙特梭利發明的，」創投業者馬克・安德森（Marc Andreessen）寫道。[8]她的創新不僅僅是一套方法或課程；她從欲望的角度重新定義教育。她解放

孩子們的想像力，讓他們依據自己與生俱來的求知欲與好奇心來學習。她讓孩子們在內心形成深厚欲望，尤其是對於學習的深厚欲望，而且在欲望之火蔓延和增強之前，不澆熄這個欲望。（舉例來說，她沒有沿用定義嚴格、枯燥的教材上課，也沒有按照鐘聲規律上著一堂一堂課、進行一個又一個的活動。）

「幼兒教育的目標應該是培養孩子自己的學習欲望，」蒙特梭利在《蒙特梭利教學法》（*The Montessori Method*）中這樣寫道。而在其他地方，她也提到：「我們必須知道如何召喚潛伏在孩子靈魂中沉睡的那個人。」[9]

長大成人的欲望，而不是得到滿分、贏得少棒賽或因為表現良好而得到貼紙的欲望，是每個孩子最主要也最為重要的計

畫，是每個孩子最默默關心的事情。

　　好的老師喚醒沉睡的欲望，並引發新的欲望。蒙特梭利把老師的角色比喻為一位教導別人如何看待事情的偉大藝術家。「就好像當我們心不在焉地望著湖畔時，一位藝術家突然對我們說，『投射在懸崖的陰影裡的海岸形狀有多麼美麗。』在他的話中，原先只是在不知不覺中觀察到的景象，彷彿突然被一縷陽光照亮般，在我們的腦海中留下深刻的印象。」

　　蒙特梭利老師塑造對某個物品的欲望，然後再以欲望傳遞者的身分退出，這樣孩子就可以直接互動。她說，老師的職責是「發出照亮的那一道光芒，然後繼續走我們的路。」[10]

　　一個好的領導者永遠不會成為阻礙或對手。她對指導的人有同理心，並指出一條超越他們人際關係的美好道路，將重心從自己身上移開。

技巧2：傳遞真相

一個組織的健康程度，會與真相在組織內部傳遞的速度成正比。[11]事實的真相本質上是反模仿的，它不會因為模仿受歡迎或不受歡迎的程度而改變。

　　快速且容易散播的真相，會打擊具破壞力的模仿和敵對競爭。模仿會歪曲、偽裝和扭曲事實。當真相在一個組織中緩慢傳播時，或者當它不斷屈服於特定人的意志時，模仿就會占據

主導的位置。[12]

還記得百視達（Blockbuster）影片出租連鎖店嗎？在二〇〇八年，這家現在已經破產的公司前任執行長詹姆斯·凱斯（James Keyes）告訴CBS新聞的記者拉傑特·阿里（Rajat Ali）：「坦白說，看到每個人都對Netflix這樣感興趣，我感到非常困惑……Netflix並沒有真的擁有或是做出我們無法做到或是尚未做過的任何事情。」[13]

市場並不同意這個說法。在接下來的兩年裡，Netflix的股價飆升五倍，而百視達則暴跌九〇％。在百視達董事會上，投資人和高階經理人之間爆發爭執，他們寧願指責別人，也不願面對他們的產業正在改變的事實。[14]

在危機時期，來自公司內部的威脅被低估。不想承擔責任的人找替罪羊，指出責難的對象。與此同時，來自外部的威脅變得更加致命。

如果不勇敢面對真相、有效溝通並迅速採取行動，公司將永遠無法面對現況，並做出適當反應。任何依賴適應能力的人類計畫，健全與否都取決於真相傳遞的速度。這在教室、家庭和國家之中都適用。

策略11

加快真相傳遞的速度

真相從 A 點（原點）傳播到 B 點（最需要知道它的人），最終再傳送給每個人，這個速度有多快？

舉例來說，倘若一位外部的銷售人員了解競爭對手的重要資訊後，這份資訊能以多快的速度傳遞給能夠對此採取因應措施的執行長或關鍵決策者？

在強健的新創事業中，真相傳遞得很快。當重要的新資訊曝光時，每個人都會在幾秒鐘內知道。有人會在群組中發文共享這個新資訊，或者你旁邊的人會站起來講這件事。每個人都可以即時看到和聽到。然而，真相在大學裡傳播的速度有多快？在家裡呢？在臉書或亞馬遜等大型科技公司呢？在奇異電氣（General Electric）這樣的大型傳統公司呢？

當然，這取決於真相為何。但是有一些方法可以測試各種不同的真相（尷尬的真相、引人啟發的真相、無聊的真相、探討事物是否存在的真相）在組織中傳播的速度。衡量真相的速度並採取改善措施的公司，遠比不這樣做的公司具有優勢。

以下是一個簡單的實驗。找到組織中那個需要了解

所有事項的關鍵高階主管或員工，並向他解釋你接下來要做的事；不要讓其他人知道這個實驗正在進行中。然後讓一名外部人員在組織裡的各個層級匿名散布一些重要資訊。精確地測量訊息從不同起點傳達到應該接收訊息的人耳中，需要多長時間。（如果你不確定該從哪裡開始，我和我的團隊很樂意為你進行這項有趣的實驗。）

另一個工具：觀察兩次會議，一次有老闆在場，一次老闆不在場。計算有人說出具有挑戰性的事情和實際真相的次數。用說出真相的次數除以小時數，也就是計算每小時出現多少次真相，這就是真相傳播的速度。並比較一下。

在應徵新人的面試中，我會問：「為了真相，你曾做出最困難的犧牲是什麼？」如果應徵者無法回答，或是他們猶豫或糾結一分鐘，那我就不會雇用他們。他們沒有充分地思考自己與真相的關係。而且，他們會降低真相在我的生活中傳播的速度。

為了生存，公司必須調適。如果真相被扭曲、保留或太慢被揭露，公司就無法快速適應不斷變化的環境。如果從進化的角度

考量一家公司，那麼只有傳遞真相最快的公司，才能以夠快的速度改變，以求生存。

理性對於人類的繁榮非常重要，但我們對於理性力量的信念卻大大被貶低。哲學家尼采（Friedrich Nietzsche）在過去兩百年裡，在貶低我們智力上做的比任何人都多。他強調意志的力量，並將智力降到觀點和詮釋的範疇。

在古典哲學中，至少在亞里士多德的傳統裡，意志和智力並非彼此對立，而是協調合作。智力會通知意志，並幫助意志直接行動；然後，行動則會影響智力掌握真相的能力。如果你開始接受模仿欲望的現實，你就會有能力去刻意思考你可以採取的行動，來抵抗人生中負面的模仿，你能藉此得到關於模仿欲望的一些經驗，遠遠超出本書所能提供的任何東西。

對真相的熱情追求是反模仿的，因為它努力達到客觀價值，而不是模仿價值。致力追求真相並為之樹立榜樣的領導者，以及在組織內加快追求真相速度的領導者，讓自己對偽裝成真相、更容易失控的模仿運動免疫。想測試一下嗎？試著閱讀至少一週之前的報紙，會更容易發現模仿失誤。

技巧 3：辨別力

當真相不明顯時會發生什麼事？

追求真相是一種重要的反模仿策略，但也有限制。我們並

非總是像自己想像的那般理性。諾貝爾獎得主丹尼爾・康納曼（Daniel Kahneman）、阿莫斯・特沃斯基（Amos Tversky）和理查・塞勒（Richard Thaler）證明我們是多麼容易被欺騙，以及理性本身的限制：我們在超越理性的世界裡選擇配偶、職業和個人目標。這是一個超越理性的世界，而超凡的領導者知道如何在其中運作。

「決定」（decision）一詞來自拉丁語「caedere」，意思是「切除」（to cut）。當我們決定追求一件事時，我們必然會捨棄另一件事。如果沒有捨棄，就根本沒有做出任何決定。

另一方面，「辨別力」（discernment）這個詞來自拉丁文字根「discernere」，意思是「區分」（to distinguish）；它指的是能夠看到兩條路之間的差異，並知道哪一條路是更好的前進方式。

辨別力是一項基本技能，因為它是做出決定的過程，它不但包括、而且超越理性分析。這對於決定要追求哪些欲望，以及要放棄哪些欲望非常重要。

在所有的理性考量都列出來之後，倘若仍然沒有一個明確的前進方向該怎麼辦？這總是會在人生中發生。

電影製作人喜歡描繪這些情況，因為這種情況在人類經驗中非常普遍。一個令人難忘的場景出現在二〇〇八年的蝙蝠俠電影《黑暗騎士》（*The Dark Knight*）中。小丑用炸藥操縱兩

艘渡輪。其中一艘載著已經定罪的罪犯；另一艘則載著普通市民。每艘渡輪都有一個引爆裝置，可以引爆另一艘渡輪。小丑告訴兩艘渡輪上的人，如果他們不炸毀另一艘渡輪，他就會在午夜前把兩艘渡輪都炸毀。開始倒數計時。

這是一個經典的賽局理論問題。我們可以畫出一個可能性或機率的圖表，描述哪一艘渡輪會先被炸毀。但生命並不是數學問題。即使康納曼、特沃斯基和塞勒都在渡輪上，也無法幫助我們有把握知道該怎麼做才好。

理解這個問題最好的方法是將它視為一個欲望的困境。如果你仔細注意這些情況如何自行解決，即使在電影中，你也會發現它們解決的方式取決於做決定的人最想要的是什麼。這裡沒有時間做出認真的理性分析。

在這一幕的高潮中，載著罪犯的渡輪上，一名囚犯跟已經被恐懼嚇得無法動彈的監獄長索討引爆器。「我會做十分鐘前你就應該做的事，」他說。監獄長交出引爆器。犯人把它扔進河裡。

另一艘渡輪上的一名男子，一直用拇指扣著引爆器的按鍵，他意識到渡輪上的犯人們沒有採取行動。他決定不引爆炸彈。這為蝙蝠俠贏得足夠的時間來挽救局面。

小丑認為，每個人都會根據自身利益行事。他錯了。有些事情的發生超越小丑想玩的賽局，這些事情超越理性分析。

很多書會寫到跟改善一個人的辨別能力有關的事情。以下為一些要點：（1）在考慮不同的欲望時，注意心裡的內部活動：哪些活動會產生短暫的滿足感，哪些活動會產生持久的滿足感？（2）問問自己，哪一種欲望更為慷慨大方、更有愛心；（3）在腦海中想像自己臨終躺在床榻上，問問自己，遵循哪種願望，你會更為平靜；（4）最後，也是最重要的是，問問自己某一個特定的欲望來自哪裡。

　　欲望是被辨識出來的，而不是被決定的。辨別存在於現在和未來之間似曾相似的空間（liminal space）中。超凡領導者在自己以及周圍的人的人生中，創造這種空間。

技巧4：安靜獨處

獨處一室對人類來說是一件好事，也是必要的事。這裡我指的不是強制性的單獨監禁，我們的刑事司法系統殘暴地使用這種做法。我指的是自由、自願地決定將自己限制在獨處的環境中，以便適當地辨別、找出自己想要的東西，以及別人想要你做什麼。

　　約莫一千八百年前的埃及，數百人開始離開城市，前往沙漠，過著靜寂的隱居生活，他們效仿偉大的聖安東尼（Anthony the Great）。聖安東尼在西元二七〇年左右賣掉所有財產，把收入都給窮人，在沙漠的孤寂中尋求基督徒的完美。

這些人被稱為沙漠教父（Desert Fathers），後來成為修道院生活的先驅。就像佛陀在大約五百年前所做的那樣，他們致力保持平靜的心境，並面對他們的欲望。

一些僧侶團體，例如被稱為特拉普會的修道會，仍然奉守極為嚴格的沉默和苦行生活的誓言，包括在船上睡覺，以及一年中大部分的時間禁食。今天，世界上大約有一百七十座特拉普派修道院。大約有二十三間迦太基屋，迦太基人是另一群嚴格遵守沉默的誓言的人，他們把生活的房間稱為「牢房」。

值得一問的是，為什麼會有人自願選擇這樣做。

沉默是我們學會與自己和平相處的地方，是我們了解自己是誰，以及自己想要什麼的真相的地方。如果你不確定你想要什麼，沒有任何方法可以比得上長時間進入完全寂靜的世界更快能找到自己想要什麼東西，而這裡所說的長時間，不是幾個小時，而是幾天。[15]

「人類的所有問題都源於人們無法獨自安靜坐在一個房間裡，」十七世紀的物理學家、作家、發明家兼數學家布萊士・帕斯卡（Blaise Pascal）寫道。時至今日，仍舊存在著噪音造成的公眾健康危機。政府永遠不會解決這個問題，因為他們做不到，但是我們每一個人都可以選擇為此做點什麼。

以我的經驗，辨別欲望最有效的環境是靜修，理想情況下，至少五天（但最少三天）遠離所有噪音和螢幕，在一個偏

遠的地方，完全脫離電力。不允許說話。

　　我在靜修中心靜修時，唯一的噪音來自大自然、公共餐廳裡湯匙碰撞湯碗的聲音（每個人都安靜地對著莫扎特或巴哈的音樂吃著飯），以及每天與導師或靜修中心主任的三十分鐘交談時間。

　　在某些宗教的傳統中，靜修是一種常見的做法，但沒有充分的理由不讓這種做法更加廣為人知，而且廣泛採用，因為定期的靜修和獨處是普遍的人性需求。關鍵是找到一種方法，可以讓你在寂靜中度過五天。最好對自己施加一些壓力，比如同意遵守在偏遠地區靜修中心的行為守則，這樣就很難擺脫承諾。破釜沉舟，就無法從戰場上撤退。[16]

　　你可以在沉默中非常活躍。世界各地的人們來到聖雅各之路（Way of Saint James），從法國的聖讓皮耶德波爾（Saint-Jean-Pied- de-Port）到鄰近西班牙西部海岸的聖地牙哥康波斯特拉（Santiago de Compostela），全長約四百九十英里的朝聖之旅，許多人都是沉默地走著。

　　二〇一三年，我用十四天悠閒的時間徒步走了大約最後三分之一的路程，從萊昂（León）到聖地牙哥康波斯特拉（許多人花了大約三十天的時間，徒步走完全程）。我想要有足夠的時間暫停、思考和交談。我並沒有沉默前進，但當我遇到朝聖者時，我總能分辨出來。他們有著堅決的神情：低著頭，一步一步前進，做著必要去做的內部靜修工作。

有些人參加由修道院主辦、修道士指導的靜修。有些人則是每年都會在僻靜的地方租一間小屋住幾天。有多少人，就有多少方法可以靜修。靜默沒有道理是專為執行長或修道士保留的奢侈品。所有人都有可能可以更容易去接受這些體驗。

策略12

投注於深沉的寂靜

每年至少進行連續三天的個人靜修。不說話、沒有螢幕、沒有音樂。只有書。深沉的寂靜是一種寂靜，日常噪音的迴聲和舒適感完全消退，而你完全獨自一人。理想上可以進行為期五天的靜修，因為世界的喧囂通常要到第三天靜修結束時，才會完全從我們的腦海中消失（而且一旦世界的喧囂消失，靜默的主要好處便會出現），但三天是很好的開始。

找一個特別的地方靜修。離日常生活的噪音愈遠（如救護車警報器和喇叭，如果你住在城市的話），效果就會愈好。

你可能會考慮進行有人指導的靜修，在這類靜修期間，靜修的引導者會給予簡短的省思，並為個人或團體

安排體驗，這些省思或閱讀活動是靜修期間內唯一打破沉默的時間。這非常適合企業靜修，因為冥想與省思問題可以與企業的目標一致。

　　我想邀請企業提供員工至少三天帶薪靜修。有無數的靜修中心和地點可供選擇，我已經在我的網站上列出其中的一部分。要得到這種體驗，費用大多不到假日聚會費用的一半。你的投資會以精力充沛、腳踏實地和更有生產力的人的形式得到報酬，這就是寂靜的報酬。

堅持保持靜默很困難，每天堅持十分鐘冥想但失敗的人都知道這一點。

　　這就是為什麼需要靜修。你必須完全擺脫自己的正常生活。你必須提高退出日常生活的機會成本。

　　想像一下，你花費大量的時間和精力與家人穿越半個地球去度假。當你到達目的地時，工作警示聲音響起，要你回去工作。在最初幾天，你不得不檢查電子郵件。你考慮早點離開這裡，回去工作。但是你人已經在這裡，你已經投資太多而無法離開。轉換成本太高。所以你留下來享受幾天的假期，把工作放在一邊。當你回顧的時候，你總會很高興自己這樣做。

技巧5：篩選回饋

超凡領導者不會過分沉迷於不斷重播的新聞、市場研究或早期回饋。並不是這些事情不重要，也不是超凡領導者沒有積極反應。但是他們首先關心的是深厚欲望：自己的欲望，以及其他人的欲望。

創業家艾瑞克・萊斯（Eric Ries）在二〇〇八年首次提出的精實創業方法，在五年內成為商學院的教條。[17] 萊斯傳達的訊息很簡單：逐步構建事物，並在這個程中考量持續進來的回饋，藉此確認與調整目前正在做的事情。

在精實創業的術語中，產品的第一個版本稱為最小可行產品（minimum viable product，或MVP）。MVP是「一種新產品的版本，這個版本允許團隊以最少的努力蒐集到最大數量與顧客相關的驗證式學習（validated learning）。」[18]（在欲望的語言中，MVP相當於顧客的最小可行欲望。）在MVP之後，你會持續學習和改進。

精實創業方法有好處。它讓理想主義的創業家不會太心痛。它可以避免浪費時間和金錢，將產品更快推向市場，並為成長開闢新的可能性。在某種程度上，這一切都很好。一個無法給大家想要的東西的創業家，事業無法長久經營。

但是精實創業技巧基本上是一種根據內在欲望的創業模式。在政治界，候選人根據民調告訴他們的結果做事。這不是

領導，而是跟隨。有時，這是一種單純的懦弱。

　　摩里森描述她的寫作學生多麼依賴其他人的意見，甚至在寫批判性文章時也是如此。在一次採訪中，她沉思道：「讓我感興趣的一件事是，學生們非常膽怯，對於第一手資料來源不敢冒險批評。他們談到別人先前寫下的很多批評，但他們真的不願意對只有幾則評論可以檢視的書籍寫下自己的看法。他們不介意回應大量作品：二手資料、評論、老師的評價。但令我驚訝的是，他們得花這麼長時間才願意冒險評價一本他們喜歡、但沒有聽過任何人發表看法的書。」[19]他們的看法都只是模仿，他們對任何事都不願意表態。

　　超凡領導者並不害怕進行「深厚創業」（thick startup），一個不以回饋為基礎的計畫（這些回饋通常由淺薄欲望所組成），而是以深厚欲望為基礎，並繼續由它們所引導。

　　這並不意味著從營運的角度來看，精實創業方法的原則沒有價值。它只是意味著，那些適應性設計（adaptive design）的原則不是建立公司或生活的依據。

二〇一九年十一月三十日，《華爾街日報》有篇文章抨擊馬斯克迴避市場調查。馬斯克對於研究市場數據不感興趣。他打造自己想買的東西，而且他打賭其他人也會想買這些東西。（這部分是因為馬斯克知道自己是一個模仿榜樣，並且知道自己想要的東西會直接影響其他人也想要。）

內在領導力	超凡領導力
最終必然會變得受制於破壞性的模仿（循環一）	能夠超越並跳脫循環一的模仿過程
封閉、固定的欲望迴圈（經濟體裡的官僚組織）	開放、動態的欲望系統（經濟體裡的創業家）
垃圾進，垃圾出	垃圾進，垃圾亡
完全屬於時代產物的藝術家（龐貝城的色情塗鴉）	發展出超越所屬時代與空間風格的藝術家（卡拉瓦喬）
僅限於諷刺和憤世嫉俗的小說（愛上牢籠的囚犯）	以試圖彌補錯誤的風格寫成的小說（塞萬提斯）
Google搜尋	字母公司的X部門（Google的登月部門）
萬豪酒店的企業主廚	多明妮克·克倫（Dominique Crenn）主廚*
納斯卡車手	麥哲倫
笛卡爾（「我思故我在」）	超越你所思所想的世界
真人實境秀	虛擬實境
《戴帽子的貓》（The Cat in the Hat）	《野獸國》（Where the Wild Things Are）

＊米其林三顆星女主廚。

專欄作家山姆·沃克（Sam Walker）認為，在大數據時代，馬斯克對於市場調查的態度「很魯莽」。「我不能責怪馬斯克先生想成為獨角獸，或者認為他自己就是獨角獸，甚至更

偏好創造反映出自己品味的事物，」沃克寫道，「而不是根據群眾外包的共識去創造事物。」[20]

沃克認為馬斯克是科技時代的恐龍。在他看來，自從賈伯斯推出iPhone後，情況已經改變。我們擁有更好的分析方法、更多的數據，以及伸手可及的世界資訊。「湧入的客戶數據量，加上人工智慧和機器學習的進步，正在幫助企業在人類可能永遠看不到的層面上，解碼人類行為，」他寫道。「簡單來說，今天的天才研究問題，只有笨蛋才會去下賭注。」

當電腦可以篩選數百萬條數據時，市場調查便占了上風。知道如何比其他人做得更好的人，比不知道如何做的人更有優勢。這就是問題所在：我認識的創業家中，沒有人會想按照電腦的指示做事。當然，創業家要能夠看得懂數據，並看到其他人可能看不到的東西。但創業警覺能力（entrepreneurial alertness）的世界遠遠超越數據的世界。成為創業家的部分樂趣在於領導力：將欲望帶到某個新的地方。

大數據則是創業家精神消失殆盡的地方。

沒有哪位現代經濟學家比英國出身的經濟學家伊斯雷爾·柯茲納（Israel Kirzner）對創業家在經濟中扮演的角色做的解釋更好，他發明的創業警覺能力理論捕捉到超凡欲望的精神。根據柯茲納的說法：「試圖解決開放性現實世界情況的經濟學，必須超越無法納入真實世界意外情況的分析框架。」[21]

我對創業家的定義很簡單。一百個人看著同一群山羊。其

中有九十九個人看到山羊，有一個人看到喀什米爾羊毛衫。這一個人的警覺能力並非來自數據分析，而是來自於一種能看到超越肉眼所見、並為此做些事情的意願和能力。

　　我應該提一下，就在沃克發表那篇與馬斯克有關的文章後不到十個月，特斯拉的股價就上漲六五○％以上，市值增加超過兩千億美元。

未來會是什麼樣子？人工智慧會決定要創建哪些新公司，以及推出哪些新產品嗎？[22]我們是否會生活在一個不再需要超凡領導者的世界？

　　未來會是人們欲望的產物。我們建造的東西，我們遇到的人，我們開打的戰爭，都會取決於人們明天想要什麼。而且，這會從我們今天學習想要的方式開始。

第8章

模仿的未來
明天我們想要什麼？

我認為我們必須審視我們的歷史，看看在已經發生的事情背後，是否還有更多等待我們揭露的現象；看看過去受到古老獻祭體制束縛的某個生活層面是否無法發展，看看其他的知識領域與其他的生活方式。

—— 吉拉爾

雷・庫茲威爾（Ray Kurzweil）是著名的企業家、作家與未來學家，在二〇一二年被Google聘為工程總監，他聲稱自己的預測具有八六％的準確率。以下為一個例子：「我把『奇點』設定在二〇四五年，屆時，結合我們所創造的智能，我們可以將有效智能增加十億倍。」[1]

如果庫茲威爾的看法是正確的（而且他不是唯一一個預測奇點在那個時間發生的人），那麼我們不得不問：到時候的我們會想要什麼？

另一位著名的未來學家伊恩・皮爾森（Ian Pearson）有一

個構想。他預測，到二〇五〇年，人類與機器人發生性關係的
次數將超過與人類之間發生性關係的次數。[2]我們想要與機器
人發生更多性關係，而且他們也「想要」與我們發生性關係
（這裡所謂的「想要」，指的是編寫模仿人類欲望的程式，這
是一種人造的欲望形式）。

我不是未來學家。我不知道你和我未來想要什麼。但我知
道模仿欲望有助於形塑我們未來想要的東西。

目前為止最先進的性愛機器人模型具有模仿的特色，像是
馬特·麥克馬倫（Matt McMullen）的深淵創作公司（Abyss
Creations）所製造的性愛機器人。這些機器人是針對想要跟他
們上床的人類追求者，以人類的眼睛移動和打情罵俏的言語為
模型所設計。這些機器人甚至還寫進模仿人類欲望的程式，向
伴侶表示它們想做愛。

記者愛麗森·戴維絲（Allison P. Davis）在二〇一八年造
訪深淵創作公司，並在《The Cut》雜誌中寫下她的經歷，標
題是〈我在與性愛機器人約會時學到的東西〉（What I Learned
on My Date with a Sex Robot）。她寫下她與這家公司最先進的
女性機器人模型哈夢妮（Harmony）互動後學到的東西，「目
標是與她進行夠多的互動，好讓她開始『渴望』你，」戴維
斯寫道。「當我問她是否想做愛時，當下我覺得自己像超級怪
咖。『還沒，』她回答，『但在我們彼此了解之後，有一天會

的。』」

　　性愛機器人發出「欲望」的訊號時，他們會按照程式撅起
嘴唇，瞇起眼睛，他們的眼睛比真實人類的眼睛都大一些，也
圓一點。這家公司故意採用這種方式來避開所謂的「恐怖谷」
（uncanny valley）效應，這是日本機器人專家森政弘在一九七
〇年代創造的一個術語。森政弘發現，當人們發覺機器人在外
形上與人類愈相似，在美學上就愈有吸引力，但這種吸引力只
會到一個程度。一旦機器人看起來與人類太過於相似，像是蠟
像館中的人物，它們就會變得令人毛骨悚然、感到不安與厭
惡。[3]恐怖谷符合模仿理論：讓我們恐懼的不是有差異，而是
都一樣。

　　沒有什麼相似性比欲望的相似性更為危險。一旦機器人與
人類有太多相似之處，我們便會感到不舒服。所以想像一下，
它們的相似之處是否侵犯我們的欲望。

　　當欲望集中在相同的目標，衝突不可避免。人工智慧真正
的危險並不在於機器人會在未來的某一天變得比我們更聰明，
而是它們可能想要我們想要的東西：我們的工作、我們的配
偶、我們的夢想。

　　在機器人或人類身上打造欲望，會引發攸關人類未來的嚴
重問題。歷史學家哈拉瑞（Yuval Noah Harari）在《人類大歷
史》（*Sapiens: A Brief History of Humankind*）的結尾寫道：「既
然我們可能很快也能改造我們的欲望，或許真正該問的問題不

是『我們究竟想要變成什麼？』，而是『我們究竟希望自己想要什麼？』如果還對這個問題視若等閒，可能就是真的還沒想通。」

「我們究竟希望自己想要什麼？」這個問題讓人不安，部分原因是，在打造欲望的世界裡，我們必須自問，是誰在打造欲望。但也是因為這個問題暗示，我們有可能希望自己想要一些東西，但是卻沒有能力想要它。

我們沒有辦法想要一些欠缺榜樣的東西。我們為了未來而採用的榜樣，對於我們形塑欲望來說很重要。

我們在未來想要什麼，取決於三件事：欲望在過去是如何形成的，在現在是如何形成的，以及在未來又是如何形成的。我們會在最後一章簡單探討這三個階段。

首先，我們必須了解，以身為個人與一個社會而言，我們是如何開始想要我們目前想要的東西。有充分的證據顯示，在過去六十年，美國文化的模仿性變得愈來愈高。這一點可以從以下的跡象看出來：政治和社會兩極化加劇、市場波動，以及社群媒體以替罪羊機器的姿態出現。[4]可以說，從人類登陸月球的構想以來，還沒有一個偉大的構想能以超凡的方式擄獲世界的集體想像力。（「網路！」你可能會用這個答案來反駁這個看法。但沒有什麼比網路更沒想像力，沒有什麼比網路更能創造內在的模仿欲望。）

第二，目前的情況讓我們面臨一個決定。我們身陷模仿危機。欲望已經轉向內部，轉向彼此，而緊張局勢正在加劇。正如我們過去所做的那樣，我們可能會尋求一種技術或實際的解決方案——替罪羊機制隱隱顯見。我們可以將問題視為外在事物，一個我們可以運用智慧和精巧的設計去解決的問題。或者，我們可能將模仿欲望視為人類生活狀況的一部分，並努力改變我們的關係。

第三，欲望的未來取決於我們如何在個人生活以及欲望生態系統中管理模仿行為。

我們未來想要什麼，取決於我們今天所做的選擇。到你入睡前，你會為你自己或為其他人，把明天想要的某樣東西變得更困難一些，或者更容易一點。

文化流沙

一家當今世界上最強大的公司是受到大學年鑑的啟發而命名，那就是臉書。

目前為止，我們大多數人都知道，臉書不僅僅是一種得知朋友最新動態的被動方式。它也是一種偽造身分、讓真實和欲望並存的工具。（你真的是熱愛戶外健行活動的家庭？還是說那是你第一次徒步旅行的照片？）透過其他人精心展現的生活形式，提供源源不絕的榜樣，這就是它對我們的誘惑，以及我

們對它的矛盾感受的起源。臉書象徵著世界進入新鮮人島，在那裡，我們大部分的時間都在低頭看著自己的螢幕，這意味著，我們斜眼就可以看到鄰居。

開啟這種變動的不是臉書。網路儘管因為連結世界而創造巨大的經濟價值，卻也加速模仿競爭，並轉移對其他領域創新的注意力。

某些網路公司的非凡成功，掩蓋其他領域欠缺重大突破的尷尬。

阿茲海默症和其他癡呆症的治療幾乎沒有改善，這些疾病影響近三分之一八十五歲以上的美國人；至今仍然沒有治愈癌症的方法；在世界上許多地方，人類預期的平均壽命正在下降。而生活品質也是如此。

協和號（Concorde）在二〇〇三年進行最後一次飛行。今天火車、飛機與汽車的移動速度大概與五十年前差不多快。一九六〇年代初期以來，大多數美國人通膨調整後的薪資也一直停滯不前，儘管薪資的絕對數字增加，購買力卻沒有。[5]

我喜歡做飯，下雨的週六下午我會收看電視上的烹飪節目。但我不禁想到，這些節目激增到數千個，還有全天候播放的美食頻道不斷反覆播著烹飪比賽，呈現出我們文化的停滯與頹廢。我們無法想像超凡的事物，因此我們尋找新的方法來切雞蛋或是看名廚張碩浩（David Chang）吃麵條。

　　即便在科技領域，創新相較於人們的期待也很緩慢。再寫下這段話的當下，iPhone給人的感覺跟二〇〇七年推出時一樣，儘管這段時間以來，在硬體和軟體上都有改變。商業提案簡報競賽似乎成為一種儀式，而不是發現真正創新的過程。在這一點上，我們也只是譁眾取寵。

　　在同個時期，精神上也有停滯。世界變得不再神祕，不再讓人抱有幻想。[6]在美國和歐洲，從一九六〇年代開始到今天，一直有大批的人離開宗教組織。[7]這種趨勢通常歸咎於政治變革、理性主義的抬頭或教會的特定罪行，例如性虐待。真相更為複雜。從我的觀點（身為一個人的內在部分）來看，強烈的慾望被徹底清除，這是格雷欣法則（Gresham's law）的一種形式，這個經濟原理指的是劣幣驅逐良幣。在這種情況下，淺薄欲望驅逐深厚欲望。

　　當一些宗教領袖捲入瑣碎的政治和文化戰爭時，數百萬人更願意將深厚欲望寄託在Google的搜尋框，而不是寄託在牧師、拉比或僧侶上。Google一直都在那裡，無時無刻全天待命，它至少提供匿名、不做評價而明智的答案。

　　紐約大學斯特恩商學院教授史考特・蓋洛威（Scott Galloway）認為，四大科技公司都利用人性的深層需求。[8] Google就像神靈般回答我們所問的問題（相當於祈禱文）；臉書滿足我們對愛和歸屬感的需求；亞馬遜滿足我們的安全需

求，使我們能夠即時獲取大量商品（這家公司在新冠肺炎期間提供服務），確保我們能夠生存；而蘋果訴諸我們的性驅力及相關地位的需求，透過連結一個具創新、前瞻性和擁有高價成本的品牌，顯示一個人做為伴侶的吸引力。在許多方面，與教會相比，四大科技公司更能滿足人們的需求。[9]

他們處理欲望也比較好。絕大多數人考慮的不僅僅是生存。他們試圖弄清楚接下來想要什麼，而且該如何得到它。四大科技公司為這兩個問題提供答案。

羅斯‧杜薩特（Ross Douthat）在《頹廢社會：我們如何成為自己成功的犧牲者》（*The Decadent Society: How We Became the Victims of Our Own Success*）中寫道，「太空時代的結束與轉為內向發展的已開發世界、信任危機、樂觀主義衰微、對大機構失去信心、轉向治療哲學和模擬技術、放棄意識形態企圖心和宗教希望等事物的出現同時，這一切並非巧合。」[10]我們陷入經濟停滯、政治僵局和文化枯竭的泥淖。我們像孩子一樣，在吃完所有的萬聖節糖果後，坐在地板上發呆，問：「那現在呢？」

杜薩特以下面的話來結束〈舒適的麻木〉（Comfortably Numb）這章：「如果你想感受西方社會正在動盪，那麼有個應用程式可以解決這個問題，一個具說服性的模仿正等著你。但在現實世界中，西方社會很可能真的處於安樂的狀態，沉迷於一些使人心情平靜的東西，還重覆播放在狂野年輕時代以來

大家認為最受歡迎的熱門歌曲，這全都在自己的想像中被激起，但在現實中卻是麻木的。」[11]

雖然杜薩特沒有明確地說出來，但我們停滯和頹廢的主要理由似乎就是模仿，而且這個原因還沒被充分探索。我們缺乏一個系統外的超然基準點。同時，每個人或多或少都在模仿其他人。我們的文化停滯不前，因為我們在靠近大海的游泳池裡爭奪空間。然而，沒有人敢公開談論這樣的模仿。它是驅動我們文化發展的隱性力量，但跟嫉妒一樣是談論的禁忌。

就好像每個人都否認重力的存在，但又想知道為什麼人們不斷下墜。[12]沒有人敢稱自己是模仿者，或指出模仿驅動著他們的決定、信念或在群體中的行為。

阿勒克西・托克維爾（Alexis de Tocqueville）是美國編年史家，在一八三五年的著作《民主在美國》（*Democracy in America*）中，描述聽起來像是同一化的模仿危機。他看到天真想像獨立的危險。在一個愈來愈自由、愈來愈個人主義、高度平等、但人與人之間的差異卻很明顯的社會，會發生什麼事？與一個不那麼平等的社會相比，它會冒著人與人之間存在更多敵意的風險。「當所有條件都不平等時，沒有任何平等會大到礙眼，」托克維爾寫道，「而在條件大致相同的情況下，最小的差異似乎令人震驚；隨著條件變得愈來愈一致，看到差異便更難以忍受。」[13]

當我們在真正重要的領域為平等而奮鬥，像是為了基本的

人權和公民權利,或者為了每個人追求他們深厚欲望的自由(在美國,這被稱為「追求幸福」),我們也開始在其實並不重要的領域爭取平等,如我們的淺薄欲望:賺和其他人一樣多的錢、擁有相同數量的IG粉絲,與地球上近八十億個榜樣中任何一位擁有一樣的地位、得到一樣的尊重或專業聲望。

爭奪重要事物與爭奪無關緊要的事物兩者之間會相互交會,而且會相互作用,因為模仿欲望具有模糊界限的效果。它將我們的注意力從深厚欲望轉移到淺薄欲望上。當我們對於平等的渴望被模仿欲望挾持時,我們看到的只是想像或表面上的差異。[14]

我們會發現自己處於破壞性的欲望循環之中。但這本身並不致命。這種情況致命的原因是人們似乎認為沒有其他選擇。社會之所以頹廢和停滯,是因為缺乏希望。所謂希望,就是對於(1)在未來、(2)良好,但(3)難以實現,卻(4)可能實現的事物產生的渴望。第四點很關鍵。如果不相信有可能實現願望,就沒有希望,也因此沒有欲望。希望是深厚欲望生長的土壤,人們會因為缺乏遠見而滅亡。[15]

為了打破這種模仿循環,我們需要找到值得期待的東西。

工具 vs. 關係

人們通常採用兩種方法來逃離循環一。

模 · 仿 · 矩 · 陣

（對文化的模仿過度簡化的指南）

韓國流行音樂模仿美國流行音樂，最後比它模仿的榜樣更酷

有史以來最會模仿的總統，他推文標注 @ 他的對手

54 俱樂部 [a] 都是光鮮亮麗的迪斯可球模特兒

IG 健身網紅在追求被模仿中彼此模仿

伊莉莎白·荷姆斯模仿賈伯斯，但是忘記創新

模仿

a Studio 54，美國著名俱樂部，是夜生活的經典代表

《辦公室風雲》
經理麥克史·考特在小小的模仿跑步機上跑步

《週六夜現場》
靠模仿賺錢，不過讓模仿變有趣

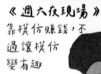

亞歷·鮑德溫模仿川普

股市的非理性繁榮；葛倫斯潘說「模仿」的方式

「督爺」 [d] 不管聽到什麼，15分鐘之後就重複一次

企管碩士課程生產出同一個模子印出來的求職者

沒有人相信自己是文青

H&M 幫助口袋裡只有 20 元的 14 歲女孩穿得像名模（直到衣服解體）

d 電影《謀殺綠腳趾》（The Big Lebowski）的主角

模 · 仿 · 矩 · 陣
（對文化的模仿過度簡化的指南）

名人島

b Elena Ferrante，義大利小說家，
自發表作品至今，始終堅持隱身匿名
c Spock，《星際爭霸戰》星際艦隊
的著名科學官

甘地，以身作則的和平抗議
者（「別人打他左臉，他把右
臉也送上」）

馬斯克想要上火星——
這個欲望沒什麼原創
力，但相當奇特

藝術家達利以活在（還
有畫出）自己的世界聞名

巴布·狄倫還在模仿
與創新的十字路口

面具有提高原創性
的神奇力量

史巴克 c：純理性＋
不模仿＝無聊？

我就是
這麼高人
一等

化名「斐蘭德 b」
的作家描述彼
此模仿的朋友

蝙蝠俠的榜樣
其實就是蝙蝠

反模仿

長襪皮皮不想長大，
徒手舉起一匹馬

茱莉亞·柴爾德
模仿法式料理而不是
貝蒂·科洛克 e，並把
它帶進我們的世界

身處於、但不屬於我們
世界的阿米希人

他只要在外面
就快樂

《老闆渡假去》 f
——在派對上
徹底反模仿
的唯一之道？

e Betty Crocker，食品公司用於宣傳的虛構人物
f #Weekend at Bernies'，黑色喜劇電影

新鮮人島

　　第一種方法，打造欲望。這是矽谷、威權政府和專家崇拜者所使用的方法。矽谷和威權政府使用智慧和數據來集中規畫一個系統，在這個系統中，人們想要其他人希望他們想要的東西，也就是有利於特定人群的東西。這種方法對於人類能動性（human agency）構成嚴重威脅。這是不尊重人們有能力自由渴望對自己與所愛的人最好的事物。以按部就班的方法獲得幸福的專家崇拜者，則欠缺對於人類複雜性的尊重。

　　另一個選擇是轉化欲望。打造欲望就像精緻化的工業化農業，使用殺蟲劑，並用大型機械耕種土地，然後藉由季節性產量、保鮮期和一致性來衡量成功率。而轉化欲望就像再生農業，可以根據生態系統的原則和動態，將一塊貧瘠的土地變成肥沃的土壤。在我們的案例中，生態系統是人類生態系統之一，欲望則是它的命脈。

　　欲望的轉化會透過人際關係發生。欲望的打造則是在擁有冰冷、無生命儀器的實驗室裡。

打造欲望

科技公司有權力操縱欲望，因為它們逐漸成為人類與人類想要的東西之間的傳遞者。這就是模仿榜樣的定義。亞馬遜傳遞對事物的渴望。Google傳遞對資訊本身的渴望。Google最初只是一間搜尋引擎公司，幫助人們在網路上找到網頁，並進入網

頁。幾年後，這家公司意識到它的搜尋結果不僅僅是人們在任何特定時間試圖找到資訊的數據點，而是與人們想要的東西有關的早期指標，這是與他們的欲望有關的資訊，這是Google比任何人都早看到的機會。Google開創的是哈佛教授肖莎娜‧祖博夫（Shoshana Zuboff）所說的監控資本主義。[16]按照這種模式經營的公司會將私人的人類經驗轉化為可以用來操縱他們欲望、至少可以用來謀取利潤的行為數據。[17]

在二〇一一年的法說會上，Google共同創辦人賴瑞‧佩吉（Larry Page）說明Google的新使命是從「搜尋」（search）轉變為「滿足」（satistfy）。「我們的最終目標是改變整體的Google體驗，讓它變得非常簡單，幾乎自動化，因為我們了解你想要什麼，並且可以立即傳送給你。」[18]

祖博夫在《監控資本主義時代》（*The Age of Surveillance Capitalism*）中講述下面的故事。二〇〇二年的一個早晨，一組Google工程師來到辦公桌前，發現有個奇怪的句子飆升到全球搜尋查詢的首位：「卡洛‧布雷迪的娘家姓氏」。為什麼大家突然對一齣一九七〇年代情景喜劇中某個角色的家庭背景感興趣？這項搜尋連續五個小時都在整點的四十八分達到巔峰。〔編注：卡洛‧布雷迪（Carol Brady）是知名影集《歡樂家庭》（*The Brady Bunch*）裡的角色，是任何時刻都讓人快樂的媽媽。〕

　　Google的工程師們很快就弄清楚發生什麼事。原來，在前一晚，數百萬人觀看的電視遊戲節目《誰想成為百萬富翁？》（*Who Wants to Be a Millionaire?*）向其中一位參賽者提出這個問題。由於這個節目在不同時區播放，這個問題便在整點的四十八分重複出現。

　　因為Google可以擷取與人類欲望有關的領先指標數據，所以他們幾乎是利用內線消息進行交易。科技大師喬治·吉爾德（George Gilder）在二〇一八年出版的《後Google時代》（*Life After Google*）中寫道：「Google的致富之路是透過足夠的數據與處理器，它可以比我們更了解怎麼做能滿足我們的渴望。」[19]這是真的，只要我們的願望平凡，而且可以預測。

　　如果你想知道，卡洛·布雷迪的娘家姓氏是馬丁。花兩秒鐘上Google搜尋，你就可以免費知道答案。只不過它並不是真的免費。每次我們在搜尋框中輸入文字時，我們都會告訴Google我們想要什麼。有時我們會透露永遠不會告訴任何人的一些事情。Google在〇·五九秒內為我們提供大約兩百八十三萬筆的結果〔至少這是我剛才在規劃晚餐時搜尋「檸檬酒雞」（limoncello chicken）得到的結果〕。而我們在這〇·五九秒內告訴Google我們的欲望。

　　這是非常高的代價。

中央計畫的欲望

我們打造欲望應該到什麼程度？這樣的政治辯論已經存在許久，只是我們從不用這種方式來談論它們。

這裡不是深入探討欲望和政治的地方，但在看待政治問題上，我要提出一種最不受重視的方式：政治制度或政策對人們想要的東西產生什麼影響？它對欲望有什麼影響？

只要能夠控制人們想要的東西，威權體制便可存在。我們通常認為這種體制是透過法律、法規、監督和懲罰來控制人們可以做與不能做的事。但他們真正的勝利並非在有權支配人們的行為的時候，而是來自於有權支配他們的欲望的時候。他們不想把囚犯關在牢房裡；他們希望那些囚犯學會愛自己的牢房。當沒有欲望可以改造時，他們的權威就是完整的。

「再教育」營的目的不是重新學習如何書寫、閱讀或解釋歷史，甚至不是教導如何思考；基本上，它是關於欲望的再教育。俄羅斯學者卡特琳娜·凱利（Catriona Kelly）和瓦迪姆·沃爾科夫（Vadim Volkov）在論文〈被引導的欲望：文化與消費〉（Directed Desires: Kul'turnost' and Consumption）中強調，蘇聯的成形就是透過他們所謂的「被引導的欲望」（directed desires）來實現的。透過一個細緻的宣傳活動來引導人們想要某些東西，拒絕其他東西。「Kulturnost」的概念，或是英文culturedness（文化）的概念開始出現。以共享俄羅斯文化價值

觀為基礎來生活，是一種正確的方式。[20]

在古拉格勞改營，當囚犯的欲望與領導的期待背道而馳，領導人就會企圖消滅這些欲望。同時，他們餵養那些符合期待的欲望。作家羅伊‧梅德維傑夫（Roy Medvedev）講述一位女性獲釋後的經歷：「我對一切都感到失望，而且不再相信任何東西，但我有一個願望，我不要美麗、不要愛情，而是要每天吃冰淇淋。」[21]除了吃冰淇淋，她的其他欲望都已經被摧毀。但現在，她需要一台冰箱與經濟上的保障，她才能一直吃冰淇淋。最終，她仍是支持奴役她的政黨，因為它是唯一一個承諾幫助她實現他們賦予她這個淺薄欲望的政黨。[22]

朗頓‧基爾凱（Langdon Gilkey）是在燕京大學任教的年輕美國教師，在二戰期間被捕，且被關押在山東集中營，也就是位於今日中國濰坊市的日本集中營。他在那裡與商人、傳教士、教師、律師、醫師、兒童、妓女等分屬各個領域的人一起被羈押兩年半。基爾凱很震驚這樣的拘留如何影響他的欲望：「我很驚訝我們欺騙自己的方法，」他在一九六六年出版的《山東集中營》（*Shantung Compound*）中寫道。「我們穿上一些符合職業或道德的衣著，藉此自我隱藏我們真正的欲望和需求。然後，我們向世界展示客觀和正直的表象，而不是我們真正感受到的自私自利。」[23]山東集中營影響每個人的欲望，讓每個人的欲望失去方向，這使他們更容易被那些負責的人暗中操縱。

意識形態是封閉的欲望系統。對於什麼東西可接受或不可以接受，它們提供明確的限制，無論這些限制是政黨的平台、公司引導的意識形態，還是塑造家庭體系的意識形態。

不論哪種意識形態，顯著的特徵都是的暴力，這樣的暴力被掩蓋又受到約束。換句話說，意識形態可以讓一個群體「安全到」不被帶有傳染性思維的入侵者影響。這裡沒有反對的空間。吉拉爾曾把意識形態定義為「一切事物非好即壞的觀念」。[24]

在有時間仔細辨別之前，能夠同時堅持兩種相互衝突的欲望或兩種相對的想法，而不立即拒絕其中一種欲望或想法，就是成熟的標記。與欲望一起生活，就是與緊張一起生活。

策略13

尋找對立面的共存

迅速理解意識形態，有助於注意到拉丁文中所謂的對立統一說（coincidentia oppositorum），也就是對立面同時發生或共存，像是似是而非的人事物、自相矛盾的人事物。像是既溫順又大膽的人，謙遜而自信的人，或者完全擾亂預期的人。有些人、事或經驗，會讓我們

抓著頭皮說：「等等，那些東西不應該共存」。

這些對立面的巧合，指向某種超凡的東西。事情看起來似乎不應該共存的原因，是因為它們無法反映我是如何體驗這個世界。它們不在我的意義地圖（map of meaning）上，也就是不在我對世界如何運轉的心智模型中。它們是我必須走得更遠、重新評估、更加推進的指標。他們顯示出超越我目前所在位置之外的東西。

有智之士曾說過，與自己比較最好的方法是與昨天的自己比較，而不是與今天的其他人進行比較。這是擺脫「比較與衡量」陷阱很好的開端。

但這還不夠。昨天的我並不是我可以模仿的榜樣。我只能回過頭看他（就我而言，我通常只會感到失望）。

我需要的是一個未來的榜樣，一個超凡的榜樣，當我的欲望不再處於持續且無法解決的緊張狀態，不再有對立面的似非而是，也不再有矛盾。我們全都是這樣。

對立面的共存往往是為我們指明正確方向的指標。

逃脫的捷徑

一九三〇年，波蘭作家史班尼斯勞・維卡其（Stanis aw Ignacy Witkiewicz）發表一部名為《貪得無厭》（*Insatiability*）的諷

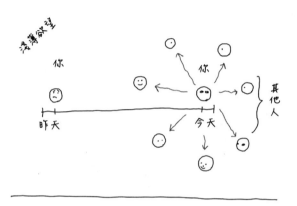

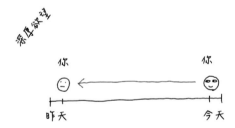

刺小說。[25]在小說中，波蘭被來自亞洲的軍隊征服。人們被徹底摧毀、毀滅，直到他們聽說來自亞洲軍隊的哲學家墨提賓（Murti-Bing）找到一種方法，可以在一顆藥丸中給人類一種新的生活哲學。

　　士兵們很快地出現在街角，投擲「墨提賓藥丸」。波蘭人迷上這種新藥。這些藥丸是打造欲望的一種方式，這樣他們就可以輕鬆地接受自己的新生活方式。

　　但由於這些藥丸並不是從他們思想和欲望自然發展出來的，服用藥丸的人會出現人格分裂。於是，他們發瘋了。他們的內心起了衝突。[26]

　　墨提賓藥丸是電影《駭客任務》（*Matrix*）的前身，與阿道斯·赫胥黎（Aldous Huxley）在《美麗新世界》（*Brave New World*）中提到名為索麻（soma）的藥物有一些相似之處。人的欲望是由外力人為塑造的。我們應該面對我們即將擁有或已經擁有墨提賓藥丸的真實可能性。

　　你要來一顆嗎？

轉化欲望

有兩種不同的思維方式個別對應打造欲望和轉化欲望，那就是計算型思維（calculating thought）和冥想型思維（meditative thought）。我從哲學家馬丁·海德格（Martin Heidegger）的著作中大略地勾勒出這些區別。[27]

　　計算型思維是不斷探索、尋求、策劃如何達到一個目標，例如：如何從 A 點到 B 點、如何擊敗大盤、如何獲得好成績、如何贏得爭論。根據精神科醫師伊恩·麥克里斯特（Iain Mc-

Gilchrist）的說法，它是我們技術文化中的主要思維形式。它帶
領著我們無止盡的追求目標，通常沒有先分析這些目標是否值
得開始追求。[28]

　　一位在修道院負責培訓新人的修道士告訴我，近年來他注
意到，年輕的修行者（也就是為了成為修道士而正在修行中的
男性）在教堂祈禱時會隨身攜帶成堆的書籍。他們已經習慣性
地認為，沒有「輸入」就沒有「輸出」。計算型思維的增生是
我們科技發展的結果：模仿機器的人類。

　　計算也反映一種建構心態。計算型領導者藉由構建一套演
算法，更有效地預測他們的欲望，創造一個應用程序來讓他
們朝某個方向或其他方向推進，或者構建一種人造的「公司
文化」來形塑他們。有時我會想知道由上而下管理的公司文
化儀式，與神聖羅馬帝國裡「吾皇立吾宗」（cuius regio, eius
religio，意即統治者有權決定國家信奉的宗教）的現象有什麼
不同，在那裡，不同的君主或統治者有權強制人民信奉他們偏
好的宗教信仰。[29]

人為建構本身並沒有錯。有些東西本來就需要人為打造（例如
摩托車），但有些東西並非如此（例如人性）。

　　計算型思維已經成為主要的思維方式，還往往會把冥想
型思維排除在外，這最終會產生社會工程（social engineering）
與技術操控的形式，以及同理心的消逝。「從對亞美尼亞人的

大屠殺,到納粹與柬埔寨大屠殺,再到盧安達的罪行,整個民族都被冷酷地殺害,有時甚至是出於官僚主義的狂熱,」吉拉爾寫道。[30]計算型思維模式使得替罪羊機制得以迅速發展。

另一方面,冥想型思維是有耐性的思考。這與冥想並不相同。冥想型思維只是一種緩慢、非生產性的思維。這並不是保守主義。這是一種在聽到新消息或遇到令人驚訝的事情時不會立即尋找解決方案的思考模式。相反地,它會提出一系列問題,幫助提問者更進一步地沉浸在現實之中:這是什麼樣的新狀況?這件事的背後有什麼?冥想型思維有足夠的耐心,讓真相自己顯露。

冥想型思維打開轉化之門。當我們大腦的計算與處理的部分平靜下來時,冥想的部分(也就是吸收新經驗的部分)則被賦予工作的能力,將這些新經驗整合到一個新的現實框架內。

計算的大腦只能將新經驗融入既有的心智模型。而冥想的大腦則是開發出新模型。如果我們把所有時間都花在計算模式,我們終其一生都在試圖將每一次的新際遇裝進盒子裡。講到欲望,這是致命的思維。

策略 14

練習冥想型思維

奧古斯特・圖拉克（August Turak）是得獎作品《約翰兄弟：修道士、朝聖者和生命的目的》（*Brother John: A Monk, a Pilgrim and the Purpose of Life*）一書的作者。一九八〇年代初期，網路才剛開始發展時，他是MTV的業務主管。我到北卡羅來納州的牧場拜訪他時，他告訴我以下這個故事。

圖拉克和一位MTV高階主管一起乘坐紐約地鐵。那位主管是一位才華洋溢的思想家，喜歡出謎題給朋友和同事解題。他給圖拉克的挑戰是：「給我這個數字序列的下一個號碼：14、18、23、28、34、42。」

圖拉克原本以擅長解題而自豪。「我絞盡腦汁，」他告訴我。「18減14等於4；23減18等於5，以此類推。但我怎樣都推敲不出來。」最終，他放棄了。

說著，說著，就在他們的車廂剛剛好停下來的地方，他的同事指了指四十二街地鐵站牆上大大的「42」。謎題裡的數字就是列車經過的地鐵站名——第十四街、第十八街、第二十三街等等。「我大聲唸著所有這些算術，」他說。「我一直從他給我的謎題裡的數

字來看待這些符號，仍然沒看懂他的意思。」

因為他一直在做數學計算，於是錯過眼前的一切。冥想型思維幫助我們沉浸在現實，並注意到不同的可能性，而不是把思緒集中在一個可能性上（「這是一個數學問題」）。冥想型思維對於辨別欲望的過程也很重要。[31]

開始練習冥想型思維最好的方法就是為自己倒一杯飲料，然後花一個小時看一棵樹。整整一個小時。這個練習只有一個目的，那就是學習不抱任何目的——除此之外，別無其他。你在看樹時，去留意你所注意到的一切。你會發現你的計算型思維慢慢地讓位給冥想型思維。如果沒有，請依照你的需求重複練習。

這兩種型態的思維方式在不同的情況下發揮效用。如果我想要投資股票市場，我應該運用計算型思維。如果我想要理解世界上一個意想不到的新情況，或發掘深厚欲望，我需要的是冥想型思維。計算型思維停留在現在的時間，就是無法長到足以讓任何深厚事物現形。

冥想型思維是超速模仿文化的解毒劑，因為它有足夠的時間得以發展出深厚欲望。當我花費足夠多的時間來了解我的欲望，可以指名它們，也知道自己是否想與它們一起生活時，轉

變就此發生。

計算型思維是更具模仿形式的想法。但僅有心態是不夠的。我們與他人之間存在著關係。而人際關係是模仿欲望的存在之處。

軸轉空間

許多人際關係會透過模仿連結而聯繫在一起：如球員之間為了得到教練的尊重而競爭，同事之間為了地位而競爭，而學者之間則是為了累積資歷而競爭。

整體而言，即便是健康的關係中也存在著模仿張力：像是在配偶之間、父母和孩子之間，或同事之間。甚至你和你最好朋友的關係也可能（而且很可能）略帶一些模仿色彩。健康的競爭是好的；在這裡，我們談論的是模仿的敵對競爭。關鍵在於了解人際關係是模仿的管道，並且面對它們。

轉化欲望涉及改變我們人際關係的本質。我們就從大多數人花費大部分時間的三個地方開始談起：我們的家庭、我們的想像力以及我們的工作。

家庭

家庭是人們第一次了解如何想要以及想要什麼的地方。

當我們還是孩子的時候，我們的整個欲望清單——我們

可以選擇想要或不想要的東西，多數局限於我們的家庭可提供給我們的物品和角色，還有獎勵我們去玩的物品或扮演的角色。這些角色可能包括為在情感依賴性強的父母做個聽話的孩子、效法哥哥姊姊樹立的榜樣、成為優秀的自由主義者或保守主義者、成為虔誠的教徒或無神論者，或是家庭價值系統想要塑造的任何其他事物。

孩子幼小時，父母是他們唯一的模仿榜樣。父母想要什麼，孩子便想要什麼。之後的榜樣是年長的手足。但是沒過多久——通常是到三歲，或是當他們意識到父母不是神時（看哪一件事先發生），他們會開始四處尋找其他榜樣。幾乎任何榜樣都可以。

根據二〇一五年傑科布·格什曼（Jacob Gershman）在《華爾街日報》上的一篇文章，新奧爾良的兩歲孩童格雷森·多布拉（Grayson Dobra）對於人身傷害律師莫理斯·巴特（Morris Bart）的廣告十分著迷。當格雷森會開口說話時，就脫口而出說：「巴特！巴特！」於是，在他兩歲生日那天，他的母親為他舉辦一個以巴特為主題的生日派對：有一個巴特的主題蛋糕、一個巴特的人型看板以及巴特的周邊商品禮物。格雷森在名人島上找到了他在家庭之外的第一個榜樣。

當兒童成為青少年時，他們早已將童年時代的榜樣拋在腦後。青春期開啟一個超級模仿階段，即使是最理智的孩子也逃不過這個衝擊。每個人都試圖回答一個基本問題：我是誰？我

想成為誰？透過這一切，父母可以幫助他們的孩子認識到他們的欲望有哪些是深厚欲望、哪些是淺薄欲望，並鼓勵他們培養深厚欲望。他們可以透過強調可能帶來滿足感的事情來做到這一點（例如提到孩子去年令人驚嘆的鋼琴音樂會，這樣似乎可以將他們對音樂的熱愛提升到另一個層次），並淡化那些沒有帶來滿足感的事情（例如適當看待他們因為自己最好的朋友拿到A、自己只得到A-的焦慮）。

最重要的是，父母有責任形塑健康的關係。這意味著要仔細注意他們的模仿衝動，即便是看似無害或微不足道的方式。吃飯時談到的每一條政治新聞，或是孩子在學校或運動中所遭受每一個輕微不公正的待遇，都以模仿模式回應，或是將孩子做為與其他父母競爭的棋子（例如給孩子買一輛超越過他們朋友父母負擔能力的車，以顯示你的地位），這所有的一切都創造出一種學習模仿行為，並讓它成為常態的氛圍。

大多數人都傾向於和周圍的人一樣從事模仿。父母的模仿行為往往被孩子學習與吸收。通常，他們的替罪羊也是如此。我們應該注意我們的孩子學會愛誰與討厭誰。

想像力

盲人的夢想是什麼？答案取決於他們何時失去視力。一個八歲就失明的人，可以利用還能看到的時候，以大腦接收到的所有感官訊息來編織夢想。天生失明的人則不一樣。他們不會用影

像編織夢想，因為他們的大腦裡沒有影像可以使用。他們在感覺和聲音裡編織夢想（掉進沒蓋上人孔蓋的下水道入口或被看不見的汽車撞到很常見）。簡單地說，我們只能以我們接收到的訊息來編織夢想。[32]

講到我們的欲望，我們通常表現得好像是盲人一樣。我們會仰賴那些我們認為比我們「看得更清楚」的人（也就是我們的榜樣），以了解什麼是值得注意和追求的。我們每個人都有一個欲望宇宙，它和我們的想像力一樣大。

那麼我們的想像力是如何形成的呢？

大部分的生活是由內隱知識所組成，也就是哲學家麥可·博藍尼（Michael Polanyi）所說的「難以言喻的理性」。這些是我們知道但無法解釋的事情。我們知道很多事情，但是當我們企圖清楚地與另一個人（甚至是與自己）傳達這些事情時，總是會結結巴巴地說不清楚。[33]當我第一次試圖教導我的妻子克萊兒（Claire）使用滑雪板的方法時，我也經歷了這一點。這不漂亮，我指的不是她的滑雪技術，而是我笨拙的教學嘗試。

我們在山頂繫好安全帶。我跳了起來，本能地將重心轉移到腳後跟邊緣，以免滑下我們所處的緩坡（這是我的第一個錯誤：沒有為課程找到平坦的地面）。「這裡，就只要靠著……」碰一聲！我話還沒說出口，克萊兒企圖起身，但她的屁股已經跌坐在地面上。在接下來的一個小時裡，我一直在

努力描述我是怎麼做的，但都沒有效。克萊兒透過反覆測試，並從錯誤中學習，自己找到轉移重心的方法。她告訴我所有我原本可以給她的簡單提示，讓她可以不用在六十分鐘內跌倒五十次。但事實是，我其實並不知道我是怎麼做到的。我早已不記得我第一次學習時是什麼狀況。

我想起那則蜈蚣的寓言。有一天，蜘蛛看著蜈蚣，被他的靈巧所吸引。蜘蛛問他怎麼協調自己的一百條腿同時動起來。蜘蛛只有八條腿；他無法想像如何讓額外的九十二條腿移動。「嗯，嗯……我想一下，」蜈蚣說。「我移動這條腿……不，等等，這條……不，也許這條……然後我……不，那不對。」蜈蚣想了想，縮成一團。這是他的內隱知識。

新語言的流利度、幽默感、情緒智商和美學感知，這些都是我們可能心照不宣但無法完全表達的東西。充滿活力的想像力也是如此，充滿了年輕時的欲望榜樣。

從孩子聽到的第一個童話故事開始，他們的想像力就以崇高的理想和冒險的奇幻形象起飛：英雄主義、犧牲、美麗、愛情。這些都是我們人性素質的核心，但我們很難解釋為什麼它們很重要。

文學是想像力的主要影響之一，它是欲望的學校。文學是年輕人進入他人欲望故事的地方，無論是真實，還是虛構。當然，孩子在文學裡接觸到模仿的力量，並經常因此激起自己的欲望（你那個讀過哈利波特的孩子會很開心能當一天的巫

師），不過我們可以把文學當做訓練場，用來處理和辨別哪些欲望會帶他們到哪裡。好小說會在故事裡演繹這點。

我們的欲望只會與我們所接觸的榜樣一樣大（或一樣小）。形塑偉大、深厚欲望的虛構人物，可以**彌補現實生活中渺小、淺薄欲望榜樣的不足**。

教育已經從人文藝術轉向日益專業化的技術知識──計算型思維。這將如何影響未來世代的欲望形成？我們不得而知。但我們應該認真思考我們的教育系統是如何塑造學生的想像力，進而形塑他們的欲望。

工作

我相信工作的目的不僅僅是為了創造更多，而是為了變得更多。工作的價值不能單就工作本身客觀的產出做為衡量；它必須將實際工作者的主觀轉變列入考量。

兩名醫生在同一家醫院可能做完全相同的工作。十年後，其中一人可能會因為工作時間長、餐廳食物差、保險制度不完善和病人忘恩負義而變得滿腔痛苦和怨恨；另一個人可能經歷同樣的事情，但這些生活經驗讓他成為一個更有愛心、耐心和理解力的人。

雇主有責任考慮工作上的這種主觀層面。公司及其內部工作的性質如何促進個人的全面發展？

二〇一五年，西雅圖信用卡帳款處理公司重力支付

（Gravity Payments）的創辦人兼執行長丹・普萊斯（Dan Price）自願放棄大部分的年薪（將近一百萬美元），讓公司員工在接下來三年的最低薪資提高到七萬美元。他做出這個決定時，公司的平均工資是四萬八千美元。這個薪資水準偏低，但其實已符合一般市場的給薪標準，也就是說，就類似的工作而言，他的競爭對手也是支付這樣的工資。但是在物價不菲的西雅圖，他們所提供的薪資僅能勉強糊口。許多員工仍感覺財務不夠穩定，無法成家。

在普萊斯做出決定後的五年裡，公司營運蒸蒸日上。這家帳款處理公司處理的交易金額從三十八億美元增加到一百零二億美元。更重要的是，員工人數也在成長。員工人數增加一倍多，而且員工也能夠追求他們的深厚欲望，比如養兒育女。在最低工資調整之前，重力支付的員工每年總生育數從約為零增加到兩個新生兒。調整後，新生兒人數在四十人左右。

關於人們想要什麼，有時候市場並不是好指標。市場擅長找到淺薄欲望的價格，但未必適用於深厚欲望。

在工作中轉化欲望並不是透過修補現狀來實現，而是在有人跳出模仿系統（例如薪資的「產業標準」）、並以更全面的觀點看待生活與人性時才會發生。

在陳舊的馬克思主義—資本主義的框架之外，還有許多獎勵優秀工作的新方法，但是很少有企業家願意研究它們。

企業也有能力讓更永續的事物更受歡迎。可悲的是，大多

數公司並沒有依據他們如何塑造欲望來考量他們的使命。如果每一家從非永續行為中獲利的公司，就有兩家創造永續的機會並讓它們更具吸引力的公司，世界會怎麼樣呢？

悠樂樂食品（Yolélé Foods）進口西非的食材與料理，並將其引入美國。[34]它的旗艦食材是福尼奧米（fonio），這是一種在非洲薩赫勒（Sahel）地區種植了數千年的古老抗旱穀物。但在塞內加爾和西非其他地區，許多人都看不起它。在其成長的地區外，福尼奧米並不被認為具有很高的價值——而這種對價值的認知在很大程度上是模仿來的。

悠樂樂的共同創辦人、來自塞內加爾的主廚皮耶·蒂亞姆（Pierre Thiam）告訴我，塞內加爾人普遍認為「來自西方的東西最好」。任何在當地生產的東西都被認為沒有價值。二○一九年，我與蒂亞姆坐在一起，他告訴我這個想法如何被殖民者灌輸給塞內加爾人。由於塞內加爾人被迫種植單一作物花生來出口，當地農作物已被取代，法國必須從當時的印度支那進口碎米來養活不再自己種植糧食的塞內加爾人。悠樂樂有意讓西非食材和食品的形象在美國流行，以便讓西非人民重新燃起種植和食用福尼奧米的欲望——以及財務誘因。

每個企業都應該認真思考，如何讓自己的使命與欲望榜樣保持一致。

三項發明

吉拉爾走到生命盡頭時，愈來愈擔心我們面臨的未來將會有更
多的模仿，例如沒有明確終點的戰爭、助長我們最強烈模仿本
能的科技，以及成為模仿危機催化劑的全球化等，但是卻沒有
控制衝突的有效方法。

　　關於減輕模仿欲望帶來的負面結果，歷史上有兩項重大的
社會發明：替罪羊機制和市場經濟。還會有第三項嗎？

第一項發明

替罪羊機制讓處於危機中的社會免於來自內部的自我毀滅。它
以一種矛盾的方式發揮作用：替罪羊機制包含以暴制暴。以所

欲望的演進

有人對一個人的戰爭，取代所有人對所有人的戰爭。吉拉爾認為，儘管存在不公，替罪羊機制在早期社會中具有維持社會穩定的作用。

　　在現代西方文明中，替罪羊機制已經變得不那麼有效，就像我們對某種藥物的敏感度下降一般。它的弱點在二十四小時輪播的新聞、真人秀節目和社群媒體中顯而易見。在替罪羊被摧毀後，只需要幾天、有時候只要幾個小時，就需要更多的鮮血或嘲弄。

　　我們在第四章中看到，缺乏效能的原因在於替罪羊機制已被揭露。我們不再完全相信我們所做的是正義。失去認為替罪羊有罪的這個信念，導致這個機制的無能。替罪羊就像尼爾·蓋曼（Neil Gaiman）筆下的美國眾神——那些神，只有在人們相信他們的時候才會存在。

第二項發明

隨著替罪羊機制失效，現代市場經濟應運而生並取而代之。[35]

　　市場經濟將模仿欲望引導至生產活動中。當一位才華橫溢、身價十億美元的新創公司執行長開始嫉妒共同創辦人時，他不會賭上自己的身家發動叛變，而是選擇離開，並開創自己的公司。尼可拉·特斯拉（Nikola Tesla）和愛迪生（Thomas Edison）不是為土地或實物的支配地位而競爭。他們是為了自己的聲望而競爭。整體來說，與直接而暴力的肢體衝突相比，

這些選項是好事。

經濟競爭與被它所取代的獻祭世界相比，沒有那麼血腥。但它同時也會製造受害者：無法進入市場的窮人、被剝削的工人、贏家通吃的制度。場中者與場外者間的差異因而加劇。

儘管消費主義存在許多問題，但是敵對競爭和欲望在它的引導下，負面影響主要發生在放縱自己淺薄欲望的人身上。如果你只在牛排館吃飯，你可能會發胖，成為言語無味的人，但至少你不會為了社會地位而在街上和別人持劍對決。

只要我們還在較量誰擁有附近最好的汽車和房子，我們就不會試圖併吞我們的鄰居。

第三項發明

替罪羊機制是第一個解決欲望問題的重大社會發明。其次是市場經濟。這兩者都無法保護我們免於未來模仿升級和危機的影響。

若要保護人類，可能得靠第三項發明，而這是一項尚未被發現或正在被發現的發明。人類必須找到一種新方式，以有效但非暴力的方式來引導欲望。少了它，模仿欲望便會失控。我們不可能知道這個新興的社會機制會是什麼，但是請容我簡短做些臆測。

人類可能創造一種科技超結構，其作用與古代宗教在替罪羊中所扮演的角色相同：通過數十億位元與位元組，將暴力傳

播到以太中。這可能是一項能夠推動金錢演進的發明，在個人層面衡量和獎勵價值創造會因此變得更加容易。這可能是一項會加速太空探索和殖民的發明，這樣人類就可以探索部分的全新宇宙，從而少想著如何毀滅彼此。又或者，它可能是一項教育上的發明，讓每個人更容易開創自己的軌道。

這項創新是否可能已經隨著網路的出現而發生？有問題時，人們本能地在Google上搜尋答案。代表群眾暴力的網路做出裁決，並將人們引導到一千個不同的地方——無論是在Reddit論壇，還是在臉書貼文，他們可以找到一種獨特且為他們量身訂製以宣洩情緒的出口。

網路是否就是第三項發明，我心中存疑。在我看來，加劇的暴力比平息的還要多。

在沒有新的社會發明的情況下，我們只能盡其所能去做。就從我們如何形塑和管理自己的欲望開始。

最重要的欲望，沒有之一

天使名單（Angel List）的創辦人納瓦爾·拉維坎特（Naval Ravikant），《華爾街日報》說他擁有一套「理性佛學」（rational Buddhism）的個人哲理，他是許多企業家縝密思緒的來源之一。很少有科技公司的執行長會以更直接的方式談到欲望在商業和生活中的作用。

「欲望是你與自己訂立的契約，在你得到想要的東西之前，你不會快樂，」他說。[36]有無數的精神傳統探討欲望和痛苦之間的連結，而拉維坎特汲取這些永恆的理解：欲望總是追求著某種我們感覺自己欠缺的東西，它使我們受苦。

模仿欲望清楚地表示，它是對於成為某人或某物的持續渴望（我們稱之為形而上欲望）。人們之所以選擇榜樣，是因為他們認為榜樣掌握著一把鑰匙，可以打開一扇門，通往他們一直在尋找的那樣東西。但正如我們所見，形而上欲望是一場永無止盡的遊戲。我們換榜樣的速度比換衣服的速度還快。獲勝的行為（也就是得到榜樣讓我們所想要東西的行為）使我們確信，我們在一開始就選擇錯誤的榜樣。於是，我們尋找另一個榜樣。

模仿欲望是一種自相矛盾的遊戲。贏就是輸。每一場勝利都是一場得不償失的勝利。

世界充滿了榜樣。商業界特別喜歡它們。有金融榜樣。有聲稱提供成功路線圖的最佳做法、指南、範本和每日部落格。在雜誌封面和《華爾街日報》的版面上都有榜樣。還有書。每一個人若非是榜樣，就是在傳達他們應該就是榜樣的訊息。

以上這些都提供欲望的外部架構或基模（schema）。這似乎正是人們正在尋找的東西。當我的學生問我，他們應該如何過他們的人生時，他們總是期待我給他們一套劇本。他們想要

一張路線圖。我告訴他們，羅米洛出現在我拉斯維加斯家門口的故事。我問他們，史登商學院是否應該退我學費，因為他們沒有教我如何與羅米洛打交道。

所有的基模最終都會不夠。生活就是在一個不確定的未來中航行，我們當前的每一個圖解架構都不足夠。「基模」的英文「schema」來自希臘文。它是現代希臘文動詞「suschématizó」的字根，意思是「符合」。例如，希臘文片語「Me syschematizesthe!」的意思是「不符合！」更具體地說，它是指「不要依據任何外在模型的樣式來調整自己」。

就定義而言，一個打造出來的欲望必然是根據一個模型來塑造。沒有一個建築師可以在手邊沒有基模的情況下開始繪製藍圖。

另一方面，欲望的轉變是一個動態過程。希臘人用另一個完全不同的單字來表達從內部發生的全然轉變，而這也無法套用任何一種特定的模式：metamorphosis（變形）。

這種實質轉變（從根本上說是欲望的轉化）是痛苦的。任何精神傳統都清楚，要改變我們的欲望（至少是以正向的方式）都需要受苦。沒有人願意放棄淺薄欲望。

「在你的欲望中，選擇一個可以壓倒一切的欲望。為它而受苦是可以的，」拉維坎特在喬‧羅根（Joe Rogan）的播客節目裡說。其他的欲望必須被放下。[37]

放下次要欲望是一種死亡。

　　當我想到唯一最重要的願望時，我想到我非常喜歡的美國作家安妮·迪勒（Annie Dillard），她在散文集《教石頭說話：遠征與邂逅》（*Teaching a Stone to Talk: Expeditions and Encounters*）中寫到如何從自戀的童年中醒來，並沉浸在她周圍更大世界的當下時刻。晚年，她寫了一篇富有詩意的非小說作品，名為〈像黃鼠狼一樣地活〉（Living like Weasels）。這是關於在自然界中與黃鼠狼的一次偶遇（沒錯，就是黃鼠狼）。因為迪勒的文字優美，還有她對黃鼠狼的描寫可以教我們關於生命許許多多的事情，這篇文章我看了很多次。我無法比迪勒說得更好，所以我會引用她的話。

　　迪勒講述一個男人從天空射下老鷹的故事。當男人檢查老鷹的軀體時，他發現一根黃鼠狼的下顎骨頭牢牢地卡在老鷹的脖子上。牠一定曾經俯衝到地面抓黃鼠狼。但是黃鼠狼剛好在完美的時點轉過頭來，一口咬進老鷹的脖子。

　　當老鷹高高地飛向天空，黃鼠狼更加緊緊咬住老鷹脖子上的肉，直到最後老鷹或風拆散黃鼠狼乾枯的骨頭，只剩下牠的下巴殘骸——誰知道那隻黃鼠狼在老鷹脖子上懸吊了多久。

　　「關鍵是要以某種熟練且靈活的方式悄悄地接近你的呼召，找到最柔軟且重要的點，插入那個脈搏。」迪勒寫道：「緊緊抓住你的必要事物而不放手，不管它把你帶到哪裡，都

要緊緊跟著，我認為這是很好、很適當、順服而純粹的事。那麼，無論你去到哪裡，無論你如何生活，即便是死亡都無法將你們分開。」[38]

我們並非完全被本能所引導，就像幫黃鼠狼插入脈搏那樣的本能。但是我們必須做出決定，選擇什麼值得我們投入。否則，我們都還沒來得及對那些觸及我們內心深處的事物表態時，我們的骨頭就已被模仿力量的風吹乾。

跟隨著你最重要的欲望。當你找到它，轉化你所有的次要欲望，讓它們變成對你最重要欲望有用的東西。迪勒寫道：「抓住它，讓它帶你飛向高處，直到你的眼睛燃燒殆盡後墜落；讓你鮮美的肉撕成碎片，讓你的骨頭錯位散落，散落在田野和樹林裡，輕輕地、不加思索地，從任何高度，像鷹一般的高處。」[39]

緊抓住你最重要的欲望必然意味著緊抓住榜樣。少了榜樣，我們就無法走進我們的欲望。我們永遠依循那些對我們來說最為真實的榜樣——他們擁有一種對我們而言超越我們自己的生命特質。

所以，追隨你最崇高且最尊貴的欲望，但你必須以榜樣的形式找到它。就在這一天，就在你讀到這些文字的此時，這個榜樣可能是書中的人物、領袖、運動員、聖人、罪人、榮譽勳章得主、一段愛情、一段婚姻、一個英雄般的行為、那個你能

想到最棒的理想。

但那個榜樣並不是終點。因為它是外在的,它無法自動啟動你為了超越榜樣而需要的內在轉變。如果內在轉變沒有發生,只要事涉我們的榜樣和欲望,我們就會陷入一場永無休止的打地鼠遊戲。當內在轉變發生,會有一段思考過程,幫助淺薄欲望消失,讓深厚欲望生根。

外部榜樣或架構與內部轉變或變形之間沒有對立。關鍵在於確保當你追求一個榜樣時,這種追求同時影響內在的轉變,幫助你選擇更好的新榜樣。

愛與責任

淺薄的模仿欲望比比皆是。它們無時無刻都在向我們招手。我們可以緊咬它們,甚至把牙齒深深地咬進去,但它們不會帶我們去任何我們想去的地方。

我們有兩種選擇:活在無意識的模仿生活中,或努力培養深厚欲望。選擇後者,我們可能會擔憂錯過我們周圍閃亮的模仿事物。

在我生命的盡頭,我相信我最害怕錯過的是對深厚欲望的追求。那個我會因全心全意付出而感到滿足的欲望。如果我會因為筋疲力竭而死去(我們所有人最終都會如此),也不是因為追求渺小的欲望。那會是因為抓住一個深厚欲望,並堅持到什麼不剩。

當人們確信自己的欲望至高無上時，破壞性的模仿循環就會開始作用。他們甚至願意犧牲他人來滿足自己。但在欲望的正向循環中，人們尊重他人的欲望，就像尊重自己的欲望一樣。甚至，他們積極與他人合作，幫助他們實現他們自己最重要的願望。在一個正向循環中，我們在某種意義上都是鄰人深厚欲望的助產士。

策略15

彷彿你對別人想要的事物有責任般活著

我們在人際關係中透過以下三種方式幫助其他人滿足他們的需求：我們幫助他們想要得更多，我們幫助他們想要得更少，或者我們幫助他們想要不同的東西。

我們遇到的每個人——即使是在我們日子裡最無趣的互動——我們都是以其中一種方式協助他人的欲望。這些變化通常難以察覺。但就像一個巨大的飛輪，我們會從某個方向輕輕推動其他人的欲望。

意識到模仿欲望的存在，並抱持這樣的知覺生活，伴隨而來的是化解敵對競爭、每天一點一點地形塑正向欲望的責任。

愛的最簡單定義是希望別人好。義大利人有一種說「我愛你」的方式格外有啟發性，他們說「Ti voglio bene」，意思是「我希望你好」──我想要任何對你最好的事。

我們有責任形塑自己的欲望。正如我們所看到的，少了其他人，我們就無法做到這一點。形塑我們欲望的責任與尊重我們與他人之間的關係的責任是聯繫在一起的。

當我們不那麼關心自己欲望的實現，反而更關心他人的欲望實現時，欲望的轉化就會發生。弔詭的是，我們會發現，這正是實現我們自己欲望的途徑。

欲望的正向循環之所以起作用，是因為被模仿的主要事物便是給自己的禮物。這是每一段美好婚姻、友誼和慈善行為背後的模仿欲望的正向力量。

說到底，「想要」其實是「愛」的另一個詞彙，而它也具有模仿性。

「我們可以隨心所欲地生活，」迪勒在她的文章接近尾聲時寫道。「人們選擇誓守貧窮、貞潔和服從──甚至是沉默。」她發現她自己和黃鼠狼之間有一個明顯的區別：「黃鼠狼生活在必要事物中，而我們生活在選擇中，厭惡必要事物，最後卑賤地死在它的爪子裡。」[40]

我們要做一個選擇：是屈服於模仿力量，讓我們無時無刻地主張著自己的欲望，或是屈服於我們最重要欲望的自由──我們一直受其驅使而一次又一次去做，直到我們發展

出那個足以讓我們賭上性命的深厚欲望。

　　與此同時，也可能我們始終都有一些我們可以緊咬著不放的溫暖事物：想要我們已經擁有的東西。

後記

吉拉爾寫道：「作者的初稿是一種自我辯護的嘗試。」任何事物的初稿——無論是書籍、公司、人際關係還是生活計畫，通常都掌握到我們想要的東西。[1]

　　吉拉爾認為，最好的小說家會閱讀他們的初稿並看穿它們。他們將初稿視為一場「騙局」，在無意識下企圖隱藏自己欲望的複雜性，欺騙讀者和自己。（史蒂芬·金曾寫道，他從他的第一個恐怖故事的主角嘉莉那裡所學到最重要的事情就是，「作者對一個或多個角色的原始看法可能與讀者的一樣錯誤。」）[2]

　　閱讀初稿會使作者感到震驚和幻滅，他們的驕傲和虛榮心因而受到打擊。「而這種存在主義式的垮台是成就偉大藝術作

品的契機，」吉拉爾說。[3]作家再次開始，不過這一次沒有讓他們對自己的模仿視而不見的浪漫謊言。

在此之前，作者筆下的人物正邪分明。在此之後，層次出現。角色必須設法解決模仿欲望和敵對競爭。作者將生命視為一場欲望不斷演進的過程。

倘若我在這本書的任何一個地方提及你的名字，無論是正面或批評的方式，你都可能是我的某種榜樣。因為你打動我寫一本關於模仿欲望的書的欲望，我希望我已經打動別人寫一本更好的書的欲望。

說不定我已經開始努力與你競爭。

致謝

這本書立足於吉拉爾寬闊而崇高的肩膀，但是還有許多人也借給我他們的肩膀——他們的眼睛和耳朵，有時甚至是他們的欲望。沒有他們，我不可能到達終點。

　　我的妻子克萊兒（Claire）在一年內聽到「模仿」這個詞的次數比任何人在五輩子裡聽到的次數都多。她是我最瘋狂想法最好的回聲板。感謝上帝，其中有一些想法沒有寫進這本書裡。那也要感謝她。她還是一位孜孜不倦且聰慧的編輯和對話者，她鼓勵我，也做出比任何人都多的貢獻，讓這個計畫開花結果。

　　本書中有些想法衍生自其他人的作品。我模仿他們。因此，我要感謝這些榜樣們：吉姆・柯林斯（Jim Collins），他

對飛輪的比喻釐清我自己對欲望循環的想法；塔雷伯（Nassim Nicholas Taleb）筆下的「極端世界」（Extremistan）和「平庸世界」（Mediocristan）是「名人島」（Celebristan）和「新鮮人島」（Freshmanistan）的榜樣；在過去五十年裡，許多研究吉拉爾的學者和吉拉爾理念的實踐者所提出的思想，形塑我自己的想法，在此特別感謝：Paul Dumouchel、Jean-Pierre Dupuy、James Alison、Cynthia Haven、Martha Reineke、Sandor Goodhart、Andrew McKenna、Suzanne Ross of the Raven Foundation、Steve McKenna、Ann Astell、Gil Bailie〔感謝他讓我有機會闡述「擾動的同理心」（disruptive emphathy）一詞〕以及 Wolfgang Palaver。

感謝 Jim Levine 在整個過程中的支持。他是我期待過最好的出版經紀人，感謝亞當・格蘭特（Adam Grant）把我介紹給他。Jim 一直是一位明智的導師，儘管在全球疫情蔓延下工作，他完全不曾動搖且始終如一。

在聖馬丁出版社（St. Martin's Press），Tim Bartlett 就像一位偉大的體育教練，他總是在正確的時間給我正確的提示，讓我發揮最好的自己。他看到這本書的重要性，並以靈巧的筆觸引導它到最後。感謝聖馬丁出版社每一位同仁（因為人數太多人，無法一一列出），他們是這項計畫能夠完成的關鍵角色：謝謝。我很自豪能成為你們的作者。

Megan Hustad 對於手稿的見解和組織非常寶貴。我的

同事Rebecca Teti展現她的優雅、智慧和毅力，雖說她每天都是如此。其他幫助完成這本書的人包括：Rod Penner、Brian Williamson以及Pruvio的其他人；Ben Kalin；我助理Grady Connolly的那把堅韌且令人驚嘆的瑞士軍刀；Christine Sheehan；以及在華盛頓特區、紐約市和世界各地酒吧、餐廳和咖啡廳裡所有的好人——遺憾的是，這當中的許多店家現在都關門了——我經常在深夜及清晨，坐在那裡寫書稿。

特別感謝Liana Finck，她的插圖讓書裡的頁面增添活力。與她一起研究想法，並找到將它們視覺化的方法，是整個過程中最有價值的部分之一。通過繪圖思考對我的寫作產生正面影響。我很感激有機會與如此有思想、有才華以及良善的人一起工作。

感謝我的同事們、夥伴們和朋友們的幫忙，讓我的想法更加地完善：Dr. Joshua Miller、Andreas Widmer、Frédéric Sautet、Tony Cannizzaro、Michael Hernandez、David Jack、Fr.Brendan Hurley (SJ)、John Souder、Michael Matheson Miller、Carlos Rey、Gregory Thornbury、Anthony D'Ambrosio、Louis Kim、Brandon Vaidyanathan以及其他許多我無法在此以這種方式適當感謝的人。

還要感謝所有對本書的想法做出貢獻並願意參與對談的人：Chef Sébastien Bras、Peter Thiel、Jimmy Kaltreider、Trevor Cribben Merrill、Chef Pierre Thiam、Imad和Reem Younis、

Dean Karnazes、Aimee Groth、Dr. Andrew Meltzoff（特別樂於助人）、Mark Anspach、Bruce Jackson（他還親切地提供吉拉爾的照片）、Dr. Roland Griffiths、Naresh Ramchandani、Tyler Cowen、Dan Wang、Jonathan Haidt以及其他因篇幅讓我在此省略或遺漏的朋友。

　　我還要特別感謝美國史密斯學院（Smith College）的中國與比較文學助教授Sabina Knight，她看到給我取一個中文名字的重要性，並和我談話，直到她覺得可以安心地取名。我感謝我每一個讀者的天賦和才華，我希望能與他們互動，並更了解他們。

　　最後，感謝我的父母Lee和Ida Burgis以及我的祖母Verna Bartnick給了我生命、信仰、希望和愛的禮物。愈顯主榮。

名詞解釋

有星號（＊）標示的詞彙為本書所新創或是在使用上具有特定
意涵。

Anti-mimetic＊／反模仿＊｜對於模仿欲望的負面力量有抵消作
　　用的人、行為或事物。這是一種反文化表現的特定方式，
　　比較不像文青類的人物，而比較像是聖人。

Celebristan＊／名人島｜外部傳遞的世界。

Core motivational drive／核心動機驅力｜一種獨特且持久的
　　行為驅動力，引導一個人實現獨特的結果模式。了解核心
　　動機可以幫助人們辨別他們的深厚欲望，並能將他們的欲
　　望與動機驅力更好地結合。

Cycle 1＊／**循環一**＊｜導致衝突、具破壞性的欲望過程。

Cycle 2＊／**循環二**＊｜建設性、創造價值的欲望過程。

Desire／欲望｜人類生命中一種複雜而神祕的現象，人們被特定的人或事物所吸引，且相信他們是值得追求。欲望與需要不同，因為它們必須有模仿的對象（榜樣）。「人是那種不知道自己想要什麼的生物，因此他會求助於他人來決定自己想要什麼，」吉拉爾寫道。欲望是導致人類尋求超然事物的原因。

Discernment／辨別力｜做出決策的過程，包括但超出理性分析。它來自拉丁文，意思是「區分出一項事物與其他事物的差異」。辨別力包括感知力、內隱知識和解讀欲望的能力。因為欲望缺乏科學和客觀的判斷標準，因此需要辨別力來決定要滿足哪些欲望，又要捨去哪些欲望。

Disruptive empathy／擾動的同理心｜破壞循環一的同理心。

Double bind／雙重束縛｜模仿者與榜樣最終將彼此視為榜樣，因此每個人都是對方的模仿者和榜樣。

External mediation／外部傳遞｜當一個人模仿一個被時間、空間或社會圈所區隔的人的欲望時，模仿者幾乎沒有機會接觸到他們正在模仿的人，也就是他們的榜樣。在外部傳遞中，榜樣所傳遞的欲望來自模仿者所在世界的外部。

Freshmanistan＊／**新鮮人島**＊｜內部傳遞的世界。

Fulfillment Stories／滿足感故事｜一個人認為自己在一生中

做得很好、並帶給他們深切滿足感的故事。滿足感故事有
助於展現核心動機驅力的模式。

Hierarchy of value ／價值層級｜價值體系裡的各項價值不一
定被視為平等，但是它們相互關聯，而且構成一個統一整
體的一部分。

Imitation ／模仿｜以某人或某事作為行動的榜樣。兒童是模
仿專家；成年人通常會掩飾模仿行為。模仿是驅動兒童發
展、成人學習和培養美德的正向力量。模仿本身是中性
的，但是我們可以正向模仿或負面模仿。

Internal mediation ／內部傳遞｜當模仿者與欲望榜樣生活在
同一時間、地點或社會圈時，與榜樣接觸的可能性很高。
在內部傳遞中，榜樣傳遞的是來自主體所在世界內部的欲
望。

Mediation of desire ／欲望的傳遞｜欲望在模仿者和榜樣之間
的動態關係中形成的過程。

Meme (Memetic) Theory ／迷因理論｜不要把這個詞彙與吉拉
爾開創的模仿理論（mimetic theory）混淆了。迷因學領
域是以達爾文進化論的原則為基礎，研究資訊和文化如何
發展。「迷因」（meme）一詞是由行為學家、演化生物學
家理查・道金斯（Richard Dawkins）在一九七六年的著作
《自私的基因》（*The Selfish Gene*）中創造的。「迷因」一
詞刻意要讓人聯想到「基因」（gene），因為迷因相當於

文化裡的基因。迷因是通過某種複製或模仿過程，在大腦之間傳播的字彙、口音、想法、曲調等等。[1]

Mimesis ／模仿｜一種複雜的仿效形式，在成人中通常是隱藏的。在模仿理論中，模仿有負面含義，因為它通常會導致敵對和衝突，而這也是為什麼吉拉爾會特地用「mimesis」這個希臘字，以取代「imitation」（仿效）。人們對仿效比對模仿更有自覺。模仿可以是正面或負面，但通常是負面，因為它會被否認或偽裝。

Mimesis crisis ／模仿危機｜當敵對性的模仿欲望在群體中蔓延，就會發生模仿危機，導致無差異化。結果就是有撕裂群體之威脅的混亂。

Mimetic desire ／模仿欲望｜透過模仿他人想要、或是以為他人想要的事物而產生並塑造的欲望。模仿欲望意味著我們選擇的對象是受到第三方、榜樣或欲望傳遞者的影響。

Mimetic rivalry ／模仿的敵對競爭｜已發展為競爭敵對（competitive rivalry）的模仿欲望——想要同一事物的兩方為一個目標而競爭。

Mimetic systems ／模仿系統｜根據模仿欲望運作並以模仿欲望維持的系統。

Mimetic theory ／模仿理論｜根據模仿在人類行為中所扮演的角色，去解釋社會及文化現象，特別是欲望的模仿（模仿欲望）及其影響。該理論解釋模仿欲望、敵對、暴力、替

罪羊機制以及用來避免模仿危機的宗教及文化的儀式、禁忌和禁制之間的關係。

Mirrored imitation＊／**鏡像模仿**＊｜一個人想要的東西與競爭對手想要的不同或相反，而此舉是為了讓自己與模仿的競爭對手有別。

Misrecognition／誤認｜在模仿理論中，誤認〔或「誤知（misknowing）」〕是指陷入模仿欲望掙扎的人或團體有扭曲自身認知的傾向，並將某些人或事物錯認為是他們問題的起因。誤認使替罪羊機制發揮作用。誤認的概念（法文原文是méconnaissance）在吉拉爾的著述裡是關鍵字彙，但是這個字彙很難百分之百原汁原味地翻譯成英文。對於這個概念最好的解釋來自哲學家保羅・杜穆切爾（Paul Dumouchel）的著作《欠缺的矛盾心理和其他論文》（*The Ambivalence of Scarcity and Other Essays*）中的論文〈論誤認〉（De la méconnaissance）。

Model／榜樣｜形塑並引導他人欲望的人、事物或群體。

Motivational pattern／動機模式｜滿足感故事所揭露的核心動機驅動模式。一個人的動機模式是貫穿他所有滿足感故事的主軸。

Reflexivity／反身性｜感知影響環境、環境影響感知的雙向反饋迴路。在模仿敵對關係裡，任何一方的行動都無法不影響對方的看法和欲望。

Romantic Lie ／浪漫謊言｜認為我們的選擇完全出於自主、獨立和自我指導。受浪漫謊言影響的人從不認為他們的行為是模仿而來的。

Sacrificial Substitution ／犧牲替代品｜犧牲一些象徵性的東西做為另一個（通常更暴力的）犧牲的替代品。

Scapegoat ／替罪羊｜群體為了解決模仿危機的問題而選擇驅逐或消除的人、群體或事物。替罪羊概括承擔之前無方向且混亂的模仿張力和暴力。替罪羊通常是透過以模仿驅動的判斷過程而隨機選擇。

Scapegoat mechanism ／替罪羊機制｜人類在歷史上透過驅逐或以其他方式消滅替罪羊來解決模仿危機的過程。替罪羊機制的第一次運用是透過模仿而且出於自發。之後，它以儀式的形態重新制定，以重現和解決原始的危機，做為當事人暫時的宣洩。

Thick desire*／深厚欲望*｜與淺薄欲望相比，深厚欲望的模仿成分較少。它們是歷經多年時間或是在個人生命核心的形成經驗裡成形並鞏固。深厚欲望具有意義。它們是持久的。

Thin desire*／淺薄欲望*｜淺薄欲望立基於轉瞬即逝的膚淺事物。它們是稍縱即逝的模仿欲望，主宰著大部分的生命——在人無意識地活著或是易於被模仿現象給感染時。

Transcendent leadership ／超凡領導力｜一種領導方法，將欲

望的產生和形成視為領導者的首要目標和最重要的目標，
也是組織的文化和健全的主要驅動力。

模仿理論參考書單

我相信一個人的智識旅程相對而言依賴路徑。我推薦一系列模仿理論的書籍。話雖如此,每個人都應該依據自己的興趣和動機,從不同的地方起步並循序漸進。有些人會想直接跳到《自世界創立以來隱藏的事物》,這可以說是吉拉爾的代表作。以下書單的排列順序,大致是模擬我在設計為期一年的模仿理論研討課時會採用的順序。

1. *Deceit, Desire, and the Novel: Self and Other in Literary Struc-ture*, René Girard (1961)
2. *I See Satan Fall Like Lightning*, René Girard (1999)
3. *René Girard's Mimetic Theory*, Wolfgang Palaver (2013)

4. *Things Hidden Since the Foundation of the World*, René Girard (1978)
5. *Evolution of Desire: A Life of René Girard*, Cynthia L. Haven (2018)
6. *Violence Unveiled: Humanity at the Crossroads*, Gil Bailie (1995)
7. *Mimesis and Science: Empirical Research on Imitation and the Mimetic Theory of Culture and Religion*, Scott R. Garrels, editor (2011)
8. *Evolution and Conversion: Dialogues on the Origins of Culture*, René Girard (2000)
9. *Resurrection from the Underground: Feodor Dostoevsky*, René Girard (1989)
10. *Battling to the End: Conversations with Benoît Chantre*, René Girard (2009)

想要繼續討論的讀者，可以造訪我的網站 lukeburgis.com（中文版網站為 lukeburgis.com/?lang=zh-hans），並在推持上追蹤我：@lukeburgis。

動機主題

以下是動機能力識別系統（System for Identifying Motivated Abilities，SIMA）辨識出的二十七種動機模式主題。MCODE（Motivation Code，動機編碼）是一種以SIMA系統的潛在發現為基礎的線上評估。它使用敘事式、講故事的過程，大約需要四十五分鐘才能完成。

如果你想參加評估，請直接連結到我們的網頁（lukeburgis.com/motivation），即可獲得指引以及讀者折扣。

發揮潛力（Achieve Potential）：你的活動不斷以辨識和實現潛力為焦點。

進步（Advance）：你喜歡達成一系列目標時那種進步的體驗。

與眾不同（Be Unique）：透過展現一些與眾不同且獨特的才能、品質或面向，讓自己與眾不同。

成為中心（Be Central）：你有動機成為一個將事情組織在一起並賦予它們意義和／或方向的關鍵人物。

帶來控制權（Bring Control）：你想控制並掌握自己的命運。

完成（Bring to Completion）：當你可以看到完成的作品或最終結果，並且知道你的工作已經完成、你已經實現自己所設定應完成的目標時，這時你的動機便得到滿足。

理解和表達（Comprehend and Express）：你的動機聚焦於理解、定義並傳達自己的領悟。

合作（Collaborate）：你喜歡和人們一同參與為共同目標而努力的工作。

展現新的學習（Demonstrate New Learning）：你有動機學習如何做一些新的事情，並展現你做得到。

發展（Develop）：從頭到尾地建構及發展的過程激發了你的動機。

喚醒認同（Evoke Recognition）：你有動機去吸引他人的興趣和注意力。

體驗理想（Experience the Ideal）：你有動機具體表達某些對你很重要的觀念、願景或價值觀。

建立（Establish）：你有動機打下穩固的基礎並建立功業。

探索（Explore）：超越現有知識和／或經驗的限制，探索未

知或神祕的事物。

優越（Excel）：當你超越周圍人的表現或期望時，你便想要勝過別人或至少做到最好。

獲得所有權（Gain Ownership）：你的動機的本質反映在你努力獲得你想要的東西、並對你的東西行使所有權或控制權。

改善（Improve）：當你運用自己的能力讓事情變得更好時，你最快樂。

影響行為（Influence Behavior）：當你從人們那裡知道自己影響了他們的思想、感受和行為的反應或回應時，你會受到激勵。

產生影響（Make an Impact）：你試圖對你周圍的世界產生影響或留下個人印記。

把事做對（Make It Right）：你堅持設定或依循你認為「對的」標準、程序以及原則。

讓它運作（Make It Work）：你的動機聚焦於修復已損壞或者運作不佳的東西。

取得成績（Make the Grade）：你有動機取得成績並加入那些你想成為組內成員或參與者的小組

精通（Master）：當你能夠完全掌握一項技能、科目、程序、技術或過程時，你的動機便得到滿足。

征服挑戰（Meet the Challenge）：你的成就感來自於回顧你遇

到的挑戰或你已通過的考驗。

組織（Organize）：你想建立和維持平穩運作的工作。

克服（Overcome）：你的動機聚焦於克服且戰勝困難、劣勢或反對。

服務（Serve）：你有動機去辨別和滿足需求、要求和期望。

故事1

　　以下是MCODE評量的訪談樣本以及部分結果。瑪麗亞（假名）是一家數位行銷公司的員工，我問了她幾個簡單的問題，以勾勒出她的滿足感故事。這是我們談話內容改編後的版本：

　　作者：「你可以聊一下，在你生命中的某個時刻，妳做了一件你自認自己做得很好且為你帶來滿足感的事？可能是你在七歲或三十歲，幾歲都沒有關係。」

　　瑪麗亞：「在我大四那年的越野跑比賽中，我跑出自己賽事生涯的巔峰，在最後的比賽進入前三名，這讓我可以參加新英格蘭地區賽。」

　　作者：「你能告訴我你做了什麼 —— 你採取哪些具體行動來實現這個目標？」

　　瑪麗亞：「我透過幾件事情去達到我生命中最好的體態，包括嚴格的飲食控制、早上五點起床訓練並且限制社交活動，

以免自己在準備期間內發生脫軌的狀況。」

作者：「那麼，那項成就對你來說最有滿足感的部分是什麼？」

瑪麗亞：「我能贏得教練和隊友的尊重。在那次比賽之前，我想他們只覺得我一般般而已。此外，我也喜歡跟隊上一起去新英格蘭參加地區賽事」

在她最後的回答中，她具體地描述帶給她最大滿足感的是什麼：贏得教練和隊友的尊重。瑪麗亞堅持她的訓練計劃、達到良好的跑步狀況，並與她的隊友一起前往新英格蘭參賽，這些都讓她感到滿足。但這些對她來說都不是最重要的。贏得教練和隊友的尊重是她最大的滿足感。這就是她所追求的事物。

不過，為了更全面了解瑪麗亞真正的激勵動機，我需要更深入了解她的核心動機驅力的模式。我請她再分享她生命中不同時期的另外兩則故事。以下用表格呈現瑪麗亞的答案，這是我喜歡用來彙編資訊的方式，之後是她的三大核心動機主題與詳細描述。

故事 2

滿足感故事	我的實際作為	滿足感的來源
我和我先生合作，償還我們的就學貸款。	我想出一套犧牲、預算以及努力工作的系統，然後和先生一起集中資源，並在短時間內償還債務。我們就像團隊般地合作，我必須非常有創意才能做到這一點。	它為我的生命以及我們的未來帶來一種自由感。我覺得，這是大多數人在同樣的情況下無法做到的事情。

故事 3

滿足感故事	我的實際作為	滿足感的來源
我進行訓練並完成一場馬拉松。	生完第二個孩子後不久，我決定參加全程馬拉松訓練。我必須恢復體形，從幾乎不跑步開始，訓練自己能夠長距離跑步。我也打破自己預設目標的時間紀錄。	我覺得自己很強大，並且能夠在我生命中原本應是軟弱的時候做這樣的事情。我感到特別地驕傲，因為我不僅完成比賽，還是以高標準的方式完成這場比賽。

三大動機主題

以下內容來自瑪麗亞的MCODE評量結果。

這些是針對她的三大動機主題的敘述。有沒有哪一點聽起來像你的？

1. 優越

當你超越周圍人的表現或期望時，你便想要勝過別人或至少做到最好。你在競爭中茁壯成長。也許你在與自己競爭，以測試你的極限並刺激自己，傾注全力發展技能、理解力或專業知識，追求最大極致。某些卓越、效率或品質的標準可能是你競爭驅動力的主要重心。與其他人正面交鋒可能是你最喜歡的事情。在任何情況下，你都會發現挑戰，讓你清楚地超越自己以前的努力、他人的努力或具代表性的表現。當你清楚地記住目標，你便會把自己的能力集中在追求卓越的努力上。對你而言，成就意味著超越你的工作、責任或職位的要求。你想建立聲譽，證實你工作的卓越。一般來說，你想比別人做得更好，例如成為最快或最具效能的人。

2. 克服

　　你的動機聚焦在克服困難、劣勢或反對的意見上。決心、堅持和競爭精神往往是你天生的特質。你喜歡全力以赴地戰勝問題、困難、阻礙、障礙或對手。你敘述的故事可能會以成就為特色，例如在全職工作和養家糊口的同時也取得學位。儘管背負著疼痛的傷勢，但你可能會在運動競賽中硬撐下去並表現出色。儘管缺乏經驗、欠缺技術或教育背景不足，你可能依舊努力處理苛刻的工作職責。或許有一個故事是你努力證實你的想法或計畫，雖然其他人對這些想法或許不以為然。你可能會進行大量政治活動以對抗你的提案所遇到的反對意見。你有動機與那些對你不利的因素對抗，直到你戰勝它們。

3. 精通

　　當你能夠完全精通一項技能、主題、程序、技術或過程時，你的動機就會得到滿足。你希望你的知識、執行力或是對相關繁複細節的掌控完美無瑕。你的注意力可能集中在銷售技術、生產程序或是一個行業或技藝的核心方法。你可能想精通一項運動，例如高爾夫、網球

或滑雪。你可能會專注於工程問題背後的原理或經濟、科學或哲學觀念。你可能會尋求駕馭系統、程序變項或多面向工作職責的各種要素。追求完美可能是你的性格或與生俱來的某些條件。無論如何,你的成就充滿這種例子。你的思想和才能是以精通為導向,而你的目標是朝完美邁進。

各章注釋

給讀者的話

1. "Peter Thiel on René Girard," ImitatioVideo, YouTube, 2011. https://www.youtube.com /watch? v=esk7W9Jowtc.

序幕

1. Tony Hsieh, *Delivering Happiness: A Path to Profits, Passion and Purpose*, 191, Grand Central Publishing, 2010.（繁中版《想好了就豁出去》，大是文化出版。）
2. 「切膚之痛」的原文是「skin in the game」，取自塔雷伯（Nassim Nicholas Taleb）和他優秀的同名著作的精神。（「切膚之痛」意指一個人對自身行為所造成的後果也要承擔相當的風險。繁中版的書名譯為《不對稱陷阱》，大塊文化出版）在我生命中的那個時刻，我就是處於塔雷伯所說的脆弱狀態──我的債務限制我的選擇。最糟糕的是，我的欲望是脆弱的。
3. 我從吉拉爾的密友、心理學家尚─米歇爾・歐奧良（Jean-Michel Oughourlian）得知這一點。他喜歡把模仿欲望描述為一種欲望的脈動，將人聚集在一起，然後又將他們驅散。

概論

1. Peter Thiel and Blake Masters, *Zero to One: Notes on Startups, or How to Build the Future*, Crown Business, 2014.（繁中版《從0到1》，天下雜誌出版。）
2. Paul J. Nuechterlein, "René Girard: The Anthropology of the Cross as Alternative to Post- Modern Literary Criticism," *Girardian Lectionary*, October 2002.
3. 吉拉爾使用「欲望」（desire）（法語為「désir」）一詞，因為欲望是

二十世紀中葉法國哲學界熱烈討論的主題之一。二戰後，關於「欲
望」的問題主導法國文學和學術界。當吉拉爾開始探索這個主題
時，佛洛伊德（Sigmund Freud）、沙特（Jean-Paul Sartre）、科耶夫
（Alexandre Kojève）、德希達（Jacques Derrida）和其他人都已經在
努力處理這個議題。因此吉拉爾沿用他們採取的主題分類，並徹底
改變它。吉拉爾認為，欲望是人類狀態最顯著的特徵，而模仿則是
人類行為最基本的特徵。

4. 如果社會學家涂爾幹（Émile Durkheim）今天還活著，那麼模仿欲望
可能會被稱為社會事實（social fact）。根據涂爾幹在《社會學方法
的規則》（*The Rules of Sociological Method*，Oxford Reference, 1895,
1964）的敘述，社會事實是社會生活中塑造或限制個人行為的一個
面向。

5. James Alison, *The Joy of Being Wrong: Original Sin Through Easter Eyes*,
Crossroad, 1998.

6. Sandor Goodhart, "In Tribute: René Girard, 1923–2015," *Religious
Studies News*, December 21, 2015.

7. René Girard, *Conversations with René Girard: Prophet of Envy*, ed.
Cynthia Haven, Bloomsbury, 2020.

8. Cynthia Haven, *Evolution of Desire: A Life of René Girard*, Michigan
State University Press, 2018.

9. Haven, *Evolution of Desire*, 288.

10. *Apostrophes*, episode 150, France 2, June 6, 1978.

11. René Girard, Jean-Michel Oughourlian, and Guy Lefort, *Things
Hidden Since the Foundation of the World*, Stanford University Press,
1987.

12. Thiel and Masters, *Zero to One*, 41.

13. Trevor Cribben Merrill, *The Book of Imitation and Desire: Reading
Milan Kundera with René Girard*, Bloomsbury, 2014.

14. René Girard and Benoît Chantre, *Battling to the End: Conversations
with Benoît Chantre*, 212, Michigan State University Press, 2009.

第1章

1. James Warren, *Compassion or Apocalypse: A Comprehensible Guide to*

the Thought of René Girard, Christian Alternative, 2013.

2. Jean-Michel Oughourlian, *The Genesis of Desire*, Michigan State University Press, 2010.

3. Francys Subiaul, "What's Special About Human Imitation? A Comparison with Encultur- ated Apes," *Behavioral Sciences* 6, no. 3, 2016.

4. Sophie Hardach, "Do Babies Cry in Different Languages?"*New York Times*, November 14, 2019. Also: Birgit Mampe, Angela D. Friederici, Anne Christophe, and Kathleen Wer- mke, "Newborns' Cry Melody Is Shaped by Their Native Language," *Current Biology* 19, no. 23, 2009.

5. 改編自梅爾佐夫博士（Dr. Andrew Meltzoff）論文的第一段。"Out of the Mouths of Babes: Imitation, Gaze, and Intentions in Infant Research—the 'Like Me' Framework," in *Mimesis and Science: Empirical Research on Imitation and the Mimetic Theory of Culture and Religion,* ed. Scott R. Garrels, Michigan State University Press, 2011.

6. A. N. Meltzoff and M. K. Moore, "Newborn Infants Imitate Adult Facial Gestures," *Child Development* 54, 1983, 702–09. Photo credit: A. N. Meltzoff and M. K. Moore, "Newborn Infants Imitate Adult Facial Gestures," *Science* 198, 1977, 75–78.

7. A. N. Meltzoff, "Out of the Mouths of Babes," in *Mimesis and Science*, 70.

8. Marcel Proust, *In Search of Lost Time*, vol.5, *The Captive, The Fugitive*, 113, Modern Library ed. , Random House, 1993.

9. A. N. Meltzoff, "Understanding the Intentions of Others: Re-enactment of Intended Acts by 18-month-old Children," *Developmental Psychology* 31, no. 5, 1995, 838–50.

10. Rodolfo Cortes Barragan, Rechele Brooks, and Andrew Meltzoff, "Altruistic Food Sharing Behavior by Human Infants after a Hunger Manipulation," *Nature Research*, February 2020.

11. A. N. Meltzoff, R. R. Ramírez, J. N. Saby, E. Larson, S. Taulu, and P. J. Marshall, "Infant Brain Responses to Felt and Observed Touch of Hands and Feet: A MEG study," *Developmental Science* 21, 2018, e12651.

12. Eric Jaffe, "Mirror Neurons: How We Reflect on Behavior," *Observer*, May 2007.

13. Sue Shellenbarger, "Use Mirroring to Connect with Others," *Wall Street Journal*, Sept. 20, 2016.

14. Larry Tye, *The Father of Spin: Edward L. Bernays and The Birth of Public Relations*, Henry Holt, 2002.

15. Adam Curtis, director, *The Century of the Self*, BBC Two, March 2002.

16. From the documentary film *The Century of the Self.*

17. Tye, *The Father of Spin*, 23.

18. 講到從模仿理論的角度探索性別與女性氣質,沒有人比得上北愛荷華大學(University of Northern Iowa)哲學與世界宗教系教授瑪莎·雷內克(Martha J. Reineke)博士。她在模仿理論的著述範圍廣泛,其中以女性研究特別切中要點而且貢獻卓著,遺憾的是,這些研究受到的關注,程度不如吉拉爾思想的其他應用。

19. Tye, *The Father of Spin*, 30.

20. 該播客節目請參考網站:stanford.edu. 參看2005年9月17日的節目:"René Girard: Why We Want What We Want." https://entitledopinions.stanford.edu/ren-girard-why-we-want-what-we-want.

21. 取自2005年9月17日的播客節目《暢所欲言》,大約從15分鐘時開始。

22. Adam M. Grant, *Give and Take*, 1–3, Viking, 2013.

23. David Foster Wallace, "E Unibus Pluram: Television and U.S. Fiction," *Review of Contemporary Fiction* 13, no. 2, Summer 1993, 178–79. 在文獻的第152頁,他寫道:「從表面上看,電視都和欲望有關。用小說的語言來說,欲望就是人類食物裡的糖。」

24. The *BBC Business Daily* podcast, "Tesla: To Infinity and Beyond," February 12, 2020.

25. 經濟學的資訊理論借用資訊理論創始人、數學家克勞德·夏農(Claude Shannon)的研究,指出資訊在經濟中的核心重要性,以及壓制與支撐資訊流通的力量,及其對價值創造的影響。喬治·吉爾德(George Gilder)在他的《知識與權力:資本主義的資訊理論及其如何顛覆我們的世界》(*Knowledge and Power: The Information Theory of Capitalism and How It is Revolutionizing Our World*)一書裡,從資訊理論的角度為資本主義辯護。我認為,資訊理論本身並不完整,

因為資訊在強健的人類生態系統裡所扮演的角色有限。它必須輔以對模仿欲望所發揮作用的理解，而這還只是其中的一點。數學家伯努瓦・曼德博（Benoit B. Mandelbrot）在與理查・哈德森（Richard L. Hudson）合著的書裡曾提出一個案例，點出市場的非理性，以及傳統金融理論的愚蠢：Benoit B. Mandelbrot and Richard L. Hudson, *The Misbehavior of Markets: A Fractal View of Financial Turbulence*, Basic Books, 2006.

26. Jason Zweig, "From 1720 to Tesla, FOMO Never Sleeps," *Wall Street Journal*, June 17, 2020.

第2章

1. Yalman Onaran and John Helyar, "Fuld Solicited Buffett Offer CEO Could Refuse as Lehman Fizzled," *Bloomberg*, 2008.

2. Walter Isaacson, *Steve Jobs*, Simon & Schuster, 2011.

3. 「mesmerize」（催眠）這個詞彙來自十九世紀的維也納醫生法蘭茲・麥斯麥（Franz Mesmer）── 我們現在稱他為催眠術之父。麥斯麥相信有一股力量可將某些特定的人吸引到其他人和事物。他是最早開始認為在心理或社會現實中可能存在著類似牛頓物理定律的運動定律的人之一。「人們必須給予牛頓最大的讚譽，」他寫道，「因為他將世間萬物的相互引力闡述到極致。」〔歐奧良，《欲望的起源》（*The Genesis of Desire*），84〕麥斯麥繼續進行個人和團體治療課程，在這些課程中，他會用手操縱患者並以吹奏玻璃口琴來結束療程。許多他的病人開始回報他們如奇蹟般的痊癒。你可以說他們是受到安慰劑效應的影響。但那會是低估病人和醫生之間的關係 ── 麥斯麥本人的魅力和他的病人在他的影響下的可受暗示性。現代催眠的運作是基於催眠師對象施加的暗示力量。催眠師是欲望的榜樣 ── 催眠師想要什麼，接受催眠者便想要什麼。難怪，歷史上檔期最長、最成功的催眠大師秀，是女催眠師派蒂・柯林斯（Pat Collins）在好萊塢一間俱樂部的演出。出現在她節目中的人是那種拚命想要「成功」的人，他們比大多數人更願意接受欲望傳遞者的暗示。

4. Michael Balter, "Strongest Evidence of Animal Culture Seen in Monkeys and Whales," *Science Magazine*, April 2013.

5. 榜樣與欲望傳遞者其實是一樣的。傳遞是榜樣所做的事 —— 他們給接受欲望訊息的主體一雙新的眼睛，以新的目光看待與評價事物。

6. Tobias Huber and Byrne Hobart, "Manias and Mimesis: Applying René Girard's Mimetic Theory to Financial Bubbles," *SSRN*, 24.

7. 參考 René Girard, *Deceit, Desire, and the Novel*, 53–82, trans. Yvonne Freccero, Johns Hop- kins University Press, 1976。我很好奇他為什麼不使用「本體論的欲望」（ontological desire）這個詞彙，這似乎更能直接表達成為自我的欲望概念。我還沒有找到選擇這個詞彙的好解釋。但我相信如果我們把它理解為「在物質之後」，就很容易理解吉拉爾為什麼選擇「形而上的欲望」一詞 —— 當我們有形而上的欲望時，任何物質的物品便無法滿足我們。吉拉爾寫道，「隨著形而上的作用在欲望中愈來愈大，物質作用的重要性也隨之降低。」（第八十五頁）對照之下，我的狗在我餵牠一頓美食後躺下睡覺。他不會盯著星星嚎叫，好奇接下來會發生什麼。

8. 今天，「形而上學」通常指的是「第一原理」（First Principles），也就是所有其他事物的基礎。馬斯克宣稱自己以其做為他決策過程的關鍵。《華爾街日報》（*Wall Street Journal*）的希金斯（Tim Higgins）寫道：「這位億萬富翁將他的事業成功歸功於所謂的第一原理的科學方法，該方法源於亞里士多德的著作，而其中一個理念就是拒絕使用模仿的解決方案來解決問題，並依賴於將問題歸結至他們的本質，即使這個解決方案可能看起來有違直覺。」Tim Higgins, "Elon Musk's Defiance in the Time of Coronavirus," *Wall Street Journal*, March 20, 2020。

9. René Girard and Mark Rogin Anspach, *Oedipus Unbound*, 1, Stanford University Press, 2004.

10. René Girard, *Anorexia and Mimetic Desire*, Michigan State University Press, 2013.

11. THR Staff, "Fortnite, Twitch . . . Will Smith? 10 Digital Players Disrupting Traditional Hollywood," *Hollywood Reporter*, November 2018.

12. René Girard, *Resurrection from the Underground: Feodor Dostoevsky*, trans. James G. Williams, Michigan State University Press, 2012.

13. Virginia Woolf, *Orlando*, Edhasa, 2002.
14. 英國下議院於一九四一年五月遭到轟炸，邱吉爾要求按原樣重建。引言來自：Randal O'Toole's "The Best-Laid Plans," 161, Cato Institute, 2007.
15. 負面的模仿與負面的黨派意識有關，也就是人們會依據另外一個黨派的想法建構自己的政治理念。Girard, *Deceit, Desire, and the Novel*。
16. 在《歡樂單身派對》影集中，最具模仿意涵的劇集是〈靈魂伴侶〉（The Soul Mate)（第八季第二集）和〈停車位〉（The Parking Space"）（第三季第二十二集）。讀完本章後，我建議你給自己倒杯酒，看個劇，看看劇中的模仿欲望和模仿敵對競爭的有趣實證。吉拉爾如此概括地評論《歡樂單身派對》：『為了成功，藝術家必須在不激起觀眾痛苦的自我批評下，盡可能表達一些重要的社會真理。這就是這個節目所做的事。人們觀看影片，但不需要完全理解。他們絕對不能理解。他們把自己融入這些角色，因為他們也這樣做。他們意識到到一些普遍且真實的事，但卻無法解釋。莎士比亞當代的人欣賞他對於人際關係的描繪，可能正如同我們欣賞《歡樂單身派對》時欠缺理解他對模仿互動的敏銳洞察力。我必須說，《歡樂單身派對》中的社會現實多於大部分的學術社會學。（René Girard, *Evolution and Conversion: Dialogues on the Origins of Culture*, 179, Bloomsbury, 2017）
17. 來源不明。似乎是馬爾克思在離開自己所屬的社團時，在辭職信裡寫下的話。

第3章

1. Tribune Media Wire, "Man in Coma after Dispute over Towel Sparks Massive Brawl at Cali- fornia Water Park," *Fox31 Denver*, August 26, 2019.
2. 關於費魯齊歐·藍寶堅尼的資料大部分取自一本由費魯齊歐的兒子東尼諾·藍寶堅尼（Tonino Lamborghini）所寫的珍貴書籍，這本書是我在義大利找到的（我在二〇一三年至二〇一六年間住在義大利）。這本書只有義大利文版。從故事中摘錄的所有對話都是我自己翻譯的。這本書是：*Ferruccio Lamborghini: La Storia Ufficiale* by

Tonino Lamborghini, Minerva, 2016，是兒子對父親的致敬。當然，這個故事是由單方面的角度闡述。當我搜索那本近一千頁的恩佐・法拉利傳記時（Luca Dal Monte, *Enzo Ferrari: Power, Politics, and the Making of an Automotive Empire*, David Bull Publishing, 2018），我發現裡頭完全沒有提到藍寶堅尼。這是明顯的遺漏——或是自創立以來對事物有所隱瞞的證據……

3. Lamborghini, *Ferruccio Lamborghini*.

4. "The Argument Between Lamborghini and Ferrari," WebMotorMuseum.it. https://www.motorwebmuseum.it/en/places/cento/the-argument-between-lamborghini-and-ferrari/.

5. Nick Kurczewski, "Lamborghini Supercars Exist Because of a 10-Lira Tractor Clutch," *Car and Driver*, November 2018.

6. 但是藍寶堅尼的動機不只是競爭。進軍汽車製造業具有商業意義。豪華車的獲利率使拖拉機相形見絀。他還看到高性能汽車在市場的缺口。那時已經問世的車款，沒有一種能與法拉利車在賽車跑道上的動力相比，同時配有奢華內裝。這便是他的利基市場——藍寶堅尼將讓他的超級汽車打造成一款超級跑車或旅行車，它的動力可媲美法拉利，但舒適度卻超越它。

7. Lamborghini, *Ferruccio Lamborghini*.

8. Austin Kleon, *Steal Like an Artist: 10 Things Nobody Told You About Being Creative*, 8, Work- man, 2012.

9. 這與一般大眾的看法相反，公牛的衝鋒與牠對紅色的仇恨無關。公牛其實是色盲；激怒他們的似乎只是揮手的動作。

10. Girard, *Deceit, Desire, and the Novel*, 176.

11. Lamborghini, *Ferruccio Lamborghini*.

12. 迷因理論專家、《迷因》（*The Meme Machine*，Oxford University Press, 2000；繁中版由八旗文化出版）的作者蘇珊・布拉克莫（Susan Blackmore）明確闡述模仿的作用。我推薦她的書給任何想了解迷因的人。

13. 道金斯最初對迷因理論的闡述很少說明為什麼某些特定的迷因在一開始時會被選中以進行模仿。他說，迷因「會因隨機變化和達爾文式選擇的形式」而產生變異（Olivia Solon, "Richard Dawkins on the Internet's Hijacking of the Word 'Meme,'" *Wired UK*, June 20, 2013）。

在模仿理論中，模仿的對象是透過模仿選擇而被選中，也就是說，它們之所以被選擇，是因為榜樣先選擇他們。

14. James C. Collins, *Good to Great*, 164, Harper Business, 2001.

15. James C. Collins, *Turning the Flywheel: Why Some Companies Build Momentum . . . and Others Don't*, 9–11, Random House Business Books, 2019.

16. Collins, *Turning the Flywheel*, 11.

17. Aristotle, *Metaphysics*, Book IX (Theta), trans. W. D. Ross, Oxford University Press, rev. ed. , 1924. See also http://classics.mit.edu/Aristotle/metaphysics.9.ix.html.

18. 謝家華在著作《想好了就豁出去》中（原書第58頁），引用Zappos創辦人史溫姆的話「我記得我那時想著，買一雙鞋不應該那麼難」來描述他是如何得到他最初的想法。這並不是為了傳遞幸福。謝家華寫道（原書第56頁）：「他的想法是建立鞋類的亞馬遜，並創建世界上最大的線上鞋店。」

19. 謝家華在他的書中提到，他在二○○○年十月寄了一封電子郵件給Zappos所有員工，說明專注於毛利、增加網站的合格新訪客以及增加回頭客百分比的重要性。他在電子郵件裡這樣喊話：「我們需要思考如何在未來九個月內增加我們的總毛利。這意味著我們平常可能會推行的一些計畫將不得不暫停，直到我們開始獲利。一旦我們開始獲利，我們就能思考更長遠、更大的願景，更可以做如何統治世界的大夢。」

20.「午餐結束時，我們意識到最大的願景是打造 Zappos品牌，提供最好的顧客服務，」謝家華在《想好了就豁出去》（原書第121頁）中提及他在二○○三年初與莫斯勒共進的一次午餐。

21. 這是成交當天的交易價值。因為這是一筆全股票交易（Zappos 收到的是亞馬遜的股票，而不是現金），因此無論何時，交易的價值都與亞馬遜股票的價值連動。亞馬遜的股價在二○○九年十月三十日的收盤價為一一七‧三○美元。截至撰寫本文時，它的股價約為三,四二三美元。Zappos要求進行全股票交易的確是非常地明智。

22. Nellie Bowles, "The Downtown Project Suicides: Can the Pursuit of Happiness Kill You?," *Vox*, October 1, 2014.

23. "Tony Hsieh's "Rule for Success: Maximize Serendipity," *Inc.com*,

January 25, 2013.

24. Brian J. Robertson, *Holacracy: The New Management System for a Rapidly Changing World*, Henry Holt and Company, 2015.

25. 對於許多局外人而言，一旦人們無法對他人進行階級排序且沒有可以依循的架構，走向全體共治的行動似乎可能會以混亂告終。畢竟，人類是從自我組織開始，並用它來建立那套全體共治想要拋棄的階級架構。但是集體共治是謝家華一直喜歡的運作方式的自然延伸。和矽谷的許多人一樣，謝家華是「燃燒者」（Burner），長期熱情參與火人祭這個每年在內華達州西北部黑石沙漠舉行的盛大聚會。燃燒者往往具有強烈的反階級精神，謝家華和他的團隊以類似的精神，想像著將拉斯維加斯舊城區轉變為一個完全隨心所欲的社區，在那裡，每個人都能感受到自己有能力追求自己的幸福。

26. 本著杜思妥也夫斯基的《地下筆記》（*Notes from Underground*）的精神，我故意這樣寫，根據吉拉爾的說法，它主要關注的是模仿欲望和競爭。吉拉爾為這部作品寫過一本書，名為《從地底下復活》。（注意：Fyodor這個名字在英文中有多種拼寫方式。此處是作者選擇的拼音。）

27. C. S. Lewis, "The Inner Ring," para. 16, Memorial Lecture at King's College, University of London, 1944. https://www.lewissociety. org/innerring/.

28. 聖奧古斯丁在《上帝之城》（*The City of God*）中寫道，愛的排序是「美德簡潔而真實的定義」。了解價值觀是如何結合在一起的，以及什麼時候在什麼情況下追求什麼事物，追求到怎樣的程度——然後培養這樣做的意願——是一生的工作。二十世紀的哲學家舍勒（Max Scheler）闡釋一種有影響力的價值觀與情感的階級，它部分點出所有情感是如何不平等。它們是因應價值的回應而出現，它們或多或少符合該價值的真實性。如果我對另一個人的不幸感到高興，那麼我的情感反應（我的情緒）就表明我的價值觀層級——或者更深刻地說，我的愛的秩序——出了問題。如需進一步的研究，請參閱希爾德布蘭（Dietrich von Hildebrand）的作品和他的倫理價值反應理論。Dietrich von Hildebrand and John F. Crosby, *Ethics*, Hildebrand Project, 2020.

29. 股權結構表因公司而異，甚至連我自己使用的名稱也是如此。它們取決於公司如何定義不同類別的股票、債權等。

30. 毫無疑問地，人們在某些程度上透過模仿來培養價值觀。亞里士多德將勇氣、耐心、誠實和正義等美德比喻為人們透過學習而想要的東西，因為他們的榜樣若不是擁有它們，就是渴望它們。我們透過模仿我們的榜樣來培養美德。（那麼，在一個大多數人不重視古典美德的社會中，人們對它們的興趣不大，這有什麼奇怪的嗎？）

31. 我在我的網站提供一些免費資源來做這個練習，https://lukeburgis.com.

32. Bailey Schulz and Richard Velotta, "Zappos CEO Tony Hsieh, Champion of Downtown Las Vegas, Retires," *Las Vegas Review-Journal*, August 24, 2020.

33. Aimee Groth, "Five Years In, Tony Hsieh's Downtown Project Is Hardly Any Closer to Being a Real City," *Quartz*, January 4, 2017.

第4章

1. © 2020 Jenny Holzer, member Artists Rights Society (ARS), New York.

2. René Girard, *The One by Whom Scandal Comes*, 8, trans. M. B. DeBevoise, Michigan State University Press, 2014.

3. Girard, *The One by Whom Scandal Comes*, 7.

4. Carl Von Clausewitz, *On War*, 83, ed. and trans. Michael Howard and Peter Paret, Everyman's Library Publishers, 1993.

5. René Girard, *Violence and the Sacred*, trans. Patrick Gregory, Johns Hopkins University Press, 1979.

6. 以下是一則獻祭山羊時的禱告譯文：「主啊，我在你面前犯了罪，犯了罪，犯了罪：我，我的家人，亞倫的子孫——你的聖者。主啊，赦免我、我的家人和亞倫的子孫——你的聖民——在你面前所犯的罪孽、罪過和罪惡，正如你僕人在摩西律法上所寫的那樣，『因為在這一天，他必赦免你，在主面前洗淨你一切的罪；你會是純淨的。』」Isidore Singer and Cyrus Adler, *The Jewish Encyclopedia: A Descriptive Record of the History, Religion, Literature, and Customs of the Jewish People from the Earliest Times to the Present Day*, 367, Funk and Wagnalls Company, 1902.

7. 來自新教改革學者威廉・廷代爾（William Tyndale）在一五三〇年為摩西五經（Pentateuch）翻譯的英文譯本。在拉丁語中，山羊被稱

為「caper emissarius」，意為「被派遣的山羊」，也就是「離開的山羊」。廷代爾最初將其譯為「[e]scape goat」（逃跑的山羊），最後變為「scapegoat」（替罪羊）。

8. René Girard, *I See Satan Fall Like Lightning*, Orbis Books, 2001.

9. Todd M. Compton, *Victim of the Muses: Poet as Scapegoat, Warrior and Hero in Greco- Roman and Indo-European Myth and History*, Center for Hellenic Studies, 2006.

10. 行刑隊的槍枝中有一支裝的是空包彈，這個想法已被一些人質疑為迷思。有人說真正的子彈會使槍產生很大的後座力，而空包彈不會，因此任何射擊行刑隊員都會知道他們打的是不是空包彈。但是，文獻證據顯示，行刑隊的確會使用空包彈。行刑隊的每個成員是否都知道他們當中有空包彈並不是最有趣的事情。事實是，空包彈已經被使用。

11. 地方性的金融危機也是如此。一九九七年，亞洲金融危機始於泰國，導致泰國股市暴跌七五％以上。危機迅速蔓延到其他亞洲國家，但對美國的影響卻是微乎其微。

12. 派對的想法是受到吉拉爾對酒神節的反思的啟發。這些在古希臘祭祀酒神戴歐尼修斯的慶典匯集了重建某種形式的原始單一性的目的，這種單一性已經在模仿欲望的混亂中消失。這些慶典重新創造出從單一性到分裂和混亂的動態，並在祭祀儀式中達到高潮，替罪羊透過防止進一步的混亂和內部衝突來恢復秩序。吉拉爾親近的合作者雷蒙・施瓦格（Raymund Schwager）在給吉拉爾的一封信中提到，他偶然發現一本赫曼・科勒（Hermann Koller）在一九五四年出版的《反抗的模仿》（*Die Mimesis in der Antike*）非常引人入勝。在這本書中，作者反映柏拉圖對希臘詞「μιμεῖσθαι」（mimesthai）的使用，並斷定它來自獻祭舞蹈。他寫道，「mimos」這個詞指的是酒神節中的演員。

13. Ta-Nehisi Coates, "The Cancellation of Colin Kaepernick," *New York Times*, November 22, 2019.

14. Girard, *I See Satan Fall Like Lightning*.

15. Flavius Philostratus, *The Life of Apollonius of Tyana, the Epistles of Apollonius and the Treatise of Eusebius*, trans. F. C. Conybeare, Loeb Classical Library, 2 vols. , Harvard University Press, 1912.

16. 全文如下：「在他生病期間，他夢見整個世界都注定要成為某種可怕、在過去不為人知的瘟疫的受害者，這種瘟疫正從亞洲深處向歐洲蔓延。除了被選中的少數人，每個人都會死亡。某種新的旋毛蟲出現，這些微生物在人體內定居。但這些是具有智慧和意志的生物。受到影響的人會立即變得痴迷和瘋狂。但是，這些人從來、從來沒有像他們被感染時那樣認為自己對於真理的認識是如此聰明、如此萬無一失。他們從來不曾如此堅信他們的主張、他們的科學結論、他們的道德信念和信仰是如此無懈可擊。全部的人、整個城鎮和國家都被感染而瘋狂。每個人都很著急，沒有人了解其他人，每個人都認為真理只存在於他身上，於是為其他人而痛苦、搥胸、哭泣、絞著雙手。他們不知道該審問誰、該如何裁斷；他們無法就善與惡達成共識。他們不知道該譴責誰，該宣判誰無罪。人們在毫無意義的憤怒中互相殘殺。他們集結全部的軍隊，要攻擊彼此，但是軍隊在行軍之際忽然開始內鬥，隊伍瓦解，士兵互相打鬥、互相刺殺、互相砍殺、互相咬食。鎮上整日響著警鐘：他們召集所有人，但沒有人知道誰被召喚或為什麼被召喚，每個人都焦急萬分。他們放棄最普通的交易，因為每個人都提出自己的想法和建議，他們無法達成一致；農業荒廢。在一些地方，人們結成小組，共同就某事做成協議，並發誓不解散 —— 但他們立即開始做一些與他們剛剛提出的完全不同的事情。他們開始互相指責、互相爭鬥、互相殘殺。大火爆發，飢荒接踵而至。幾乎所有的東西以及所有人都殆盡。瘟疫愈演愈烈、愈演愈烈。全世界只有少數人能得救；這些是純潔和被選中的人，他們注定要建立一個新的種族和新的生活，更新和淨化地球；但沒有人見過這些人，沒有人聽過他們的話或他們的聲音。」Fyodor Dostoyevsky, *Crime and Punishment*, 600, trans. Michael R. Katz, W. W. Norton, 2019.

17. 個體間心理學的概念值得探索，這是由吉拉爾、歐奧良和蓋伊・黎弗特（Guy Lefort）在《自世界創立以來隱藏的事物》中創造的一個短語，以擺脫一元論的觀點，並正確解釋心理學的關係結構。

18. Elias Canetti, *Crowds and Power*, 15, Farrar, Straus and Giroux, 1984.

19. From Sophocles's play *Oedipus Rex*, 約莫於西元前四二九年首度演出。

20. Girard, *Violence and the Sacred*, 79.
21. 博奇（Christian Borch）在他的書中以這個詞彙來形容群眾心理學。*Social Avalanche: Crowds, Cities, and Financial Markets* (Cambridge University Press, 2020),
22. Yun Li, "'Hell Is Coming' — Bill Ackman Has Dire Warning for Trump, CEOs if Drastic Measures Aren't Taken Now," *CNBC*, March 18, 2020.
23. John Waller, *The Dancing Plague: The Strange, True Story of an Extraordinary Illness*, 1, Sourcebooks, 2009.
24. Ernesto De Martino and Dorothy Louise Zinn, *The Land of Remorse: A Study of Southern Italian Tarantism*, Free Association Books, 2005.
25. Rui Fan, Jichang Zhao, Yan Chen, and Ke Xu."Anger Is More Influential Than Joy: Sentiment Correlation in Weibo," *PLOS ONE*, October 2014.
26. Stephen King, On Writing: A Memoir of the Craft, 76, Scribner, 2010. See also Stephen King, "Stephen King: How I Wrote Carrie," *Guardian*, April 4, 2014, para 6.
27.《飢餓遊戲》(*The Hunger Games*) 系列小說是古羅馬「麵包和馬戲團」的現代版本。羅馬統治者知道他們需要給羅馬人麵包（有食物吃）以安撫他們。但他們也必須提供馬戲團或娛樂活動。戰士或動物的獻祭儀式保護羅馬免於自身的暴力，防止暴力暴動並保護其領導者的安全。
28. René Girard, *The Scapegoat*, 113, Johns Hopkins University Press, 1996.
29. 約翰福音11章49–50節，原經文如下（中文版和合本）：內中有一個人，名叫該亞法，本年作大祭司，對他們說：「你們不知道甚麼。獨不想一個人替百姓死，免得通國滅亡，就是你們的益處。」
30. René Girard and Chantre Benoît, *Battling to the End: Conversations with Benoît Chantre*, xiv, Michigan State University Press, 2009.
31. Girard, *Violence and the Sacred*, 33
32. 史蒂芬‧平克（Steven Pinker）在《人性中的善良天使》(*The Better Angels of Our Nature: Why Violence Has Declined*，Penguin

Publishing, 2012）中破除他所說的暴力的「水壓理論」，即壓力在表面底下聚集並需要在暴力中定期釋放的概念。需要澄清的是，這不是吉拉爾的理論。替罪羊機制在模仿危機期間發生，是因為一個群體採取實際和策略性的行動——替罪羊機制是一種化解暴力的社會策略。雖然平克沒有特別提到吉拉爾或替罪羊機制，但他談到暴力的策略性質：「當趨勢朝暴力演進時，它總是具有策略性。只有在預期收益超過預期成本的情況下，才會選擇對生物體施展暴力。」

33. 這段訪談於二○一一年三月在加拿大電視節目David Cayley's Classic IDEAS series中播出。

34. 我不太熟悉其他宗教傳統的文本，如佛教、印度教或伊斯蘭教，但我歡迎進一部探討這些文本可能揭露替罪羊機制的方式，我邀請研究這些文本的學者加入線上討論區：subredditr/MimeticDesire。

35. Girard, *I See Satan Fall Like Lightning*.

36. 吉拉爾將這些文本稱為迫害文本。它們是迫害者寫的文字，它們掩蓋罪行或掩蓋所發生事情的真相。Girard, *The Scapegoat*.

37. 吉拉爾在他的著作中強而有力地闡述這個觀點。*I See Satan Fall Like Lightning*, and *Evolution and Conversion: Dialogues on the Origins of Culture* (Bloomsbury, 2017).

38. Girard, *I See Satan Fall Like Lightning*, 161.

39. 第一家醫院通常被認為是由凱撒利亞（Caesarea）的聖巴西爾（Saint Basil）在凱撒利亞市外所建造的醫院，即今天在土耳其的開塞利（Kayseri）。

40. Girard, *I See Satan Fall Like Lightning*, foreword, xxii–xxiii.

41. 耶穌與一些法利賽人相遇時，呼籲他們為這種偽善負責：「你們……說：『若是我們在我們祖宗的時候，必不和他們同流先知的血。』」（馬太福音23章30節）。

42. Aleksandr Solzhenitsyn, *The Gulag Archipelago* 1918–1956, HarperCollins, 1974, 168.

43. Ursula K. Le Guin, *The Ones Who Walk Away from Omelas: A Story*, 262, Harper Perennial, 2017. 摘錄自 *The Wind's Twelve Quarters*, originally published in hardcover in 1975 by HarperCollins.

44. René Girard, *The Scapegoat*, 41, Johns Hopkins University Press, 1996.

第二部

1. David Lipsky, *Although of Course You End Up Becoming Yourself: A Road Trip with David Foster Wallace*, 86, Broadway Books, 2010.

第5章

1. James Clear, *Atomic Habits: An Easy and Proven Way to Build Good Habits and Break Bad Ones*, 27, Random House Business, 2019.
2. George T. Doran, "There's a S.M.A.R.T. Way to Write Management's Goals and Objectives," *Management Review*, November 1981.
3. Donald Sull and Charles Sull, "With Goals, FAST Beats SMART," *MIT Sloan Management Review*, June 5, 2018.
4. John Doerr, *Measure What Matters: How Google, Bono, and the Gates Foundation Rock the World with OKRs*, Penguin, 2018.
5. Lisa D. Ordóñez, Maurice E. Schweitzer, Adam D. Galinsky, and Max H. Bazerman, *Goals Gone Wild: The Systematic Side Effects of Over-Prescribing Goal Setting*, Harvard Business School, 2009.
6. 社會學家韋伯（Max Weber）將組織裡許多人在其中做決策的僵化結構稱為「鐵籠」。比較花俏的說法是「制度同構」（institutional isomorphism）。這個術語是由保羅・迪馬喬（Paul J. DiMaggio）和瓦特・鮑威爾（Walter W. Powell）在他們的論文中創造出來的，他們在論文中描述了創造它的模仿過程：Paul J. DiMaggio and Walter W. Powell. "The Iron Cage Revisited: Institutional Isomorphism and Collective Rationality in Organizational Fields," *American Sociological Review* 48, no. 2, 1983, 147–60。根據韋伯的說法，這種結構將決策囚禁在「理性框架」中，除非發生革命，否則會持續「直到燃燒完最後一噸煤炭」。鐵籠並非理性，而是模仿性。如需進一步資訊，請參閱：Max Weber, *The Protestant Work Ethic and the Spirit of Capitalism*, Merchant Books, 2013。
7. Eric Weinstein, interview with Peter Thiel, *The Portal*, podcast audio, July 17, 2019.
8. Mark Granovetter, "Economic Action and Social Structure: The Problem of Embeddedness," *American Journal of Sociology*, November 1985,

481–510.

9. 「Gargouillou」包括蕨類植物、莧菜、白琉璃苣、羅康波爾大蒜、三葉草、花椰菜莖、豌豆、塊莖山蘿蔔、金蓮花、植根菜、小扁豆、威爾士洋蔥、菊苣、繁縷、粉紅蘿蔔、婆羅門參、番茄、蔥、高山茴香和許多其他蔬菜、嫩芽、葉子、莖、穀粒或根，視季節而定，甚至有時每天都不一樣。

10. Orson Scott Card, *Unaccompanied Sonata*, Pulphouse, 1992.

11. Mark Lewis, "Marco Pierre White on Why He's Back Behind the Stove for TV's Hell's Kitchen," *The Caterer*, April 2007.

12. Marc Andreessen, "It's Time to Build," Andreessen Horowitz. https://a16z.com/2020/04/18/its-time-to-build/.

13. 弗朗斯瓦‧米其林（François Michelin）寫的《為什麼不?》（*And Why Not? The Human Person and the Heart of Business*, Lexington Books, 2003）裡收錄許多對米其林這家公司的側寫。其中我最喜歡的是以下這個故事，講述的是年輕的米其林如何從公司創辦人之一的祖父那裡學到，同理心在打破替罪羊循環中所扮演的角色：「我記得一九三六年的某一天，當時我和祖父坐在薩布隆大道（Cours Sablon）上的辦公室裡，一排長長罷工的隊伍從我們的窗戶下經過。聽到一些聲響，我走到窗前，拉開窗簾，頓時窗外聲響大了起來。我的祖父對我說：『人們會告訴你這些人很討厭，但事實並非如此。』我意識到我的祖父說的是實話，這讓我想起，階級鬥爭的概念源於一種思想的惰性，人們在這種惰性中想要避免問自己真正的問題。從那時起，祖父的這句話一直縈繞在我腦海裡：『如果你把共產黨人當做階級敵人，你就犯了一個錯誤。如果你單純地認為他只是一個思維方式與你不同的人，那則是完全不同的事情。』每次遇到一個人，我都會問我自己：這個人身上藏著怎樣的鑽石？當我們學會如何睜開眼睛看到它們時，我們周圍所有珠寶構成一頂不可思議的王冠。」

14. 於二〇一七年九月二十日公開上傳至布拉斯的官方臉書。讀者可以透過下列連結觀看這段影片：wanting.ly/bras。

15. 「怨恨」（ressentiment）這個單字在法語中有更細微的含義，暗示一個人的價值觀或世界觀因怨恨而嚴重變形），這是哲學家尼采（Friedrich Nietzsche）和舍勒（Max Scheler）努力探究的一種現象。但他們都

沒有像吉拉爾那樣，發現內部傳遞在怨恨中的作用。

16. 在撰寫本文時，Le Suquet 在二〇二〇年米其林指南中仍有兩顆
星。

第6章

1. 「擾動的同理心」一詞源於吉爾‧貝利（Gil Bailie）的著作《暴力
揭祕：處於十字路口的人性》（*Violence Unveiled: Humanity at the
Crossroads*, Crossroad Publishing, 2004）裡一處的標題。

2. René Girard, *The One by Whom Scandal Comes*, 8, trans. M. B.
DeBevoise, Michigan State University Press, 2014.

3. Thomas Merton, *New Seeds of Contemplation*, 38, New Directions Books,
2007.

4. René Girard, Robert Pogue Harrison, and Cynthia Haven, "Shakespeare:
Mimesis and De- sire," *Standpoint*, March 12, 2018.

5. 二戰期間，盟軍飛機在執行長途任務中途，停留在南太平洋島嶼。
美國和歐洲士兵為當地人提供大量的食物和生活雜貨以博取他們的
善意。他們將貨機上的大板條箱透過降落傘投下，以運送貨物。
許多人還在使用長矛捕魚、住在小屋裡的當地人，被這些禮物逗得
非常開心：香煙、牛肉棒、T恤、威士忌、撲克牌、手帕和瓦斯燈，
這些就像來自另一個文明的護身符。我們只能想像，在新的供給品
被投下的夜晚，圍繞在火坑旁，由威士忌所引發的對話。
然後，戰爭結束了。當地人受到了打擊。他們原本會收到的貨物，
為什麼突然之間就不再出現？幾個月後，當地人開始聚集在飛機降
落的跑道上。他們模仿空中交通管制員的動作，雕刻木製耳機，並
搭建臨時控制塔。他們點燃信號火花，並組成遊行隊伍，模仿他們
看到士兵登陸後的樣子。他們模仿他們所看到的行為，希望能產生
同樣的結果。
「他們每一件事都做得很正確，」諾貝爾獎得主、物理學家理查‧費
曼（Richard Feynman）在一九七四年加州理工學院畢業典禮的演講
中說。「看起來和以前完全一樣。但是這些事卻起不了作用……他
們遵循所有表面的規則和形式，但由於飛機沒有降落，表示他們少
了什麼重要的東西。」在他關於科學、偽科學以及如何不自欺人
的演講中，他創造了一個有爭議的術語「貨物崇拜」（cargo cults）來

描述南太平洋島嶼上發生的事情。

由於許多原因，此名稱具有誤導性。例如：這種崇拜顯然與貨物無關。我們知道這是因為這個崇拜在太平洋島嶼上有不同的形式。一位在一九七〇年代後期在巴布亞新幾內亞（Papua New Guinea）海岸附近的利希爾島（Lihir Island）上從事大型工程計畫的商人說，他記得機場跑道上設有攤位，由當地人扮演商人站在攤位附近。扮演商人的角色對他們每個人來說很重要，但沒有人買賣任何東西。他們不是在模仿貨機降落，而是在模仿前來尋找新計畫的商人。

模仿主要不是為了讓商品從天上掉下來。它的目的甚至根本不是為了物質商品。模仿行為的發生是因為人們希望得到一定程度的地位和他人的尊重。模仿者希望，透過模仿那些似乎已經擁有它的人，可以發生某種轉變。

最嚴重的錯誤就是將這種現象視為「原始」人才會做的事情。這種崇拜是一種模仿崇拜，而且具普遍性。在戰後幾十年被廣為宣傳的貨物崇拜，其實也只是美國和海外每天都會上演的事情的極端表現。年輕的大學畢業生（或大學中輟生）穿著牛仔褲和T恤，拿著背面貼有品牌貼紙的MacBookPro筆電，在育成中心工作，讓企業文化感覺像是兄弟會（再加上乒乓球桌、康普茶和精釀啤酒就完全一樣），在社群媒體追蹤蓋瑞·范納洽（Gary Vaynerchuk），還有晚上在市中心時尚的咖啡館與其他狂熱崇拜的成員見面──所有這些都只是希望提高他們公司的評價。

今天說「我想成為創業家」這句話，相當於在一九九〇年代初期說「我想成為顧問或投資銀行家」。但是「成為創業家」是一個特別有問題的類別，因為創業總是需要將世界上特定問題或需求具體化。在一個人了解一個獨特而且特定的機會之前就想成為一名創業家，就像拿著一支大木槌四處走動，尋找可以打破的東西。對於一個手上拿著鎚子的人來說，每個東西看起來都像釘子。對於想成為創業家的人而言，所有的一切看起來都像是創業機會。

6. 這裡有一些問題可供參考：為什麼有東西比沒有好？什麼是美？該如何區分善與惡？什麼是良心？我是誰？我從哪裡來？我要去哪裡？

7. Parker Palmer, *Let Your Life Speak: Listening for the Voice of Vocation*, Jossey-Bass, 1999.

8. Jonathan Sacks, "Introduction to Covenant and Conversation 5776 on Spirituality," October 7, 2015. https://rabbisacks.org.

9. 想要獲得滿足感故事練習的好處，正式評估過程並非必要，儘管如此，我還是推薦這個工具，因為它提供了靠自己難以獲得的見解和語言。對於那些有興趣了解更多資料的人，我在附錄C中列出一個人的三大核心動機結果的完整案例，以及我在課堂和公司中使用的資源。請參考：Todd Henry, Rod Penner, Todd W. Hall, and Joshua Miller, *The Motivation Code: Discover the Hidden Forces That Drive Your Best Work*, Penguin Random House, 2020.

第7章

1. 赫德在二〇一九年十二月十三日接受CNN商業頻道採訪。Sara Ashley O'Brien, "She Sued Tinder, Founded Bumble, and Now, at 30, Is the CEO of a \$3 Billion Dating Empire." https://www.cnn.com/2019/12/13/tech/whiteney-wolfe-herd-bumble-risk -takers/index.html.

2. 我從當代哲學家韓炳哲（Byung-Chul Han）的著作《倦怠社會》（*The Burnout Society*）中改寫這個用語。在寫到關於神經元疾病和我們無法產生對抗它們的「抗體」，因為它們並非來自外部的他者（Other）時，他說：「相反的，它是系統的暴力，也就是系統內部的暴力。」Byung-Chul Han, *The Burnout Society*, Stanford University Press, 2015.

3. S. Peter Warren, "On Self-Licking Ice Cream Cones," in *Cool Stars, Stellar Systems, and the Sun: Proceedings of the 7th Cambridge Workshop*, ASP Conference Series, vol. 26.

4. 摘自一九六二年九月十二日甘迺迪總統在萊斯大學（Rice University）的演講。約翰甘迺迪總統圖書館及博物館檔案館。https://www.jfklibrary.org/archives /other-resources/john-f-kennedy-speeches/rice-university-19620912.

5. Abraham M. Nussbaum, *The Finest Traditions of My Calling*, Yale University Press, 2017, 254.

6. Maria Montessori, *The Secret of Childhood*, Ballantine Books, 1982.

7. Maria Montessori, et al., *The Secret of Childhood* (Vol. 22 of the Montessori Series), 119, Montessori-Pierson Publishing Company, 2007.

Translations of Montessori's account vary.

8. Marc Andreessen, "It's Time to Build," Andreessen Horowitz.

9. 第一句引言摘自蒙特梭利的《蒙特梭利教學法》。Maria Montessori, *The Montessori Method*, trans. Anne Everett George, Frederick A. Stokes Company, 1912. 第二句引言則可以在另一個版本的《蒙特梭利教學法》第四十一頁中找到。Anne E. George, CreateSpace Independent Publishing Platform, 2008. 今天我們可能會用「成人」（adult）這個詞，但蒙特梭利早在五十多年前就寫下這句話，可以理解在當時會用「人」（man）這個字。

10. *The Montessori Method*, 2008 edition, 92. 我也推薦瑞文基金會（Raven Foundation）的共同創辦人蘇珊娜‧羅絲（Suzanne Ross）的看法，她研究模仿理論在蒙特梭利教育的作用。在一篇優秀的論文中，她寫道：「在教學過程中，互動的模式毫無疑問是一種模仿。老師正在公開形塑一種目標明確的活動，讓孩子透過教材進行模仿。然後老師退出，讓孩子代替她的位置。因為老師原先關注的教材已經被孩子吸收或內化，所以老師可以在這時退出。老師以身示範對物品的讚賞，現在是孩子對物品的讚賞。這個物品已經進入孩子的視野，但老師和孩子並非爭奪物品所有權的競爭對手，而是自由分享這個物品。正是孩子的公開模仿，以及老師對這種模仿的尊重，才使抽身不傳遞欲望這件事成為可能。」Suzanne Ross, "The Montessori Method: The Development of a Healthy Pattern of Desire in Early Childhood," *Contagion: Journal of Violence, Mimesis and Culture* 19, 2012.

11. 這是我在二〇一九年與惠普（Hewlett-Packard）副總裁路易斯‧金（Louis Kim）就模仿對大公司的影響進行談話時，所得到的關鍵結論。我從未在一家大公司工作過很長的時間，因此，在過去幾年裡，我一直盡可能與許多人討論，在較為傳統的公司結構中，模仿如何自己出現。

12. 我們在第二章看到模仿力如何為賈伯斯創造一個現實扭曲場，以及模仿欲望如何在日常生活中扭曲我們大多數人認為的真相。模仿欲望使真相模糊或扭曲的傾向，對我們每個人產生負面影響，而且這些影響在組織內部產生的影響會以倍數成長（正如我們在第三章中看到的Zappos和舊城計畫）。

13. CBS News, August 14, 2008. https://gigaom.com/2008/08/14/419-
interview-blockbuster -ceo-dazed-and-confused-but-confident-of-
physicals/.

14. Austin Carr, "Is a Brash Management Style Behind Blockbuster's
$65.4M Quarterly Loss?," *Fast Company*, May 2010.

15. 如需進一步了解，請參考本篤會（the Benedictine）「與自己同住」
（habitare secum）的理念，在沉默中沒有人是完全孤獨的。我們仍然
與其他人有關係：他們只是不在場。透過沉默，我們脫離那些阻礙
著我們的關係，並重新認識幫助我們活出人性的人。

16. Zachary Sexton, "Burn the Boats," *Medium*, August 12, 2014.

17. 這個概念的簡短介紹可參考 Steve Blank, "Why the Lean Start-Up
Changes Everything," *Harvard Business Review*, May 2013.

18. Eric Ries, "Minimum Viable Product: A Guide," *Startup Lessons
Learned* (blog), August 3, 2009. http://www.startuplessonslearned.
com/2009/08/minimum-viable-product-guide.html.

19. 凱西‧納斯塔（Cathy Neustadt）與摩里森的訪談，"Writing, Editing,
and Teaching," *Alumnae Bulletin of Bryn Mawr College*, Spring 1980.

20. Sam Walker, "Elon Musk and the Dying Art of the Big Bet," *Wall Street
Journal*, November 30, 2019.

21. Peter J. Boettke and Frédéric E. Sautet, "The Genius of Mises and the
Brilliance of Kirzner," GMU Working Paper in Economics No. 11–05,
February 1, 2011.

22. 人工智慧可以增強企業家的能力，就像人工智慧在世界許多地方可
以強化農業一樣：在人工智慧監控的農場，它可以控制溫度、用水
量、收成條件和準確性；在公司，它可以控制伺服器的使用、庫存
管理，以及聘雇決策。但人工智慧只能支援一種企業的內在風格，
而不是一個人承擔的創業意識和創造力這種獨特的個人任務。

第8章

1. Christianna Reedy, "Kurzweil Claims That the Singularity Will Happen by
2045," *Futurism*, October 5, 2017.

2. Ian Pearson, "The Future of Sex Report: The Rise of The Robosexuals,"
Bondara, September 2015.

3. 二〇〇七年的AI動畫電影《貝武夫》（*Beowulf*）被說「令人毛骨悚然」，因為動畫看起來太像真人。隨後，工作室讓動畫裡的角色看起來與真人沒有那麼相像。

4. Heather Long, "Where Are All the Startups? U.S. Entrepreneurship Near 40-Year Low," *CNN Business*, September 2016.

5. Drew Desilver, "For Most U.S. Workers, Real Wages Have Barely Budged in Decades," Pew Research Center, August 2018.

6. 我從加拿大哲學家查爾斯・泰勒（Charles Taylor）的著作擷取「不再抱有幻想」（disenchanted）這個詞，在他之前，馬克斯・韋伯（Max Weber）和弗里德里希・席勒（Friedrich Schiller）都用過這個字。

7. 在羅馬天主教會，這個時期的開始通常與一九六五年結束的第二屆梵蒂岡大公會議（Second Vatican Council）有關。數十萬神父和教會兄弟姐妹拋棄誓言，而且有數百萬信徒滿不在乎。幾乎各個主要新教教派和全世界的非基督教宗教都發生同樣的事情，不過值得注意的是，伊斯蘭教是例外。

8. Scott Galloway, *The Four: The Hidden DNA of Amazon, Apple, Facebook, and Google*, Portfolio/Penguin, 2017. 這是我對他的主要觀點所做出的總結。

9. Eric Johnson, "Google Is God, Facebook Is Love and Uber Is 'Frat Rock,' Says Brand Strategy Expert Scott Galloway," *Vox*, June 2017.「Google是神。我想它對我們而言取代了神。隨著社會變得更加富裕、受教育程度更高，宗教機構在他們的生活中往往扮演愈來愈小的角色，但在現代生活中，我們的焦慮和問題卻在增加。精神上有個空虛的大洞需要神聖性的介入……在Google搜尋過的問題中，有五分之一的問題在過去人類歷史上從未被提出過。我們可以把它想成一位極受信任的神職人員、拉比、牧師、老師和教練，因為我們問他的問題，有五分之一以前從未被問過。」

10. Ross Douthat, *The Decadent Society: How We Became the Victims of Our Own Success*, 5, Avid Reader Press, 2020.

11. Douthat, *The Decadent Society*, 136.

12. 當我在二〇二〇年年中寫到這裡的時候，我還可以舉這一個例子，有人否認新冠肺炎（COVID-19）的疾病傳播，但又想知道為什麼人們會相繼死亡。

13. Alexis de Tocqueville, *Democracy in America*, 644, trans., ed., and with an introduction Harvey C. Mansfield and Delba Winthrop, University of Chicago Press, 2000. 引用的段落節錄自第二卷第四部分第三章（"Sentiments are in accord with ideas to concentrate power"），正如標題提到的，關注的是權力的集中。

14. 這些想像的差異會成為我們誤認（misrecognition）的產物，由模仿欲望導致的現實扭曲。誤認是造成群體把替罪羊被錯誤看成怪誕和危險東西的原因。

15. 箴言29章18節：「沒有異象，民就放肆……」

16. Shoshana Zuboff, *The Age of Surveillance Capitalism: The Fight for a Human Future at the New Frontier of Power*, PublicAffairs, 2020.

17. 在《監控資本主義時代》一書中，祖博夫在第一頁就給出以下完整的定義：「監控資本主義，名詞，（1）一種新的經濟秩序，將人類經驗視為提取、預測和銷售等隱藏商業行為的免費原料；（2）一種寄生的經濟邏輯，在其中，商品與服務的製造都隸屬於行為修正的全新全球架構；（3）一種集合財富、知識和權力等特徵的資本主義異常突變，這在人類歷史上前所未有；（4）監控經濟的基礎框架；（5）二十一世紀對人性的重大威脅，正如同工業資本主義在十九世紀和二十世紀對自然界的威脅一樣；（6）一種全新功能性權利（instrumentarian power）的起源，它宣稱對社會具有支配性地位，並對市場民主提出驚人的挑戰；（7）以強加新集體秩序為目標的運動，而這個新秩序是以完全的確定性為基礎；（8）對重要人權的剝奪，最好理解為來自上層的政變：推翻人民的主權。」

18. Matt Rosoff, "Here's What Larry Page Said on Today's Earnings Call," *Business Insider*, October 13, 2011.

19. George Gilder, *Life After Google: The Fall of Big Data and the Rise of the Blockchain Economy*, 21, Regnery Gateway, 2018.

20. Catriona Kelly and Vadim Volkov, "Directed Desires: Kul'turnost' and Consumption," in *Constructing Russian Culture in the Age of Revolution 1881–1940*, Oxford University Press, 1998.

21. Nanci Adler, *Keeping Faith with The Party: Communist Believers Return from the Gulag*, 20, Indiana University Press, 2012.

22. Nanci Adler, "Enduring Repression: Narratives of Loyalty to the

Party Before, During and After the Gulag," *Europe-Asia Studies* 62, no. 2, 2010, 211–34.

23. Langdon Gilkey, *Shantung Compound: The Story of Men and Women Under Pressure*, 108, HarperOne, 1966.

24. Girard, *The One by Whom Scandal Comes*, 74.

25. 這部小說在作者兼諾貝爾獎得獎者切斯瓦夫‧米洛斯（Czes aw Mi osz）一九五三年的非文學書籍《被禁錮的心靈》（*The Captive Mind*）中有精彩的解釋。*The Captive Mind,* Secker and Warburg, 1953.

26. 藥丸捷徑的概念是文學和電影中的常見比喻：如《美麗新世界》（*Brave New World*）中的索麻（soma）和《駭客任務》（*The Matrix*）中的藍色藥丸都是廣為人知的例子。

27. Martin Heidegger, *Discourse on Thinking: A Translation of Gelassenheit*, Harper & Row, 1966.

28. Iain McGilchrist, *The Master and His Emissary: The Divided Brain and the Making of the Western World*, Yale University Press, 2019.

29. 公司「文化」是人們認為神聖的一組事物，無論是在一個國家，還是在一家公司。這個詞彙來自拉丁文「cultus」。如果沒有對宗教信仰或宗教儀式有所理解，便無法完全理解文化。建構一種文化就是建構一種宗教。

30. René Girard and Chantre Benoît, *Battling to the End: Conversations with Benoît Chantre*, Michigan State University Press, 2009.

31. 康納曼（Daniel Kahneman）的《快思慢想》（*Thinking, Fast and Slow*; Farrar, Straus and Giroux, 2015；繁中版由天下文化出版）並不能對應於計算型思維和冥想型思維。無論是快思或慢想，兩者都是計算型思維的形式，只是形式和速度不同。

32. Virginia Hughes, "How the Blind Dream," *National Geographic*, February 2014.

33. Michael Polanyi and Mary Jo Nye, *Personal Knowledge: Towards a Post-Critical Philosophy*, University of Chicago Press, 2015.

34. 資訊充分揭露：我的妻子克萊兒（Claire）是該公司二〇一八年的第一位員工，並從那時起擔任業務發展總監。

35. 我所謂的「發明」，並非指它是由任何一個人或一群人發明的。現代市場經濟，就像替罪羊機制一樣，是一種超越任何明確規劃的發展——

它是隨著時間自然地發生，因為人們希望找到更好的方式來相互交換商品。研究吉拉爾的學者尚－皮耶‧迪皮伊（Jean-Pierre Dupuy）及保羅‧杜穆切爾（Paul Dumouchel）都針對現代經濟學與模仿理論的討論做出重大的貢獻。我在這裡將市場經濟的作用列為「第二個發明」，這是我自己的想法，這個想法大部分是把從這些思想家那裡獲得的許多想法，幾經思量並綜合後的結果。

36. "Naval Ravikant—The Person I Call Most for Startup Advice," episode 97, *The Tim Ferris Show* podcast, August 18, 2015.
37. Episode 1309 of *The Joe Rogan Experience* podcast, June 5, 2019.
38. Annie Dillard, *The Abundance: Narrative Essays Old and New*, 36, Ecco, 2016.
39. Dillard, *The Abundance*, 36.
40. Ibid.

後記

1. 與James G. Williams的訪談。"Anthropology of the Cross," 283–286, *The Girard Reader*, ed. James G. Williams, Crossroad Publishing, 1996.
2. Stephen King, *On Writing: A Memoir of the Craft*, 77, Scribner, 2000.
3. Cynthia Haven, "René Girard: Stanford's Provocative Immortel Is a One-Man Institution," *Stanford News*, June 11, 2008.

附錄A

1. Olivia Solon, "Richard Dawkins on the Internet's Hijacking of the Word 'Meme,'" *Wired*, June 2013.

參考書目

Ackerman, Andy, dir. "The Parking Space." *Seinfeld*. DVD. New York: Castle Rock Entertain- ment, 1992.

———, dir. "The Soul Mate." *Seinfeld*. DVD. New York: Castle Rock Entertainment, 1996.

Adler, Nanci. "Enduring Repression: Narratives of Loyalty to the Party Before, During, and After the Gulag." *Europe-Asia Studies* 62, no. 2 (2010): 211–34. https://doi.org/10.1080/09668130903506797.

Agonie des Eros. Berlin: Matthes und Seitz, 2012.

Alberg, Jeremiah. *Beneath the Veil of the Strange Verses: Reading Scandalous Texts*. East Lansing: Michigan State University Press, 2013.

Alison, James. *The Joy of Being Wrong: Original Sin Through Easter Eyes*. New York: Crossroad, 2014.

———. *The Palgrave Handbook of Mimetic Theory and Religion*. Edited by Wolfgang Palaver. New York: Palgrave Macmillan, 2017.

Anspach, Mark Rogin, ed. *The Oedipus Casebook: Reading Sophocles' Oedipus the King*. Trans- lated by William Blake Tyrrell. East Lansing: Michigan State University Press, 2019.

———. *Vengeance in Reverse: The Tangled Loops of Violence, Myth, and Madness*. East Lansing: Michigan State University Press, 2017.

Antonello, Pierpaolo, and Paul Gifford, eds. *Can We Survive Our Origins? Readings in René Girard's Theory of Violence and the Sacred*. East Lansing: Michigan State University Press, 2015.

———, eds. *How We Became Human: Mimetic Theory and the Science of Evolutionary Origins*. East Lansing: Michigan State University Press, 2015.

Antonello, Pierpaolo, and Heather Webb. *Mimesis, Desire, and the Novel: René Girard and Liter- ary Criticism*. East Lansing: Michigan State

University Press, 2015.

Ariely, Dan. *The (Honest) Truth About Dishonesty: How We Lie to Everyone—Especially Ourselves*. New York: Harper Perennial, 2013.

Astell, Ann W. "Saintly Mimesis, Contagion, and Empathy in the Thought of René Girard, Edith Stein, and Simone Weil." *Shofar* 22, no. 2 (2004): 116–31. Accessed May 10, 2020. https:// www.jstor.org/stable/42943639.

Auerbach, Erich. *Mimesis: The Representation of Reality in Western Literature*. Translated by Wil- lard R. Trask. Ewing, NJ: Princeton University Press, 2013.

Bahcall, Safi. *Loonshots: How to Nurture the Crazy Ideas That Win Wars, Cure Diseases, and Transform Industries*. New York: St. Martin's, 2019.

Bailie, Gil. *Violence Unveiled: Humanity at the Crossroads*. New York: Crossroad, 2004.

Balter, Michael. "Strongest Evidence of Animal Culture Seen in Monkeys and Whales." *Science Magazine*, April 25, 2013.

Bandera, Cesáreo. *The Humble Story of Don Quixote: Reflections on the Birth of the Modern Novel*. Washington, DC: Catholic University of America Press, 2006.

———. *A Refuge of Lies: Reflections on Faith and Fiction*. East Lansing: Michigan State University Press, 2013.

Barragan, Rodolfo Cortes, Rechele Brooks, and Andrew N. Meltzoff. "Altruistic Food Sharing Behavior by Human Infants After a Hunger Manipulation." *Scientific Reports* 10, no. 1 (2020). https://doi.org/10.1038/ s41598-020-58645-9.

Bateson, Gregory. *Steps to an Ecology of Mind*. Chicago: University of Chicago Press, 2000. Bergreen, Laurence. *Over the Edge of the World: Magellan's Terrifying Circumnavigation of the Globe*. New York: Perennial, 2004.

Berry, Steven E., and Michael Hardin. *Reading the Bible with René Girard: Conversations with Steven E. Berry*. Lancaster, PA: JDL, 2015.

Borch, Christian. *Social Avalanche: Crowds, Cities and Financial Markets*. Cambridge, UK: Cam- bridge University Press, 2020.

Bubbio, Paolo Diego. *Intellectual Sacrifice and Other Mimetic Paradoxes*.

East Lansing: Michigan State University Press, 2018.

Buckenmeyer, Robert G. *The Philosophy of Maria Montessori: What It Means to Be Human.* Bloomington, IN: Xlibris, 2009.

Burgis, Luke, and Joshua Miller. *Unrepeatable: Cultivating the Unique Calling of Every Person.* Steubenville, OH: Emmaus Road, 2018.

Burkert, Walter, René Girard, and Jonathan Z. Smith. *Violent Origins: Walter Burkert, René Gi- rard, and Jonathan Z. Smith on Ritual Killing and Cultural Formation.* Edited by Robert G. Hamerton-Kelly. Stanford, CA: Stanford University Press, 1988.

Buss, David M. *The Evolution of Desire: Strategies of Human Mating.* New York: Basic Books, 2016.

Canetti, Elias. *Crowds and Power.* Translated by Carol Stewart. New York: Farrar, Straus and Giroux, 1984.

Card, Orson Scott. *Unaccompanied Sonata and Other Stories.* New York: Dial, 1981.

Carse, James P. *Finite and Infinite Games.* New York: Free Press, 2013.

Cayley, David, ed. *The Ideas of René Girard: An Anthropology of Religion and Violence.* Inde- pendently published, 2019. "The Century of the Self." *The Century of the Self.* London: BBC Two, March 2002.

Chelminski, Rudolph. *The Perfectionist: Life and Death in Haute Cuisine.* New York: Gotham Books, 2006.

Cialdini, Robert B. *Pre-suasion: A Revolutionary Way to Influence and Persuade.* New York: Si- mon and Schuster Paperbacks, 2018.

Collins, Brian. *Hindu Mythology and the Critique of Sacrifice: The Head Beneath the Altar.* Delhi: Motilal Banarasidas, 2018.

Collins, James C. *Good to Great.* New York: Harper Business, 2001.

Cowdell, Scott. *René Girard and the Nonviolent God.* Notre Dame, IN: University of Notre Dame Press, 2018.

———. *René Girard and Secular Modernity: Christ, Culture, and Crisis.* Notre Dame, IN: Univer- sity of Notre Dame Press, 2015.

Cowen, Tyler. *What Price Fame?* Cambridge, MA: Harvard University Press, 2000.

Coyle, Daniel. *The Culture Code: The Secrets of Highly Successful Groups.* Read by Will Damron. Newark, NJ: Audible, 2018. Audiobook.

Crawford, Matthew B. *Shop Class as Soulcraft: An Inquiry into the Value of Work.* New York: Penguin Books, 2010.

Csikszentmihalyi, Mihaly. *Flow: The Psychology of Optimal Experience.* New York: Harper Peren- nial Modern Classics, 2009.

Danco, Alex. "Secrets About People: A Short and Dangerous Introduction to René Girard." April 28, 2019. https://alexdanco.com/2019/04/28/secrets-about-people-a-short-and-dangerous-introduction-to-rené-girard/.

Davies, Simone, and Hiyoko Imai. *The Montessori Toddler: A Parent's Guide to Raising a Curious and Responsible Human Being.* New York: Workman, 2019.

Dawson, David. *Flesh Becomes Word: A Lexicography of the Scapegoat or, the History of an Idea.* East Lansing: Michigan State University Press, 2013.

Deleuze, Gilles, and Félix Guattari. *Anti-Oedipus: Capitalism and Schizophrenia.* New York: Pen- guin Books, 2009.

DiMaggio, Paul J., and Walter W. Powell. "The Iron Cage Revisited: Institutional Isomorphism and Collective Rationality in Organizational Fields." *American Sociological Review* 48, no. 2 (1983): 147–60. Accessed February 21, 2020. https://www.jstor.org/stable/2095101.

Doerr, John E. *Measure What Matters: How Google, Bono, and the Gates Foundation Rock the World with OKRs.* New York: Portfolio/Penguin, 2018.

Douglas, Mary. *Purity and Danger: An Analysis of Concepts of Pollution and Taboo, with a New Preface by the Author.* Vol. 93. London: Routledge, 2002.

Dumouchel, Paul. *The Ambivalence of Scarcity and Other Essays.* East Lansing: Michigan State University Press, 2014.

———. *Barren Sacrifice: An Essay on Political Violence.* Translated by Mary Baker. East Lansing: Michigan State University Press, 2015.

Dumouchel, Paul, Luisa Damiano, and Malcolm DeBevoise. *Living with Robots.* Cambridge, MA: Harvard University Press, 2017.

Dupuy, Jean-Pierre. *Economy and the Future: A Crisis of Faith*. Translated by Malcolm B. De-Bevoise. East Lansing: Michigan State University Press, 2014.

———, ed. *Self-Deception and Paradoxes of Rationality*. Stanford, CA: CSLI, 1997.

———. *A Short Treatise on the Metaphysics of Tsunamis*. Translated by Malcolm DeBevoise. East Lansing: Michigan State University Press, 2015.

Durkheim, Émile. *The Elementary Forms of Religious Life*. Edited by Mark Sydney Cladis. Trans- lated by Carol Cosman. Oxford: Oxford University Press, 2008.

Epstein, Mark. *Open to Desire: The Truth About What the Buddha Taught*. New York: Gotham Books, 2006.

Erwin, Michael S. *Lead Yourself First—Inspiring Leadership Through Solitude*. New York: Blooms- bury, 2017.

Fan, Rui, Jichang Zhao, Yan Chen, and Ke Xu. "Anger Is More Influential Than Joy: Sentiment Correlation in Weibo." *PLoS ONE* 9, no. 10 (2014): e110184. https://doi.org/10.1371/journal.pone.0110184.

Farmer, Harry, Anna Ciaunica, and Antonia F. De C. Hamilton. "The Functions of Imitative Be- haviour in Humans." *Mind and Language* 33, no. 4 (2018): 378–96. https://doi.org/10.1111/mila.12189.

Farneti, Roberto. *Mimetic Politics: Dyadic Patterns in Global Politics*. East Lansing: Michigan State University Press, 2015.

Fornari, Giuseppe. *A God Torn to Pieces: The Nietzsche Case*. Translated by Keith Buck. East Lansing: Michigan State University Press, 2013.

Fukuyama, Francis. *The End of History and the Last Man*. New York: Free Press, 2006. Fullbrook, Edward, ed. *Intersubjectivity in Economics: Agents and Structures*. New York: Rout-ledge, 2002.

Gardner, Stephen L. *Myths of Freedom: Equality, Modern Thought, and Philosophical Radicalism*. Westport, CT: Praeger, 1998.

Garrels, Scott R. *Mimesis and Science: Empirical Research on Imitation and the Mimetic Theory of Culture and Religion*. East Lansing: Michigan State University Press, 2011.

Germany, Robert. *Mimetic Contagion: Art and Artifice in Terence's "Eunuch."* New York: Oxford University Press, 2016.

Gifford, Paul. *Towards Reconciliation: Understanding Violence and the Sacred after René Girard.* Cambridge, UK: James Clarke, 2020.

Gilkey, Langdon. *Shantung Compound: The Story of Men and Women Under Pressure.* New York: HarperOne, 1975.

Girard, René. *Anorexia and Mimetic Desire.* Lansing: Michigan State University Press, 2013.

———. *Conversations with René Girard: Prophet of Envy.* Edited by Cynthia L. Haven. London: Bloomsbury Academic, 2020.

———. *Deceit, Desire, and the Novel.* Translated by Yvonne Freccero. Baltimore: Johns Hopkins University Press, 1976.

———. *Evolution and Conversion: Dialogues on the Origins of Culture.* London: Bloomsbury, 2017.

———. *The Girard Reader.* Edited by James G. Williams. New York: Crossroad Herder, 1996.

———. *I See Satan Fall Like Lightning.* New York: Orbis Books, 2001.

———. *Job: The Victim of His People.* Translated by Yvonne Freccero. Stanford, CA: Stanford University Press, 1987.

———. *Mimesis and Theory: Essays on Literature and Criticism, 1953–2005.* Edited by Robert Doran. Stanford, CA: Stanford University Press, 2011.

———. *Oedipus Unbound: Selected Writings on Rivalry and Desire.* Edited by Mark R. Anspach. Stanford, CA: Stanford University Press, 2004.

———. *The One by Whom Scandal Comes.* Translated by M. B. DeBevoise. East Lansing: Michi- gan State University Press, 2014.

———. *Resurrection from the Underground: Feodor Dostoevsky.* Edited and Translated by James G. Williams. East Lansing: Michigan State University Press, 2012.

———. *Sacrifice: Breakthroughs in Mimetic Theory.* Translated by Matthew Pattillo and David Dawson. East Lansing: Michigan State University Press, 2011.

———. *The Scapegoat.* Translated by Yvonne Freccero. Baltimore: Johns

Hopkins University Press, 1989.

———. *A Theater of Envy: William Shakespeare*. South Bend, IN: St. Augustine's Press, 2004.

———. *To Double Business Bound: Essays on Literature, Mimesis, and Anthropology*. Baltimore: Johns Hopkins University Press, 1988.

———. *Violence and the Sacred*. Translated by Patrick Gregory. Baltimore: Johns Hopkins Uni- versity Press, 1979.

———. *When These Things Begin: Conversations with Michel Treguer*. Translated by Trevor Crib- ben Merrill. East Lansing: Michigan State University Press, 2014.

Girard, René, and Benoît Chantre. *Battling to the End: Conversations with Benoît Chantre*. East Lansing: Michigan State University Press, 2009.

Girard, René, Robert Pogue Harrison, and Cynthia Haven. "Shakespeare: Mimesis and Desire." *Standpoint*, March 12, 2018.

Girard, René, Jean-Michel Oughourlian, and Guy Lefort. *Things Hidden Since the Foundation of the World*. Stanford, CA: Stanford University Press, 1987.

Girard, René, and Raymund Schwager. *René Girard and Raymund Schwager: Correspondence 1974– 1991*. Edited by Joel Hodge, Chris Fleming, Scott Cowdell, and Mathias Moosbrugger. Trans- lated by Chris Fleming and Sheelah Treflé Hidden. New York: Bloomsbury Academic, 2016.

Glaeser, Edward L. *Triumph of the City: How Our Greatest Invention Makes Us Richer, Smarter, Greener, Healthier, and Happier*. New York: Penguin Books, 2012.

Goffman, Erving. *The Presentation of Self in Everyday Life*. New York: Anchor Books, 1959. Goodhart, Sandor. "In Tribute: René Girard, 1923– 2015." *Religious Studies News*, December 21, 2015.

———. *The Prophetic Law: Essays in Judaism, Girardianism, Literary Studies, and the Ethical*. East Lansing: Michigan State University Press, 2014.

Goodhart, Sandor, Jørgen Jørgensen, Tom Ryba, and James Williams, eds. *For René Girard: Es- says in Friendship and in Truth*. East Lansing: Michigan State University Press, 2010.

Grande, Per Bjørnar. *Desire: Flaubert, Proust, Fitzgerald, Miller, Lana Del Rey*. East Lansing: Michigan State University Press, 2020.

Granovetter, Mark S. *Society and Economy: Framework and Principles*. Cambridge, MA: Belknap Press of Harvard University Press, 2017.

Grant, Adam. *Give and Take: Why Helping Others Drives Our Success*. New York: Penguin Books, 2013.

———. *Originals: How Non-conformists Move the World*. New York: Penguin Books, 2017. Greene, Robert. *The 48 Laws of Power*. New York: Penguin Books, 2000.

Greenfieldboyce, Nell. "Babies May Pick Up Language Cues in Womb." *NPR Morning Edition*, November 6, 2009.

Grote, Jim, and John McGeeney. *Clever as Serpents: Business Ethics and Office Politics*. Col- legeville, MN: Liturgical, 1997.

Hamerton-Kelly, Robert. *Politics and Apocalypse*. East Lansing: Michigan University Press, 2008. Han, Byung-Chul. *Abwesen: Zur Kultur und Philosophie des Fernen Ostens*. Berlin: Merve, 2007.

———. *Bitte Augen schließen: Auf der Suche nach einer anderen Zeit*. Berlin: Matthes und Seitz, 2013. E-book.

———. *Martin Heidegger*. Stuttgart: UTB, 1999.

———. *The Burnout Society*. Stanford, CA: Stanford Briefs, an imprint of Stanford University Press, 2015.

Hanna, Elizabeth, and Andrew N. Meltzoff. "Peer Imitation by Toddlers in Laboratory, Home, and Day-Care Contexts: Implications for Social Learning and Memory." *Developmental Psy- chology* 29, no. 4 (1993): 701–10. https://doi.org/10.1037/0012–1649.29.4.701.

Harari, Yuval Noah. *Homo Deus: A Brief History of Tomorrow*. London: Vintage, 2017. Hardach, Sophie. "Do Babies Cry in Different Languages?," *New York Times*, November 14, 2019.

Haven, Cynthia. "René Girard: Stanford's Provocative Immortel Is a One-Man Institution." *Stan- ford News*, June 11, 2008.

Haven, Cynthia L. *Evolution of Desire: A Life of René Girard*. East Lansing: Michigan State Uni- versity Press, 2018.

Heidegger, Martin. *Discourse on Thinking: A Translation of Gelassenheit*.

New York: Harper & Row, 1966.

Henry, Todd, Rod Penner, Todd W. Hall, and Joshua Miller. *The Motivation Code: Discover the Hidden Forces That Drive Your Best Work*. New York: Penguin Random House, 2020.

Herman, Edward S., and Noam Chomsky. *Manufacturing Consent: The Political Economy of the Mass Media*. New York: Pantheon Books, 2002.

Hickok, Gregory. *The Myth of Mirror Neurons: The Real Neuroscience of Communication and Cognition*. New York: W. W. Norton, 2014.

Higgins, Tim. "Elon Musk's Defiance in the Time of Coronavirus." *Wall Street Journal*, March 20, 2020.

Hobart, Byrne, and Tobias Huber. "Manias and Mimesis: Applying René Girard's Mimetic The- ory to Financial Bubbles." *SSRN Electronic Journal*, October 11, 2019. https://doi.org/10.2139/ssrn.3469465.

Holland, Tom. *Dominion: The Making of the Western Mind*. London: Little, Brown, 2019.

Hsieh, Tony. *Delivering Happiness: A Path to Profits, Passion, and Purpose*. New York: Grand Central, 2013.

Hughes, Virginia. "How the Blind Dream." *National Geographic*, February 2014.

Iacoboni, Marco. *Mirroring People: The Science of Empathy and How We Connect with Others*. New York: Picador, 2009.

Irvine, William Braxton. *On Desire: Why We Want What We Want*. New York: Oxford University Press, 2005.

Isaacson, Walter. *Steve Jobs*. New York: Simon & Schuster, 2011.

Jaffe, Eric. "Mirror Neurons: How We Reflect on Behavior." *Association for Psychological Science*, May 1, 2007.

Kahneman, Daniel, and Amos Tversky. "Prospect Theory: An Analysis of Decision Under Risk." *Econometrica* 47, no. 2 (1979): 263–91. Accessed September 16, 2020. https://doi.org/10.2307/1914185.

Kantor, Jodi, and Megan Twohey. *She Said: Breaking the Sexual Harassment Story That Helped Ignite a Movement*. New York: Penguin Books, 2019.

Kaplan, Grant. *René Girard, Unlikely Apologist: Mimetic Theory and Fundamental Theology*. No-tre Dame, IN: University of Notre Dame

Press, 2016.

Karniouchina, Ekaterina V., William L. Moore, and Kevin J. Cooney. "Impact of 'Mad Money' Stock Recommendations: Merging Financial and Marketing Perspectives." *Journal of Mar- keting* 73, no. 6 (2009): 244–66. Accessed February 12, 2020. https://www.jstor.org/stable/20619072.

Kethledge, Raymond Michael, and Michael S. Erwin. *Lead Yourself First: Inspiring Leadership Through Solitude*. London: Bloomsbury, 2019.

King, Stephen. *On Writing: A Memoir of the Craft*. New York: Scribner, 2010.

———. "Stephen King: How I Wrote Carrie." *Guardian*, April 4, 2014.

Kirwan, Michael. *Discovering Girard*. Cambridge, MA: Cowley, 2005.

Kirzner, Israel M. *Competition and Entrepreneurship*. Edited by Peter J. Boettke and Frédéric Sautet. Indianapolis: Liberty Fund, 2013.

Kofman, Fred, and Reid Hoffman. *The Meaning Revolution: The Power of Transcendent Leader- ship*. New York: Currency, 2018.

Kozinski, Thaddeus J. *Modernity as Apocalypse: Sacred Nihilism and the Counterfeits of Logos*. Brooklyn: Angelico, 2019.

Kramer, Rita. *Maria Montessori: A Biography*. New York: Diversion, 1988.

Kurczewski, Nick. "Lamborghini Supercars Exist Because of a 10-Lira Tractor Clutch." *Car and Driver*, 2018.

Laloux, Frederic. *Reinventing Organizations: An Illustrated Invitation to Join the Conversation on Next-Stage Organizations*. Brussels: Nelson Parker, 2016.

Lamborghini, Tonino. *Ferruccio Lamborghini: La Storia Ufficiale*. Argelato, Italy: Minerva, 2016. Lawtoo, Nidesh. *Conrad's Shadow: Catastrophe, Mimesis, Theory*. East Lansing: Michigan State University Press, 2016.

———. *(New) Fascism: Contagion, Community, Myth*. East Lansing: Michigan State University Press, 2019.

Lebreton, Maël, Shadia Kawa, Baudouin Forgeot D'Arc, Jean Daunizeau, and Mathias Pessigli- one. "Your Goal Is Mine: Unraveling Mimetic Desires in the Human Brain." *Journal of Neu- roscience* 32, no. 21 (2012): 7146–57. https://www.jneurosci.org/content/32/21/7146.

Levy, David. *Love and Sex with Robots: The Evolution of Human-Robot Relationships*. London: Duckworth Overlook, 2009.

Lewis, C. S. "The Inner Ring." Memorial Lecture at King's College, University of London, 1944. https://www.lewissociety.org/innerring/.

Lewis, Mark. "Marco Pierre White on Why He's Back Behind the Stove for TV's Hell's Kitchen." *Caterer and Hotelkeeper*, April 25, 2007. https://www.thecaterer.com/news/restaurant/exclusive-marco-pierre-white-on-why-hes-back-behind-the-stove-for-tvs-hells-kitchen.

Lieberman, Daniel Z., and Michael E. Long. *The Molecule of More: How a Single Molecule in Your Brain Drives Love, Sex, and Creativity—and Will Determine the Fate of the Human Race.* Dallas: BenBella Books, 2018.

Lillard, Angeline Stoll. *Montessori: The Science Behind the Genius.* Oxford: Oxford University Press, 2008.

Lindsley, Art. "C. S. Lewis: Beware the Temptation of the 'Inner Ring.'" Institute for Faith, Work and Economics, May 2019.

Lippmann, Walter. *Public Opinion: A Classic in Political and Social Thought.* Charleston, SC: Feather Trail, 2010.

Lombardo, Nicholas E. *The Logic of Desire: Aquinas on Emotion.* Washington, DC: Catholic Uni-versity of America Press, 2011.

Long, Heather. "Where Are All the Startups? U.S. Entrepreneurship Near 40-Year Low." *CNN Business*, September 8, 2016.

Lorenz, Konrad. *On Aggression.* New York: Houghton Mifflin Harcourt, 1974.

Lucas, Henry C. *The Search for Survival: Lessons from Disruptive Technologies.* Santa Barbara, CA: Praeger, 2012.

MacIntyre, Alasdair C. *After Virtue: A Study in Moral Theory.* Notre Dame, IN: University of Notre Dame Press, 2012.

Mampe, Birgit, Angela D. Friederici, Anne Christophe, and Kathleen Wermke. "Newborns' Cry Melody Is Shaped by Their Native Language." *Current Biology* 19, no. 23 (2009). https://doi.org/10.1016/j.cub.2009.09.064.

Mandelbrot, Benoit B., and Richard L. Hudson. *The Misbehavior of Markets: A Fractal View of Financial Turbulence.* New York: Basic Books, 2006.

Martino, Ernesto de. *The Land of Remorse: A Study of Southern Italian Tarantism.* Translated by Dorothy Louise Zinn. London: Free Association Books, 2005.

McCormack, W. J. *Enigmas of Sacrifice: A Critique of Joseph M. Plunkett and the Dublin Insurrec- tion of 1916.* East Lansing: Michigan State University Press, 2016.

McGilchrist, Iain. *The Master and His Emissary: The Divided Brain and the Making of the Western World.* New Haven, CT: Yale University Press, 2019.

McKenna, Andrew. *Semeia 33: René Girard and Biblical Studies.* Atlanta: Society of Biblical Lit- erature, 1985.

Medvedev, Roy Aleksandrovich, and George Shriver. *Let History Judge: The Origins and Conse- quences of Stalinism.* New York: Columbia University Press, 1989.

Meltzoff, Andrew N., and M. Keith Moore. "Newborn Infants Imitate Adult Facial Gestures." *Child Development* 54 (1983): 702–09. Photo credit: A. N. Meltzoff and M. K. Moore. *Science* 198 (1977): 75–78.

Meltzoff, Andrew. "Born to Learn: What Infants Learn from Watching Us." In *The Role of Early Experience in Infant Development.* Edited by Nathan A. Fox, Lewis A. Leavitt, John G. War- hol, 1–10. New Brunswick, NJ: Johnson & Johnson, 1999.

———. "The Human Infant as Homo Imitans." In *Social Learning: Psychological and Biological Perspectives.* Edited by Thomas R. Zentall and B. G. Galef Jr., 319–41. East Sussex, UK: Psy- chology Press, 1988.

———. "Imitation, Objects, Tools, and the Rudiments of Language in Human Ontogeny." *Human Evolution* 3, no. 1–2 (1988): 45–64. https:// doi.org/10.1007/bf02436590.

———. "Like Me: A Foundation for Social Cognition." In *Developmental Science,* 126–34. Hobo- ken, NJ: Wiley-Blackwell, 2007. https://doi. org/10.1111/j.1467–7687.2007.00574.x.

———. "Origins of Social Cognition: Bidirectional Self-Other Mapping and the 'Like-Me' Hy- pothesis." In *Navigating the Social World: What Infants, Children, and Other Species Can Teach Us.* Edited by Mahzarin R. Banaji and Susan A. Gelman, 139–44. Oxford: Oxford University Press, 2013.

———. "Understanding the Intentions of Others: Re-enactment of Intended

Acts by 18-Month-Old Children." *Developmental Psychology* 31, no. 5 (1995): 838–50. https://doi.org/10.1037/0012–1649.31.5.838.

Meltzoff, Andrew N., and Rechele Brooks. "Self-Experience as a Mechanism for Learning About Others: A Training Study in Social Cognition." *Developmental Psychology* 44, no. 5 (2008): 1257–65. https://doi.org/10.1037/a0012888.

Meltzoff, Andrew N., Patricia K. Kuhl, Javier Movellan, and Terrence J. Sejnowski. "Foundations for a New Science of Learning." *Science Magazine* 325, no. 5938 (July 17, 2009): 284–88. https://doi.org/10.1126/science.1175626.

Meltzoff, Andrew N., and Peter J. Marshall. "Human Infant Imitation as a Social Survival Cir- cuit." *Current Opinion in Behavioral Sciences* 24 (2018): 130–36. https://doi.org/10.1016/j.cobeha.2018.09.006.

Meltzoff, Andrew N., Rey R. Ramírez, Joni N. Saby, Eric Larson, Samu Taulu, and Peter J. Mar- shall. "Infant Brain Responses to Felt and Observed Touch of Hands and Feet: An MEG Study." *Developmental Science* 21, no. 5 (2017). https://doi.org/10.1111/desc.12651.

Merrill, Trevor Cribben. *The Book of Imitation and Desire: Reading Milan Kundera with René Girard*. London: Bloomsbury, 2014.

Merton, Thomas. *New Seeds of Contemplation*. New York: New Directions Books, 2007.

———. *No Man Is an Island*. San Diego, CA: Harcourt, 1955.

———. *Thoughts in Solitude*. New York: Farrar, Straus and Giroux, 2011.

Montessori, Maria. *The Absorbent Mind: A Classic in Education and Child Development for Edu- cators and Parents*. New York: Henry Holt, 1995.

———. *The Montessori Method*. Translated by Anne E. George. Scotts Valley, CA: CreateSpace Independent Publishing Platform, 2008.

———. *The Secret of Childhood*. New York: Ballantine Books, 1982.

Murphy, James Bernard. *A Genealogy of Violence and Religion: René Girard in Dialogue*. Chicago: Sussex Academic, 2018.

Nisbet, Robert A. *History of the Idea of Progress*. London: Routledge, 2017.

Noelle-Neumann, Elisabeth. *The Spiral of Silence: Public Opinion—Our Social Skin*. Chicago: University of Chicago Press, 1994.

Novak, Michael, et al. *Social Justice Isn't What You Think It Is*. New York: Encounter Books, 2015. Nowrasteh, Cyrus, dir. *The Stoning of Soraya M*. Amazon. Paramount Home Entertain- ment, June 26, 2009. https:// www.amazon.com/Stoning-Soraya-M-Shohreh-Aghdashloo/dp / B008Y79Z66 /ref =sr_1_1?dchild =1&keywords =stoning+of+soraya+m .&qid=1585427690&sr=8-1.

Nuechterlein, Paul J. "René Girard: The Anthropology of the Cross as Alternative to Post-Modern Literary Criticism." *Girardian Lectionary*, October 2002.

Onaran, Yalman, and John Helyar. "Fuld Solicited Buffett Offer CEO Could Refuse as Lehman Fizzled." *Bloomberg*, 2008.

Ordóñez, Lisa, Maurice Schweitzer, Adam Galinsky, and Max Bazerman. "Goals Gone Wild: The Systematic Side Effects of Over-Prescribing Goal Setting." Harvard Business School, 2009.

Orléan, André. *The Empire of Value: A New Foundation for Economics*. Translated by M. B. De- Bevoise. Cambridge, MA: MIT Press, 2014.

O'Shea, Andrew. *Selfhood and Sacrifice: René Girard and Charles Taylor on the Crisis of Moder- nity*. New York: Continuum International, 2010.

Oughourlian, Jean-Michel. *The Genesis of Desire*. East Lansing: Michigan State University Press, 2010.

———. *The Mimetic Brain*. Translated by Trevor Cribben Merrill. East Lansing: Michigan State University Press, 2016.

———. *Psychopolitics: Conversations with Trevor Cribben Merrill*. Translated by Trevor Cribben Merrill. East Lansing: Michigan State University Press, 2012.

Palaver, Wolfgang. *René Girard's Mimetic Theory*. East Lansing: Michigan State University Press, 2013.

Palaver, Wolfgang, and Richard Schenk, eds. *Mimetic Theory and World Religions*. East Lansing: Michigan State University Press, 2017.

Palmer, Parker J. *Let Your Life Speak: Listening for the Voice of Vocation*. San Francisco: Jossey- Bass, 2000.

Pearson, Ian. "The Future of Sex Report." *Bondara*, September 2015.

Pérez, Julián Carrón. *Disarming Beauty: Essays on Faith, Truth, and*

Freedom. Notre Dame, IN: University of Notre Dame Press, 2017. "Peter Thiel on René Girard." ImitatioVideo. YouTube. 2011. https://www. youtube.com/watch?v=esk7W9Jowtc.

Pinker, Steven. *The Better Angels of Our Nature: Why Violence Has Declined*. New York: Penguin, 2012.

Polanyi, Michael, and Mary Jo Nye. *Personal Knowledge: Towards a Post-critical Philosophy*. Chi- cago: University of Chicago Press, 2015.

Proust, Marcel. *In Search of Lost Time: The Captive, The Fugitive*. Modern Library Edition. Vol. 5. New York: Random House, 1993.

Qualls, Karl. Review of *Constructing Russian Culture in the Age of Revolution: 1881–1940*, edited by Catriona Kelly and David Shepherd. H-Russia, H-Net Reviews, February 2000. http:// www.h-net.org/reviews/showrev.php?id=3813.

Reedy, Christianna. "Kurzweil Claims That the Singularity Will Happen by 2045." *Futurism*, Oc- tober 5, 2015.

Reineke, Martha J. *Intimate Domain: Desire, Trauma, and Mimetic Theory*. East Lansing: Michi- gan State University Press, 2014.

———. *Sacrificed Lives: Kristeva on Women and Violence*. Bloomington: Indiana University Press, 1997.

Repacholi, Betty M., Andrew N. Meltzoff, Theresa M. Hennings, and Ashley L. Ruba. "Transfer of Social Learning Across Contexts: Exploring Infants' Attribution of Trait-Like Emotions to Adults." *Infancy* 21, no. 6 (2016): 785–806. https://doi.org/10.1111/infa.12136.

Repacholi, Betty M., Andrew N. Meltzoff, Tamara Spiewak Toub, and Ashley L. Ruba. "Infants' Generalizations About Other People's Emotions: Foundations for Trait-Like Attributions." *Developmental Psychology* 52, no. 3 (2016): 364–78. https://doi.org/10.1037/dev0000097.

Rocha, João Cezar de Castro. *Machado de Assis: Toward a Poetics of Emulation*. Translated by Flora Thomson-DeVeaux. East Lansing: Michigan State University Press, 2015.

———. *Shakespearean Cultures: Latin America and the Challenges of Mimesis in Non-hegemonic Circumstances*. Translated by Flora Thomson-DeVeaux. East Lansing: Michigan State Uni- versity Press, 2019.

Rosenberg, Randall S. *The Givenness of Desire: Concrete Subjectivity and the Natural Desire to See God.* Toronto: University of Toronto Press, 2018.

Rosoff, Matt. "Here's What Larry Page Said on Today's Earnings Call." *Business Insider*, October 13, 2011.

Ross, Suzanne. "The Montessori Method: The Development of a Healthy Pattern of Desire in Early Childhood." *Contagion: Journal of Violence, Mimesis, and Culture* 19 (2012): 87–122. Accessed January 19, 2020. https://www.jstor.org/stable/41925335.

Ross, W. D. *Aristotle's Metaphysics. A Revised Text with Introduction and Commentary.* Oxford: Clarendon Press, 1924.

Sacks, David O., and Peter A. Thiel. *The Diversity Myth: Multiculturalism and Political Intolerance on Campus.* Oakland, CA: Independent Institute, 1998.

Sacks, Rabbi. "Introduction to Covenant and Conversation 5776 on Spirituality." https://rabbi sacks.org, October 7, 2015.

Schoeck, Helmut. *Envy: A Theory of Social Behaviour.* Indianapolis: Liberty, 1987.

Schulz, Bailey, and Richard Velotta. "Zappos CEO Tony Hsieh, Champion of Downtown Las Vegas, Retires." *Las Vegas Review-Journal*, August 24, 2020.

Scubla, Lucien. *Giving Life, Giving Death: Psychoanalysis, Anthropology, Philosophy.* Translated by Malcolm DeBevoise. East Lansing: Michigan State University Press, 2016.

Sexton, Zachary. "Burn the Boats." *Medium*, August 12, 2014.

Sheehan, George. *Running and Being: The Total Experience.* New York: Rodale, 2014.

Simonse, Simon. *Kings of Disaster: Dualism, Centralism and the Scapegoat King in Southeastern Sudan.* Kampala, Uganda: Fountain, 2017.

Sinek, Simon. *The Infinite Game.* New York: Penguin, 2019.

Singer, Isidore, and Cyrus Adler. *The Jewish Encyclopedia: A Descriptive Record of the History, Religion, Literature, and Customs of the Jewish People from the Earliest Times to the Present Day.* Vol. 10. Charleston, SC: Nabu, 2012.

Smee, Sebastian. *The Art of Rivalry: Four Friendships, Betrayals, and Breakthroughs in Modern Art*. New York: Random House, 2017.

Solon, Olivia. "Richard Dawkins on the Internet's Hijacking of the Word 'Meme.'" *Wired*, June 20, 2013.

Sorkin, Andrew Ross. *Too Big to Fail: The Inside Story of How Wall Street and Washington Fought to Save the Financial System—and Themselves*. New York: Penguin Books, 2018.

Soros, George. *The Alchemy of Finance*. Hoboken, NJ: Wiley, 2003.

———. "Fallibility, Reflexivity, and the Human Uncertainty Principle." *Journal of Economic Meth- odology* 20, no. 4 (January 13, 2014). https://doi.org/10.1080/1350178x.2013.859415.

Standing, E. M, and Lee Havis. *Maria Montessori: Her Life and Work*. New York: Plume, 1998.

Strenger, Carlo. *Critique of Global Unreason: Individuality and Meaning in the Twenty-First Cen- tury*. New York: Palgrave Macmillan, 2011.

———. *The Fear of Insignificance: Searching for Meaning in the Twenty-First Century*. New York: Palgrave Macmillan, 2016.

Subiaul, Francys. "What's Special About Human Imitation? A Comparison with Enculturated Apes." *Behavioral Sciences* 6, no. 3 (July 2016): 13. https://doi.org/10.3390/bs6030013.

Taleb, Nassim Nicholas. *Antifragile: Things That Gain from Disorder*. New York: Random House, 2014.

———. *Skin in the Game: Hidden Asymmetries in Daily Life*. New York: Random House, 2018. Taylor, Charles. *A Secular Age*. Cambridge, MA: Belknap Press of Harvard University Press, 2018. Thaler, Richard H. *Misbehaving: The Making of Behavioral Economics*. New York: W. W. Norton, 2016.

Thiel, Peter, and Blake Masters. *Zero to One: Notes on Startups, or How to Build the Future*. New York: Crown Business, 2014.

Thomson, Cameron, Sandor Goodhart, Nadia Delicata, Jon Pahl, Sue-Anne Hess, Glenn D. Smith, Eugene Webb, et al. *René Girard and Creative Reconciliation*. Edited by Thomas Ryba. Lanham, MD: Lexington Books, 2014.

THR Staff. "Fortnite, Twitch...Will Smith? 10 Digital Players Disrupting Traditional Holly-wood." *HollyWood Reporter*, November 1, 2018.

Turkle, Sherry. *Alone Together: Why We Expect More from Technology and Less from Each Other*. New York: Basic Books, 2017.

Tversky, Amos, and Daniel Kahneman. "Rational Choice and the Framing of Decisions." *Journal of Business* 59, no. 4 (1986): S251–78. Accessed September 16, 2020. http://www.jstor.org/stable/2352759.

Tye, Larry. *The Father of Spin: Edward L. Bernays and the Birth of Public Relations*. New York: Henry Holt, 2002.

Tyrrell, William Blake. *The Sacrifice of Socrates: Athens, Plato, Girard*. East Lansing: Michigan State University Press, 2012.

Vattimo, Gianni, and René Girard. *Christianity, Truth, and Weakening Faith: A Dialogue*. Edited by Pierpaolo Antonello. Translated by William McCuaig. New York: Columbia University Press, 2010.

Von Hildebrand, Dietrich, and John F. Crosby. *Ethics*. Steubenville, OH: Hildebrand Project, 2020.

Wallace, David Foster. *Infinite Jest*. New York: Back Bay Books, 2016.

Waller, John. *The Dancing Plague: The Strange, True Story of an Extraordinary Illness*. Naperville, IL: Sourcebooks, 2009.

———. *A Time to Dance, a Time to Die: The Extraordinary Story of the Dancing Plague of 1518*. Duxford, UK: Icon Books, 2009.

Warren, James. *Compassion or Apocalypse: A Comprehensible Guide to the Thought of René Gi- rard*. Washington, DC: Christian Alternative, 2013.

Warren, S. Peter. "On Self-Licking Ice Cream Cones." Paper presented at Cool Stars, Stellar Sys- tems, and the Sun Seventh Cambridge Workshop, ASP Conference Series, vol. 26. 1992.

Weil, Simone, and Gustave Thibon. *Gravity and Grace*. Translated by Emma Crawford and Mario von der Ruhr. London/New York: Routledge, 2008.

Weinstein, Eric. "Interview with Peter Thiel." *The Portal*. Podcast audio. July 17, 2019.

Zuboff, Shoshana. *The Age of Surveillance Capitalism: The Fight for a Human Future at the New Frontier of Power*. New York: PublicAffairs, 2020.

國家圖書館出版品預行編目(CIP)資料

模仿欲望：從人性深處理解商業、政治、經濟、社會現象，還有你自己 / 柏柳康 (Luke Burgis) 著；楊姝鈺譯. -- 第一版. -- 臺北市：遠見天下文化出版股份有限公司, 2022.10
408面；14.8×21公分. -- (財經企管；BCB781)
譯自：Wanting : the power of mimetic desire in everyday life

ISBN 978-986-525-851-1 (平裝)

1.CST: 模仿 2.CST: 欲望

176.342   111015299

財經企管 BCB781

模仿欲望
從人性深處理解商業、政治、經濟、社會現象，還有你自己
Wanting: The Power of Mimetic Desire in Everyday Life

作者 —— 柏柳康（Luke Burgis）
譯者 —— 楊姝鈺

總編輯 —— 吳佩穎
書系副總監 —— 蘇鵬元
責任編輯 —— 周宜芳（特約）
封面設計 —— Bianco Tsai

出版者 —— 遠見天下文化出版股份有限公司
創辦人 —— 高希均、王力行
遠見・天下文化 事業群董事長 —— 高希均
事業群發行人／CEO —— 王力行
天下文化社長 —— 林天來
天下文化總經理 —— 林芳燕
國際事務開發部兼版權中心總監 —— 潘欣
法律顧問 —— 理律法律事務所陳長文律師
著作權顧問 —— 魏啟翔律師
地址 —— 台北市 104 松江路 93 巷 1 號 2 樓
讀者服務專線 —— (02) 2662-0012
傳真 —— (02) 2662-0007；2662-0009
電子郵件信箱 —— cwpc@cwgv.com.tw
郵政劃撥 —— 1326703-6 號　遠見天下文化出版股份有限公司
出版登記 —— 局版台業字第 2517 號

電腦排版 —— 立全電腦印前排版有限公司
製版廠 —— 中原造像股份有限公司
印刷廠 —— 中原造像股份有限公司
裝訂廠 —— 中原造像股份有限公司
總經銷 —— 大和書報圖書股份有限公司 電話／(02)8990-2588
出版日期 —— 2022 年 10 月 31 日第一版第一次印行

定價 —— 新台幣 480 元
ISBN —— 978-986-525-851-1
EISBN —— 9789865258528（EPUB）；9789865258535（PDF）
書號 —— BCB781
天下文化官網 —— bookzone.cwgv.com.tw

本書如有缺頁、破損、裝訂錯誤，請寄回本公司調換。
本書僅代表作者言論，不代表本社立場。

天下文化
BELIEVE IN READING